宋亚平 主编

湖北农业农村改革开放40年丛书
1978-2018

改革开放40年
湖北农村土地制度

GAIGE KAIFANG 40 NIAN:
HUBEI NONGCUN TUDI ZHIDU

高洁 等著

中国社会科学出版社

图书在版编目（CIP）数据

改革开放40年：湖北农村土地制度／高洁等著．—北京：中国社会科学出版社，2018.12

（湖北农业农村改革开放40年（1978—2018）丛书／宋亚平主编）

ISBN 978-7-5203-3403-7

Ⅰ.①改… Ⅱ.①高… Ⅲ.①农村—土地制度—经济体制改革—研究—湖北 Ⅳ.①F321.1

中国版本图书馆CIP数据核字（2018）第252052号

出 版 人	赵剑英
责任编辑	赵　丽
责任校对	郝阳洋
责任印制	王　超

出　　版	中国社会科学出版社
社　　址	北京鼓楼西大街甲158号
邮　　编	100720
网　　址	http://www.csspw.cn
发 行 部	010-84083685
门 市 部	010-84029450
经　　销	新华书店及其他书店
印　　刷	北京明恒达印务有限公司
装　　订	廊坊市广阳区广增装订厂
版　　次	2018年12月第1版
印　　次	2018年12月第1次印刷
开　　本	710×1000 1/16
印　　张	16.25
字　　数	254千字
定　　价	69.00元

凡购买中国社会科学出版社图书，如有质量问题请与本社营销中心联系调换
电话：010-84083683
版权所有　侵权必究

湖北农业农村改革开放40年（1978—2018）丛书

编委会（按姓氏笔画为序）

孔祥智　杨述明　肖伏清　宋洪远　邹进泰
张忠家　张晓山　陈池波　郑风田　项继权
赵凌云　贺雪峰　袁北星　党国英　钱远坤
徐　勇　徐祥临　覃道明　潘　维　魏后凯

主　　编　宋亚平
学术秘书　王金华

序

2018年是中国改革开放40周年。40年前，党的十一届三中全会作出了把全党工作的重点转移到社会主义现代化建设上来，实行改革开放的伟大决策。40年来，我国农村一直昂首阔步地站在改革前列，承载着重大的历史使命。农业农村持续40年的变革和实践，激发了亿万农民群众的创新活力，带来了我国农村翻天覆地的巨大变化，为我国改革开放和社会主义现代化建设作出了重大贡献。

湖北是全国重要的农业大省，资源丰富，自古就有"湖广熟、天下足"之美誉。改革开放40年来，在党中央、国务院的正确领导下，历届湖北省委、省政府高度重视"三农"工作，始终把"三农"工作放在重中之重的位置，坚定不移深化农村改革，坚定不移加快农村发展，坚定不移维护农村和谐稳定，带领全省人民发扬改革创新精神，不断开拓进取、大胆实践、求真务实、砥砺奋进，围绕"推进农业强省建设，加快推进农业农村现代化"，作出了不懈探索与实践，取得了令人瞩目的成就。特别是党的十八大以来，农业农村发展更是取得了历史性的成就。

2017年，湖北粮食再获丰收，属历史第三高产年，粮食总产连续五年稳定在500亿斤以上，为保障国家粮食安全作出了积极贡献。农村常住居民人均可支配收入达到13812元，高于全国平均水平。城乡居民收入差距比2.31∶1，明显低于全国的2.71∶1。全省村村通电话、有线电视、宽带比例分别达到100%、90%、95.5%。全省农村公路总里程达到23.6万公里。从无到有、从有到好，公办幼儿园实现乡镇全覆盖，义务教育"两免一补"政策实现城乡全覆盖，社会保障制度实现了由主要面向城市、面向职工，扩大到城乡、覆盖到全民。2012—2017年，全省541.7万人摘掉贫困帽子。

知史以明鉴，查古以知今。回顾过去40年湖北农业农村发展之所以能取得如此巨大的成就，最根本的是始终坚持了一面旗帜、一条道路，不断解放思想、实事求是、与时俱进，把中央各项大政方针和湖北的具体实际紧密结合起来，创造性开展各项"三农"工作的结果。改革开放40周年之际，《湖北农业农村改革开放40年（1978—2018）》这套丛书的编写出版，所形成的研究成果是对改革开放40年来湖北农业农村工作的全面展示。其从理论与实践相结合的高度，全景式展示了湖北农业农村发展所取得的辉煌成就与宝贵经验，真实客观记述了湖北农业农村改革开放40年走过的波澜壮阔的历程，深入分析了改革开放实践中出现的新问题、新情况，而且在一定的理论高度上进行了科学的概括和提炼，对今后湖北农业农村的改革和发展进行了前瞻性、战略性展望，并提出一些有益思路和政策建议，这对深入贯彻党的十八大、十九大精神，进一步深化农业农村改革，在新的起点开创农业农村发展新局面，谱写乡村振兴新篇章，朝着"建成支点、走在前列"的奋斗目标不断迈进，更加奋发有为地推进湖北省改革开放和社会主义现代化建设，都有着积极的作用。

作为长期关注农业农村问题，从事社会科学研究的学者，我认为这套丛书的编写出版很有意义，是一件值得庆贺的事。寄望这套丛书的编写出版能为湖北省各级决策者科学决策、精准施策，指导农业农村工作提供有益帮助，为广大理论与实践工作者共商荆楚"三农"发展大计，推动湖北农业全面升级、农村全面进步、农民全面发展提供借鉴。

2018.9.12

湖北农业农村改革开放40年（1978—2018）丛书简介

2016年8月，经由当时分管农业的湖北省人民政府副省长任振鹤同志建议，湖北省委、省政府主要领导给湖北省社会科学院下达了组织湖北省"三农"学界力量，系统回顾和深入研究"湖北农业农村改革开放40年（1978—2018）"的重大任务，以向湖北省改革开放40年献上一份厚礼。

根据任务要求，湖北省社会科学院组织由张晓山、徐勇等全国"三农"著名专家组成的编委会，经过精心构思，确定了包括总论（光辉历程）、农业发展、农村社会治理、农民群体、城乡一体、公共服务、集体经济、土地制度、财税金融、扶贫攻坚、小康评估在内的11个专题，共同构成本丛书的主要内容。丛书作者分别来自湖北省社会科学院、武汉大学、华中科技大学、华中师范大学、华中农业大学、中南财经政法大学、湖北经济学院等高等院校。

本丛书立足现实、回望历史、展望未来，系统地回顾和总结了改革开放以来湖北省农业农村改革、创新与发展的历程，取得的成就、经验以及存在的不足，并从理论和实践相结合的高度，提出一系列切合湖北实际，具有前瞻性、指导性和可操作性的对策建议。所形成的研究成果兼具文献珍藏价值、学术价值和应用价值，是一幅全景展示湖北省农业农村改革40年光辉历程、伟大成就、宝贵经验的珍贵历史画卷。

目　录

第一章　绪论 (1)
第一节　研究目的与研究思路 (1)
一　研究目的 (1)
二　研究思路 (1)
第二节　中国农村土地制度的基本框架与存在的问题 (2)
一　农地承包经营制度 (3)
二　农村宅基地制度 (4)
三　农村集体建设用地制度 (5)
四　农地转用与征地制度 (6)
第三节　湖北对农村土地制度改革的贡献 (7)
一　农地三权分置 (8)
二　农村综合产权交易市场平台建设 (12)
三　集体经营性建设用地平等入市 (14)
四　城乡建设用地全域增减挂钩试点 (15)

第二章　湖北农地制度变迁 (19)
第一节　农地制度在湖北变迁的阶段 (19)
一　1978—1983 年：家庭承包责任制取代"集体所有、集体经营"制度 (20)
二　1984—2002 年：实行"两权分离"和二轮延包 (21)
三　2003—2006 年：税费改革减轻农民的土地负担 (24)
四　2007—2015 年：农村土地流转 (25)
五　2015 年至今：三权分置、确权颁证 (29)

第二节 湖北农地变迁的基本做法 (30)
一 坚持家庭承包经营基础和规范土地流转 (30)
二 探索产权制度改革和化解土地确权纠纷 (31)
三 创新农村经营体制机制和推进土地规模经营 (33)

第三节 农地制度变迁的经验、改革的争议和方向 (36)
一 农地制度变迁的经验 (36)
二 农地制度改革的争议和改革方向 (37)

第四节 农地制度改革面临的形势与农地流转存在的问题 (40)
一 农地制度改革面临的形势 (41)
二 农地流转存在的问题 (42)

第五节 深化农地制度改革的原则和建议 (47)
一 深化农地制度改革的原则 (48)
二 深化农地制度改革的建议 (49)

第三章 湖北农地市场化建设探索与实践 (52)

第一节 农地市场的自发流转与市场平台建设 (52)
一 农地市场的自发流转阶段 (53)
二 农地市场化平台建设阶段 (55)

第二节 武汉农村综合产权交易所:习近平总书记的肯定 (58)
一 武汉农村综合产权交易所的发展现状 (58)
二 武汉农村综合产权交易所的实践成效 (61)
三 存在的问题 (64)

第三节 枝江市农村综合产权交易中心:全省推广 (67)
一 枝江市农村综合产权交易中心的探索 (67)
二 枝江市农村综合产权交易中心的实践成效 (72)
三 存在的问题 (77)

第四节 促进农地市场发展的主要建议 (78)
一 进一步明确总体建设思路 (78)
二 启动农地产权交易相关法律修订和
改革试点工作 (79)
三 发挥政府在农地市场培育中的主导作用 (79)

四　推动农村产权制度与农业保险模式改革 …………………… (80)

第四章　湖北农地股份化探索与实践 ……………………………… (81)
第一节　湖北农村土地股份化现状与典型案例 …………………… (81)
　　一　湖北农村土地股份化现状 ………………………………… (81)
　　二　湖北农村土地股份合作的典型案例 ……………………… (83)
第二节　湖北省在"三村"土地股份化的探索与实践 …………… (83)
　　一　主要做法 …………………………………………………… (84)
　　二　需要解决的问题 …………………………………………… (90)
第三节　武汉市城中村土地股份合作的探索与实践 ……………… (91)
　　一　土地政策 …………………………………………………… (92)
　　二　取得的成效 ………………………………………………… (95)
第四节　湖北省京山县农村土地股份化的探索与实践 …………… (96)
　　一　具体做法 …………………………………………………… (96)
　　二　取得的成效 ………………………………………………… (98)
第五节　湖北省农村土地股份化发展的建议 ……………………… (99)
　　一　明确农村土地股份合作组织的法律地位 ………………… (99)
　　二　明晰产权,规范治理,放活经营 ………………………… (99)
　　三　完善合作社收益分配制度 ………………………………… (99)
　　四　建立健全农村土地流转服务体系与
　　　　地价评估机制 ……………………………………………… (100)
　　五　有序推进农村土地股份合作制的扶持政策 ……………… (100)

第五章　湖北农村宅基地制度变迁 ………………………………… (101)
第一节　农村宅基地制度在湖北变迁的阶段 ……………………… (101)
　　一　1979—1986 年:农村宅基地所有权与使用权的分离 …… (101)
　　二　1986—1997 年:对宅基地立法,但未禁止非农村居民
　　　　使用宅基地 ………………………………………………… (103)
　　三　1997 年至今:对农村宅基地严格管制 …………………… (106)
第二节　湖北对宅基地制度改革的探索 …………………………… (110)
　　一　厘清农业户口与非农户口宅基地确权标准 ……………… (110)

二　加强农村宅基地管理 ………………………………………（111）
　　三　纳入城乡统筹规划体系 ……………………………………（112）
第三节　湖北宅基地制度改革面临的问题 ………………………（113）
　　一　与城乡规划协同问题 ………………………………………（113）
　　二　集体经济组织成员资格认定问题 …………………………（113）
　　三　宅基地用益物权与使用权流转问题 ………………………（114）
　　四　宅基地退出机制问题 ………………………………………（115）
第四节　农村宅基地制度改革在湖北的试点 ……………………（116）
　　一　宜城宅基地制度改革试点 …………………………………（116）
　　二　武汉市黄陂区"三乡工程"中的宅基地试点 ……………（120）
第五节　对湖北宅基地制度改革的建议 …………………………（121）
　　一　探索房地分离的价值评估机制 ……………………………（121）
　　二　充分利用农房,提高用益权收益 …………………………（122）
　　三　适当放宽贷款条件,同时加大金融产品开发 ……………（122）
　　四　加快配套机制建设,有效推进全面试点 …………………（122）

第六章　湖北农村集体建设用地制度变迁 ……………………（123）

第一节　农村集体建设用地制度在湖北变迁的阶段 ……………（123）
　　一　1978—1986年:禁止流转,免费使用 ……………………（123）
　　二　1987—1998年:对使用集体建设用地实行部分补偿,
　　　　流转有所松动 ………………………………………………（124）
　　三　1999—2006年:禁止农村集体土地流转用于非农建设 …（126）
　　四　2007年:空转的湖北省农村集体建设用地流转政府令 …（128）
　　五　2007年至今:稳步推进集体经营性建设用地流转
　　　　多种试点 ……………………………………………………（130）
第二节　湖北农村集体建设用地使用权流转的
　　　　必然性 ………………………………………………………（132）
　　一　农村集体建设用地受到不合理的严格限制 ………………（132）
　　二　农村集体用于兴办企业的建设用地政策没有得到
　　　　较好的执行 …………………………………………………（134）
　　三　城中村在改造中农村集体利益得不到合理的补偿 ………（135）

四　农村集体土地流转有着强烈的内在动力 ……………… (137)
　第三节　农村集体建设用地使用权流转在湖北的试点 ……… (138)
　　一　沙洋县集体建设用地流转试点 …………………………… (138)
　　二　檀溪村集体建设用地流转试点 …………………………… (141)
　　三　宜城市集体经营性建设用地入市 ………………………… (145)
　　四　武汉市利用集体建设用地建设租赁住房试点 …………… (149)
　第四节　对湖北农村集体建设用地制度改革的建议 ………… (151)
　　一　落实在符合规划和用途管制前提下平等入市、
　　　　同地同权 ……………………………………………………… (151)
　　二　地方政府放弃对经营性建设用地市场的
　　　　独家垄断 ……………………………………………………… (152)
　　三　按同地同权抓紧修改相关法律制度 ……………………… (153)

第七章　湖北农村土地征收制度变迁 ……………………………… (154)
　第一节　农村土地征收制度在湖北变迁的不同阶段 ………… (154)
　　一　1978—1986年:《土地管理法》出台前 ………………… (154)
　　二　1987—1998年:《土地管理法》出台后到修订前 ……… (157)
　　三　1998—2004年:《土地管理法》修订后到第二次修正 … (158)
　　四　2004年至今:《土地管理法》第二次修正后 …………… (161)
　第二节　湖北农村土地征收制度现状与存在的问题 ………… (165)
　　一　湖北农村土地征收制度的现状 …………………………… (165)
　　二　湖北农村土地征收制度存在的问题 ……………………… (169)
　第三节　农村土地征收制度改革在湖北的试点 ……………… (172)
　　一　沙洋县的试点 ……………………………………………… (172)
　　二　武汉市的试点 ……………………………………………… (178)
　　三　宜城市的试点 ……………………………………………… (181)
　第四节　对湖北农村土地征收制度改革试点的建议 ………… (183)
　　一　统一公益性和非公益性征地补偿标准 …………………… (183)
　　二　公平公开分配补偿费 ……………………………………… (183)
　　三　逐步完善失地农民社会保障制度 ………………………… (184)
　　四　出台集体建设用地流转管理办法 ………………………… (184)

第八章　城乡建设用地增减挂钩试点与实践 …………… (185)
第一节　城乡建设用地增减挂钩试点的背景与政策设计 …… (185)
　　一　城乡建设用地增减挂钩试点的出台背景 ………… (185)
　　二　城乡建设用地增减挂钩试点的政策设计与操作规范 … (188)
第二节　湖北省城乡建设用地增减挂钩试点实践 ………… (194)
　　一　试点实践的不同阶段 ……………………………… (194)
　　二　试点实践的基本做法 ……………………………… (203)
第三节　对城乡建设用地增减挂钩政策的认识 …………… (206)
　　一　对增减挂钩周转指标的认识 ……………………… (206)
　　二　对增减挂钩政策的认识 …………………………… (209)
第四节　湖北省城乡建设用地增减挂钩试点存在的
　　　　　问题与得失 ………………………………………… (212)
　　一　湖北省城乡建设用地增减挂钩试点
　　　　存在的主要问题 …………………………………… (212)
　　二　湖北省城乡建设用地增减挂钩试点之所得 ……… (215)
　　三　湖北省城乡建设用地增减挂钩试点之所失 ……… (216)
第五节　完善湖北省城乡建设用地增减挂钩
　　　　　试点的建议 ………………………………………… (219)
　　一　对湖北省城乡建设用地增减挂钩试点
　　　　存在问题的建议 …………………………………… (219)
　　二　对在征地框架下完善城乡建设用地增减挂钩
　　　　试点的建议 ………………………………………… (220)
　　三　对在同地同权框架下完善城乡建设用地
　　　　增减挂钩试点的建议 ……………………………… (222)

第九章　对修改《土地管理法》及农村土地制度改革的建议 …… (224)
第一节　对《土地管理法(修正案)》(征求意见稿)相关条款的
　　　　　修改建议 …………………………………………… (224)
　　一　征求意见稿第十项 ………………………………… (225)
　　二　征求意见稿第十四项 ……………………………… (226)

三　征求意见稿第十八项 ……………………………… (227)
　　四　征求意见稿第二十八项 …………………………… (227)
第二节　《土地管理法(修正案)》(征求意见稿)尚未消除的
　　　　内在矛盾和尚未解决的重大问题 ………………… (228)
　　一　征求意见稿尚未消除的内在矛盾 ………………… (228)
　　二　征求意见稿尚未解决的重大问题 ………………… (229)
第三节　农村土地制度改革的方向与建议 ………………… (231)
　　一　农村土地制度改革的方向:同地同权 …………… (231)
　　二　农村土地制度改革的建议:引入土地发展权 …… (234)

参考文献 ……………………………………………………… (238)

后　记 ………………………………………………………… (244)

第一章

绪　论

第一节　研究目的与研究思路

一　研究目的

土地既是生产要素，又是生产资料。作为生产要素，属于资源配置范畴；作为生产资料，属于所有制范畴。土地制度是一个国家的基本制度，土地制度的变迁，既反映了土地所有制关系的变化，也反映了土地资源配置方式的变化。改革开放40年来，我国农村土地制度发生了一系列的变革，湖北省在农村土地制度变革上进行了诸多成功的探索和实践，为我国农村土地制度的改革和变迁做出了巨大贡献。本书的研究目的有二：

一是通过梳理改革开放40年来湖北农村土地制度的变迁，描述和反映湖北农村土地制度的变迁轨迹与变迁效果，客观地分析和评价湖北省在农村土地制度变迁中取得的成绩与不足、经验与教训，总结湖北对我国农村土地制度改革做出的贡献，为继续进一步深化我国农村土地制度改革提供借鉴。

二是通过梳理湖北省从实践中探索出来的，能够解决农村土地管理法律制度与政策、现实相冲突的成功做法，准确地把握我国农村土地制度变革的方向，为修改我国现行的《土地管理法》和农村土地制度改革提供建设性的意见。

二　研究思路

农村土地制度改革是中国土地制度改革的核心。中国土地制度改革实际上是"三块地"的改革，一块是农民承包地的改革，一块是农村宅基地的改革，一块是农地转用的改革。相对来讲，前两块地的改革边界比较清晰，相对独立；后一块地农地转用的改革则包含了农民承包地、农村宅基地等集体所有的农地转为非农用地时的集体建设用地入市改革和征地制度改革。本书的研究思路，主要就是围绕这"三块地"来梳理改革开放40年来湖北省对农村土地制度改革的探索与实践的。

全书共分九章。第一章绪论，主要介绍研究背景、思路，我国农村土地制度的基本框架、存在的问题，以及改革开放40年来湖北省对农村土地制度改革的贡献；第二章至第四章研究湖北省农地制度改革（主要是承包地改革）的变迁和探索实践历程，其中第二章研究湖北省农地制度改革的探索与做法，第三章研究湖北省对农地市场化平台建设的探索与实践，第四章研究湖北省对农地股份化的探索与实践；第五章研究湖北省对农村宅基地制度改革的探索与实践；第六章研究湖北省对农村集体建设用地制度改革的探索与实践；第七章研究湖北省农村土地征收制度改革的探索与实践；第八章研究湖北省对城乡建设用地增减挂钩试点的探索与实践，这方面的探索与实践，实际上包含综合了对"三块地"改革的探索与实践；第九章对修改《土地管理法》及农村土地制度改革的建议，主要是我们对2017年国土资源部公开就《土地管理法（修正案）》（征求意见稿）向社会征求意见的相关反馈意见与政策建议。

第二节　中国农村土地制度的基本框架与存在的问题

我国农村土地实行的是劳动群众集体所有制，农村土地制度主要是由国家的相关法律制度规定形成的。这些法律制度包括：作为指导的根本大法《中华人民共和国宪法》，作为核心的主体法律《中华人民共和国土地管理法》与《中华人民共和国农村土地承包法》，作为补充但与农村土地制度紧密相关的其他法律《中华人民共和国物权法》《中华人民共和国民法通则》《中华人民共和国农业法》《中华人民共和国村民委员会组织法》《中华人民共和国草原法》《中华人民共和国森林法》等，由此形成了我国农村土地制度的基本框架。这一基本框架主要包括农村集体土地承包经营制度、农村宅基地制度、农村集体建设用地制度和农地转用与征收制度。

一 农地承包经营制度

改革开放以前的1956—1978年，我国的农地制度实行的是农村集体所有、集体统一经营；改革开放以后，我国农地制度的最大变革就是由集体经营转变为家庭承包经营。家庭联产承包责任制于1984年在全国普遍化后，成为我国农村的一项基本经济制度。

（一）农地承包经营制度的基本特征

一是坚持农村土地集体所有制。土地集体所有是我国社会主义基本经济制度在农村的具体体现，土地集体所有在农地承包经营制度中的内涵表现为：农村集体经济组织与农户之间的关系是发包与承包的关系，集体经济组织拥有土地发包权，本集体经济组织的农户是承包方，土地所有权不得买卖。

二是土地家庭经营是农村基本经营制度的核心。家庭联产承包责任制经过多年实践后，"农村集体经济组织实行家庭承包经营为基础、统分结合的双层经营体制"被写入1999年修改的《宪法》，从而从宪法层面上确立了农村土地家庭承包经营制度。

三是逐步完善农民对土地承包经营的权能。农民对农地的承包期，从"十五年不变"，到二轮延包"三十年不变"，再到"长久不变"；承包地从"大稳定、小调整"，到"增人不增地、减人不减地"；对农民承包经营权的保护，从开始实行的债权合同保护，到物权保护，建立了土地承包经营权的确权颁证登记制度，依法保护农民对承包地的使用、占有、收益等权益，赋予农民长期而有保障的土地使用权；从农民集体土地所有权与承包经营权的"两权分离"，到所有权、承包权与经营权的"三权分置"，按照依法、自愿、有偿的原则，允许农民以互换、转包、转让、出租、入股等多种形式，流转土地承包经营权，适度发展规模经营。

（二）农地承包经营制度存在的问题

一是农村集体经济组织的内涵不明确。我国《宪法》《物权法》《土地管理法》《土地承包法》都在法律上明确了农村集体经济组织的法律地位，但对究竟什么是农村集体经济组织的定义、内涵，却没有任何一部法律法规和政策文件给予明确的界定，导致农村集体经济组织与村民委员会混同不清，集体经济组织成员与村民、农村社区居民混同不清，引发各种矛盾与困惑。

二是农地权能仍有残缺。农地承包权、经营权不能抵押、不能担保；承包地的继承权不明确；承包地的退出权仍在探索之中。

二　农村宅基地制度

我国农村宅基地制度形成于人民公社时期，基本确立了宅基地集体所有、农民使用与房屋私有的制度安排，改革后逐步形成了现行较为独特的宅基地权利体系。目前我国正在进行农村宅基地的所有权、资格权、使用权"三权分置"试点。

（一）农村宅基地制度的基本特征

一是集体所有。宅基地所有权归集体所有。农户要取得宅基地，必须经过村集体。当农户不再使用宅基地时，集体可以将宅基地收回。

二是农户使用。农村本集体成员可以依法获得宅基地的使用权。1998年《土地管理法》修正后，非本集体成员无法获得宅基地。属于农村本集体成员的村民，一户只能拥有一宅，且宅基地面积不得超过当地规定的标准。农户将房屋转让后，不能再申请和获得宅基地。

三是无偿分配。只要是本集体经济成员，就有资格依法无偿取得宅基地，并长期占有。通过房屋继承取得的宅基地，继承者拥有使用权。20世纪80年代一些地方曾试行农村宅基地使用补偿费和宅基地超占费，但都在1993年被作为农民不合理负担予以取消。

四是房地分离。宅基地归集体所有，但建在宅基地上的房屋归农民所有，由此形成了独特的房地分离的农村宅基地制度。

（二）农村宅基地制度存在的问题

一是宅基地的权能有限。农户取得的宅基地，只能按照规定用途使用，不准买卖、出租和擅自转让；确需转让，也只能在本集体成员之间转让，非本集体成员和城市居民不得购买；宅基地不得抵押。

二是房地分离的矛盾。虽然宅基地不能出租、买卖，但房屋作为农民的私产，却是可以买卖、出租、抵押、转让的。虽然国家于1998年后规定，农民的住宅不得出售给城市居民，且不得批准城市居民占用农村集体土地建房，严禁城镇居民在农村购置宅基地和农村房屋，但在工业化和城镇化发展迅速、大量农民工进城的大背景下，还是引发了大量矛盾。

三　农村集体建设用地制度

我国农村集体建设用地制度有两个明显的阶段。在1998年修订的《土地管理法》出台之前，农村集体建设用地的大门是敞开的，农民建房用地和乡镇企业用地的通道一直是开着的，只是用地从免费使用转向有偿使用、强化用地规划、用地审批方向变化。1999年新的《土地管理法》实施后，农村集体建设用地制度发生根本性变革，"农民集体所有的土地的使用权不得出让、转让或者出租用于非农业建设"，农地要转为建设用地，必须先征收为国有土地，才能用于建设。

（一）农村集体建设用地制度的基本特征

一是建设用地必须使用国有土地。农村土地，无论是农用地、建设用地还是未利用地，只要是不符合第二个特征所留通道的建设，都必须先征收为国有土地，才能用于建设。

二是只有兴办乡镇企业等用地才能使用农村集体建设用地。农村集体建设用地的通道几乎完全关闭，唯一留下的口子是，"农村集体经济组织使用乡（镇）土地利用总体规划确定的建设用地兴办企业或者与其他单位、个人以土地使用权入股、联营等形式共同举办企业的"，"村民建设住宅经依法批准使用本集体经济组织农民集体所有的土地的，或者乡（镇）村公共设施和公益事业建设经依法批准使用农民集体所有的土地的除外"。随着1998年以后乡镇企业向民营企业的改制，农民集体经济组织已丧失了《土地管理法》规定的利用集体建设用地兴办企业的条件。

三是将农村建设用地纳入土地利用年度计划进行管理。"实行建设用地总量控制"，"城市总体规划、村庄和集镇规划中建设用地规模不得超过土地利用总体规划确定的城市和村庄、集镇建设用地规模"。土地利用年度计划"一经审批下达，必须严格执行"。

（二）农村集体建设用地制度存在的问题

一是农村集体经济组织发展用地受限。集体经济组织即使符合土利用规划和用途管制，将自己的土地用于非农建设，也必须实行征地，实际上迫使大量集体建设用地在利用上处于非法或法外状态，很多地方形成了集体建设用地使用权流转的地下市场。

二是集体建设用地不能抵押融资。现行的法律不允许集体建设用地用于抵押，限制了集体建设用地的融资和资本化功能，提高了集体建设用地进行产业开发的门槛和产业持续发展的融资难度。

三是集体建设用地转让无法可依。我国现行《宪法》规定："土地的使用权可以依照法律的规定转让"，《土地管理法》也规定"土地使用权可以依法转让"，我国在 1990 年就以国务院 55 号令出台了《城镇国有土地使用权出让和转让暂行条例》，但至今一直没有出台有关集体土地使用权转让的条例或办法。由于没有"依法转让"的"法"，导致集体建设用地转让无法可依。

四 农地转用与征地制度

1982 年《宪法》是我国改革开放后的第一部宪法，恢复了 1954 年《宪法》提出的却被 1975 年和 1978 年《宪法》删除的因公共利益才能征地的条款，但该部宪法也第一次规定了城市土地国有、农村土地集体所有，并沿用至今。它导致我国在城市化进程中，城市扩张到哪里，哪里的土地最终都会被国有化。1986 年《土地管理法》将 1982 年《宪法》规定的"对土地实行征用"，改为"对集体土地实行征用"；1998 年的《土地管理法》出台后，农地转用一律征收。由此形成了国有土地与集体土地两种所有制并存，但只针对农村集体进行征地的独特的农地转用与征收制度。

（一）农地转用与征地制度的基本特征

一是城乡分治、多重管制。通过所有制管制、规划管制和用途管制，将农地转用与征地结合在一起，形成城乡土地两套不同的管理制度。农村土地主要由《农村土地承包法》来管理，农地转用和城市土地主要由《土地管理法》来管理。农村土地即使符合规划和用途管制，也不能用于非农建设，集体土地与国有土地同地不同权。如果农村土地要变为建设用地，就必须实行征地，变性为国有土地，丧失土地所有权。征地成为农地非农化的唯一通道。

二是公共利益征地泛化、按原用途补偿。1998年的《土地管理法》规定,"任何单位从事建设,都得使用国有土地"。无论是公益建设用地还是工商业建设用地,都得使用国有土地。用现有的国有土地进行建设是不需要征地的,但要是用农民集体所有的土地进行建设,则必须将集体土地征收为国有土地才能建设。即公共利益用地可以征地,工商业用地也可以征地。征地补偿则坚持按土地的原用途进行补偿,补偿标准逐步在提高。

三是县市政府垄断、增值收益归政府。县市政府垄断了土地的一级市场,征收的土地只能由县市政府一家供应,土地出让金也只归地方政府所有。地方政府既是土地的管理者,又是土地的经营者。

(二)农地转用与征地制度存在的问题

一是农民集体不能运用《土地管理法》来保护农地。现行法律对农地转用与征地的规定,使得在城镇化过程中,只要农民集体土地被纳入了城镇规划范围,即丧失了法律保护。更为严重的是,即使是在广大农村地区兴办企业的用地,也必须征收为国有土地,使得国有建设土地已从城市深入到农村腹地。农民集体没有办法依据《土地管理法》来保护农地,导致大量优质耕地被征占,国家粮食安全被危及。

二是土地价格剪刀差损害了农民利益。县市政府低价征地、高价拍地的土地财政,是通过土地价格剪刀差即土地价格双轨制合法获得的,合法获得的土地财政给了县市政府不断征地的动力,这大大损害了农民的利益。

三是地方政府既当裁判员又当运动员,损害了政府的公信力。县市政府既管理土地,又经营土地,甚至违法违规征占农地,失地农民上访和群体性事件时有发生,造成农民与地方政府的矛盾激化甚至对立,严重损害了地方政府官员形象和地方政府的公信力。

第三节 湖北对农村土地制度改革的贡献

本书认为,改革开放40年来,湖北对我国农村土地制度改革做出了诸多贡献,但最重大的贡献主要体现在对农地三权分置、农村综合产权交易市场平台建设、城乡建设用地全域增减挂钩和集体建设用地平等入市的探索上。

一 农地三权分置

（一）从三权分离到三权分立再到三权分置

2014年9月29日，中共中央总书记、国家主席、中央军委主席、中央全面深化改革领导小组组长习近平主持召开了中央全面深化改革领导小组第五次会议，会议审议了《关于引导农村土地承包经营权有序流转发展农业适度规模经营的意见》《积极发展农民股份合作赋予集体资产股份权能改革试点方案》等议案。习近平总书记指出，"现阶段深化农村土地制度改革，要在坚持农村土地集体所有的前提下，促使承包权和经营权分离，形成所有权、承包权、经营权三权分置、经营权流转的格局"。这是媒体报道上第一次出现三权分置的提法。2014年11月20日，根据9月29日会议建议进一步修改完善后的《关于引导农村土地经营权有序流转发展农业适度规模经营的意见》由中共中央办公厅、国务院办公厅印发实施。文件中提出，要"坚持农村土地集体所有，实现所有权、承包权、经营权三权分置"，这是中央文件中首次出现"三权分置"的提法。2015年11月，中共中央办公厅、国务院办公厅在《深化农村改革综合性实施方案》中予以明确，"深化农村土地制度改革的基本方向是：落实集体所有权，稳定农户承包权，放活土地经营权"，"实行'三权分置'"。2016年10月22日，中共中央办公厅、国务院办公厅在印发的《关于完善农村土地所有权承包权经营权分置办法的意见》中再次明确重申，"现阶段深化农村土地制度改革，顺应农民保留土地承包权、流转土地经营权的意愿，将土地承包经营权分为承包权和经营权，实行所有权、承包权、经营权（以下简称'三权'）分置并行，着力推进农业现代化，是继家庭联产承包责任制后农村改革又一重大制度创新"。这一重大制度创新不仅与湖北省对农村土地制度改革上的探索息息相关，而且也是湖北省对我国农村土地制度改革做出的重大贡献。三权分置在湖北省经历了从三权分离、三权分立到三权分置的过程。

检索现有可以查询到的文献发现，坚持对农村集体的承包地，明晰所有权（归集体）、稳定承包权（归农户）、放活经营权（归经营者）的"三权分置"的提法，最早的起源是在湖北省。当时叫"三权分离"，是由中共湖北省委农研室的田则林、余义之、杨世友在《中国农村经济》1990年第2期上的文章《三权分离：农地代营——完善土地承包制、促进土地流转的新途径》中首次提出的。作者将在湖北当时普遍存在的农地代营现象，建议"以三权分离代替两权分离予以规范。三权分离的基本点是，坚持劳动农民共享集体所有权，稳定农户承包权，提倡流转经营权"。而在湖北省农村土地制度改革的实践中极力推动和落实三权分离的，则是时任湖北省农业厅农村经济经营管理局局长的杨孔平。

2004年农村税费改革以后，国家取消了农业税，并在全国范围内实行粮食直补，原来已经弃田撂荒逃税的农户又纷纷回头讨要自己的承包地，按照相关法律法规和湖北省2004年12月出台的《关于依法完善农村土地二轮延包工作的若干意见》，土地的承包经营权要确权给原承包户，这就使得原承包户与许多靠"捡田种"的农户和种养大户产生大量矛盾，一些种养大户纷纷垮台。为保护和发展农村先进生产力，保住种粮大户，杨孔平积极推动湖北省在实践中用"三权分离"的办法来化解土地承包纠纷矛盾，即坚持农村土地集体所有，按照权利义务对等的原则和民主协商的办法，先将承包权确权给原承包户，经营权则放活，承包地既可以由承包户自己耕种，也可以将经营权流转给其他农户和种粮大户，这样既保护了原承包户的利益，也保护了种粮能手和种粮大户的利益，纠正了第二轮延包中的不少确权偏差，防止了对农村中能够多打粮食的先进生产力的破坏。

2006年底湖北省将三权分离运用在对城中村、城郊村、园中村开展三村集体产权制度创新试点中。之所以选择以三村为切入点，主要原因是，三村是现代化和城镇化建设的前沿，遇到的问题具有前瞻性和代表性，从这里突破后，成功经验一方面既可向城市展开，创新集体产权制度，发展新型集体经济，开展新型城镇化建设；另一方面又可向农村展开，加快土地流转，培育新型主体，发展现代农业。试点中，湖北省总结推广了适用于三村的"檀溪模式"和适用于广大农村的"汪集模式"。檀溪模式源于襄阳市襄城区檀溪村（详见第六章的相关内容），基本做法是"分权不分产、发展不征地、营运不经营、分红不分利"，目的是解决在工业化、城镇化进程中农村集体经济的实现形式和途径问题，兼顾政治、稳定与效率的三者统一。汪集模式源于武汉市新洲区的汪集街道办事处,它的基本做法是"政府培育市场,市场引导流转,流转促进发展,发展维护农权"。目的是通过建立土地流转服务中心或农村产权交易所,开展土地经营权流转,盘活土地经营权,培育新型主体,发展现代农业。2009年,在全省乡镇一级试点成功后,4月30日湖北省成立的武汉农村综合产权交易所挂牌营业,交易的标的物是以农地经营权为主的10项农村综合产权。

2012年,"三权分离"的提法正式变成了"三权分立"。当时的湖北省决定将已成功试点了6年的三权分离的做法,上升为给农村土地承包经营立法,由省人大通过《湖北省农村土地承包经营条例》作为地方性法规,就是为农村土地承包经营明晰所有权、稳定承包权、放活经营权。该条例的架构就是所有权、承包权、经营权"三权分立"。该条例在2012年7月27日湖北省人大一审高票通过,并得到了农业部的肯定。2013年7月5日,湖北省在出台的《农村土地承包经营权确权颁证试点工作方案》中明确提出,"实行农村土地所有权、承包权、经营权三权分立,明晰强化所有权,稳定固化承包权,放活优化经营权","做到人有其权、地有其主、证实相符、群众认可,让集体土地的所有者、承包者、经营者各行其权、各得其利"。2013年7月22日,习近平总书记到武汉农村综合产权交易所视察,对湖北省农村土地"三权分立"、开展农村产权交易工作给予了充分肯定,并指示中央有关部门认真了解和研究湖北省的经验,为下一步农村土地制度如何改革进行定位。

2014年,中共中央在"一号文件"中正式提出"在落实农村土地集体所有权的基础上,稳定农户承包权、放活土地经营权"。文件公布后不久,中央农村工作领导小组办公室委托湖北经济学院对武汉农村产权流转交易市场进行专题调研(中农函〔2014〕43号)。湖北经济学院由原校长吕忠梅主持、原党委副书记廖长林带领新农村发展研究院成员,于2014年4月到6月开展调研,7月形成了《武汉农村产权流转交易市场调研报告》上报中农办。该报告中明确建议,按"三权分离"的原则,将"土地承包经营权"拆分为"土地承包权"和"土地经营权";按照"三权分离"的思路,修订完善《土地管理法》《农村土地承包法》《物权法》《担保法》等相关法律制度。这一提法后来被中央吸纳修改为"三权分置"。2014年9月29日,习近平总书记在主持召开的中央全面深化改革领导小组第五次会议上，第一次提出"三权分置"。2014年11月20日，"三权分置"首次出现在中共中央办公厅、国务院办公厅颁发的《关于引导农村土地经营权有序流转发展农业适度规模经营的意见》中。应该说，"三权分置"的最终出台，是湖北省在盘活农地的实践经验总结中，对我国农村土地制度改革的重大贡献。

对湖北省探索农村土地三权分置的长期探索，杨孔平将其概括为创造了8个全国之最："1. 最早提出农村土地三权分离；2. 最早用三权分离办法解决土地承包纠纷；3. 最早得到中共中央政治局委员的采纳和支持；4. 最早由省委、省政府系统地组织、指导、推动三权分离试点工作；5. 最早由省人大出台三权分立地方法规；6. 最早推出全国推广的三权分立经验；7. 最早得到习近平总书记的肯定；8. 最早得到中央的总结和推广。"①

（二）三权分置放活了农地经营权

三权分置、放活农地经营权，是湖北省在工业化、城镇化进程加速，作为人口流出大省，大量农村青壮年劳力进城打工、老弱妇孺留守务农，如何变"农地农用农民种"为"农地农用能人种"的必然选择。既是实现盘活农地、搞活农业的重大举措，也是实现提高农民财产性收入和农民增收的重要渠道。农民通过将承包地流转给新型经营主体，不仅可以获得稳定的租金、红利收入，还可获得更多的就业机会和稳定的工资性收入。即通过以放活农地经营权这一农民土地财产为纽带，在增加农民土地财产性收益的基础上，增加农民就地打工的工资性收入和经营性收入，拓宽农民增收渠道。在此方面，湖北省的主要做法是将放活农地经营权与引导农业新型经营主体参与土地流转和适度规模经营上。

一是政策扶持。全省各地不仅把放活农地经营权、引导农村土地流转工作作为统筹城乡发展、建设现代农业的重点工作来抓，而且结合本地实际，出台了支持引导土地流转的政策措施，既为新型农业经营主体的适度规模经营，也为流转土地的农民增收创造了良好条件。

二是引导新型农业经营主体以多种方式吸引农民流转土地。当前，

---

① 杨孔平：《土地"三权分置"与农村"二次飞跃"》，中国农业出版社2017年版，第17页。

湖北省的农地流转虽然主要还是以农户间的自发流转为主,但流转给新型农业经营主体的比重正在逐年上升,主要原因就在于流转给新型农业经营主体,农民可以得到更多的实惠和规避更多的风险。

三是成立土地股份合作社。通过吸纳农民自愿将土地作价入股,组建土地股份合作社,实现土地流转,入股社员既可享受土地租金和年终利润分红等收入,也可在合作社的企业打工获得收入。

二 农村综合产权交易市场平台建设

这是湖北在三权分置、放活农地经营权做法上的进一步延伸,基本的目的是希望解决当前农地不能担保、抵押的法律困境,并为农地确权流转和促进农业新型经营主体发展创造条件。实践中,湖北省各地成立的农村综合产权交易市场平台,虽然在名称上有不同的叫法,如农村综合产权交易所、土地流转服务中心等,但绝大多数都是由各级政府及其部门出资、依托某一行政主管部门建立的、具有公益性质的、为促进农村产权流转交易提供服务的有形平台。这样的平台全国各地很多,但湖北的做法通过统一规范的市场运作,使过去集体资产流失、农民承包权丢失等掏空集体、盘剥农民的问题有了根本改变,现代农业得到长足发展,在政府主导推进土地确权和土地流转走在了全国的前列,为推动农村土地流转做出了贡献。最具有代表性的就是建立了武汉农村综合产权交易所和枝江市农村综合产权交易中心(详见第三章的相关内容)。

(一)武汉农村综合产权交易所

2009年4月30日,由武汉市政府主导成立的武汉农村综合产权交易所(以下简称"武交所")正式在武汉市民之家内挂牌运作。武交所在武汉市工商局登记注册,注册资本金100万元,"是为农村及涉农各类产权流转交易提供场所设施、信息发布、组织交易等服务,对交易行为进行鉴证,履行相关职责的企业法人"。所内设有5个部门,分别是交易部、鉴证部、市场部、信息部、综合部,开展农村土地承包经营权、四荒地使用权、养殖水面经营权、林权、农村集体经济股权、农村房屋所有权和宅基地使用权、农业类知识产权、二手农机具及生产设施等10类品种的交易。武交所的主要贡献在于:

一是率先探索分离农地承包权与经营权主体,通过武交所出具的产权流转交易鉴证书，确认土地经营权的权能，放活土地经营权，促进了城市资本、人才、管理技术等生产要素通过产权交易流入农村，提高了农业现代化水平。农民通过产权交易获取到城市创业、打工、安家的资本，促进了农村劳动力向城市转移，带动了城镇化发展。

二是首创了土地经营权"交易—鉴证—抵押"的武汉模式。有抵押贷款意愿的农业新型经营主体，可以凭武交所开具的产权流转交易鉴证书，到与武交所合作的商业银行，申请抵押贷款，突破了农地使用权不能抵押的法律障碍，部分解决了农业经营主体资金不足和抵押物不足的问题，促进了土地确权和土地向规模化经营方向流转。

（二）枝江市农村综合产权交易中心

2016年向湖北省全省推广的枝江市农村综合产权交易中心是对武交所模式的进一步发展。枝江市农村综合产权交易中心是2015年7月挂牌营业的，其运作模式是在武交所模式的基础上，简单地加上了政府出资担保。就是因为有了政府出资担保的信用，以前银行不认可的农村合作社联社会员的农地、农房、农具等各类农村资源，现在都可以进入政府成立的农村综合产权交易中心，进行产权登记、评估、抵押、交易等，极大地提升了农村综合产权的权能，扩大了农村综合产权市场的容量和规模。枝江市农村综合产权交易中心的贡献在于：

一是通过政府担保资金池创造了主要为农地流转服务的金融市场。该金融市场的容量和规模取决于三个因素：政府出资的原始担保基金（5000万元）、原始基金的贷款乘数（5—10倍）、一定时期内贷款回收的周转速度。这三个因素的数量值越大，该金融市场的规模就会越大。实际操作中，合作银行是按照"产权抵押＋基金担保"的模式进行贷款的，由于有政府基金担保，银行放款的规模要远大于政府基金本身所创造的金融市场容量。

二是通过政府担保资金池创造并扩大了农地流转交易市场。由于有政府基金担保托底，使得现行法律制度下，本不能用作抵押物的农村综合产权证书，可以作为抵押物获得贷款，既倒逼了农村确权颁证工作的有效开展，又促进了包括农地经营权在内的各种农村综合产权，在政府组建的农村综合产权交易中心上市流转，放活了土地经营权等多种农村土地产权，并在流转中显现了农村综合产权的价值，增加了包括农民财产性收入在内的各种收入，一举突破了农村土地流转的制度困局。如果说武交所是由地方政府创造出了农村土地流转市场，那么，枝江市农村综合产权交易中心则是不仅由地方政府创造了农村土地流转市场，而且还扩大了农村土地流转市场。

三是枝江市农村综合产权交易中心运作的结果，实际上是将发挥市场在资源配置中起决定作用和更好地发挥政府作用结合在一起的典范。现实中，我们往往强调市场在资源配置中起决定作用和更好地发挥政府作用，但往往忽视了政府在创造市场方面的作用和先天优势。枝江市农村综合产权交易中心的运作结果表明，政府与市场并不是对立的，政府是可以融入市场并创造市场的。只要政府主动作为，缜密谋划，是完全可以在现行法律框架约束下创造出市场的。

三 集体经营性建设用地平等入市

湖北省是全国较早探索集体经营性建设用地平等入市的省份（详见第六章相关内容），平等入市探索主要有以下几个阶段。

（一）2003年的沙洋集体建设用地流转试点

2003年8月，湖北省国土资源厅将沙洋县确定为农村集体建设用地流转试点单位，在农村集体建设用地的流转上，引入国有土地招、拍、挂出让管理方式，实行两种产权、同一市场来出让农村集体建设用地使用权。广东省是我国率先在集体建设用地使用权流转制度上进行创新的省份之一，2003年6月，广东省出台了《关于试行农村集体建设用地使用权流转的通知》（粤府〔2003〕51号），沙洋县的试点时间只比广东省的通知时间晚了2个月，表明湖北省与广东省在集体建设用地平等入市上的探索几乎是同步的。该县2005年拍卖的李市镇镇中心建在集体建设用地上面积为500多平方米的仓库的价格，差不多是该镇同样面积国有建设用地价格的2倍，表明决定建设用地使用权价格的主要是土地的位置，而不是所有制性质，集体土地完全可以与国有土地同地同权同价。

（二）2006年出台的湖北省农村集体建设用地流转政府令

2006年11月9日，湖北省以湖北省人民政府令第294号出台了《湖北省农民集体所有建设用地使用权流转管理试行办法》，以地方政府立法的方式，规范、引导集体建设用地使用权流转。该办法于2007年1月1

日施行，规定："集体建设用地使用权流转后的用途必须符合土地利用总体规划和村镇规划，在城市规划区内的必须符合城市规划。""集体建设用地出让、出租，应当在土地有形市场或土地交易场所挂牌交易。对使用集体建设用地从事商业、旅游、娱乐等经营性项目的，应当参照国有土地使用权出让程序，采用招标、拍卖、挂牌等方式提供集体建设用地使用权。集体建设用地使用权出让价格，不得低于省人民政府制定的当地国有土地出让最低价格标准。没有制定最低标准的，应参照农用地分等定级估价成果或相邻地段国有土地价格确定。"实际上明确了集体土地在符合规划的前提下可与国有土地平等入市，同地同权。

（三）2008年出台的城中村、城郊村、园中村集体资产产权制度创新试点中的土地政策

2006年底，湖北省启动了在城中村、城郊村、园中村（以下简称"三村"）开展集体资产产权制度创新试点工作。2008年8月，在试点一年多以后，湖北省委办公厅、省政府办公厅下发了《转发〈省农业厅关于扩大城中村、城郊村、园中村集体资产产权制度创新试点的实施意见〉的通知》（鄂办文〔2008〕47号），实施意见在第十五条"大力盘活集体土地资产"中明确指出，"已经建立社区股份合作社的'三村'，要积极盘活土地资产。在坚持土地集体所有、服从城市建设及土地利用总体规划、执行国家和当地政府产业政策的前提下，采取各种有效形式，实现集体土地收益，巩固和壮大集体经济。集体经济作为社会主义公有制的重要组成部分，集体所有建设用地应当视同国有建设用地对待，在办证、税收等方面应当享受同等政策。"

（四）2107年宜城市集体经营性建设用地入市

2016年9月，中央批准宜城市开展集体经营性建设用地入市试点。2017年4月12日，宜城市敲响全国33个县（市、区）开展农村土地制度改革试点后湖北省农村集体经营性建设用地与国有建设用地同地同权入市的"第一槌"。截至2017年12月31日，宜城市共有20106.85平方米、合计30.16亩集体建设用地成功入市，总成交额341.762万元。

四 城乡建设用地全域增减挂钩试点

城乡建设用地增减挂钩政策是我国为解决城镇化和工业化发展用地

与严守耕地红线的矛盾过程中出台的。所谓增减挂钩，就是城镇新增的建设用地必须由乡村减少的建设用地来填补，乡村只有将减少的建设用地复垦成耕地，城镇才能依据复垦的耕地指标占用项目落地处的耕地，以确保耕地占补平衡（详见第八章）。

（一）从用增减挂钩计划指标管地到21个示范乡镇用全域规划管地

湖北省是全国2005年首批列入开展城乡建设用地增减挂钩试点省份之一。具体实施则是通过项目区内拆旧（拆掉旧的农房）、建新、土地整理复垦（将拆掉农房的宅基地复垦为耕地）等措施，保证项目区内建设用地总量不增加，耕地面积不减少。而要保证耕地面积不减少、建设用地面积不增加的政策手段，就是由国土部下达一定数量、三年内必须归还的周转计划指标，通过城乡建设用地增减挂钩指标置换来完成。从2006年到2017年底，国家累计下达湖北省的挂钩周转指标达到40多万亩，居全国前列。

由于增减挂钩试点仍然受到周转指标的约束和限制，远远不能满足湖北省的实际需要。2014年，湖北省在21个"四化同步"示范试点乡镇开展了全域增减挂钩试点，改变了以建设用地计划指标和增减挂钩周转指标管地的方式，所有试点乡镇的建设用地，只要符合规划，就可以突破增减挂钩指标的限制，在各自乡镇全域范围内自行实施城乡建设用地增减挂钩平衡。

这种由全域规划而不是由用地计划来管理土地的做法，没有突破耕地占补平衡的政策要求，既反映了土地管理制度改革以规划管地的思路和方向，又符合市场在资源配置中起决定性作用的改革方向，有效缓解了示范乡镇用地指标、耕地占补平衡、免缴新增建设用地有偿使用费和开发资金不足问题，突破了增减挂钩指标的硬性规定和约束，给予了增减挂钩实际操作过程的弹性空间，释放了土地管理制度创新的改革红利，是对完善增减挂钩政策的重大贡献。

（二）宜城市全域增减挂钩试点

2015年，湖北省将在21个"四化同步"示范乡镇用全域规划管地的办法，推广到宜城市全市域的增减挂钩试点中。2014年12月31日，宜城市被列为全国33个县（市）进行农村土地制度改革三项试点县市之一，开展宅基地制度改革试点。2016年9月，经中央改革办批准，开展征地制度改革和集体经营性建设用地入市试点。由于2014年12月中共中央办公厅、国务院办公厅印发的《关于农村土地征收、集体经营性建设用地入市、宅基地制度改革试点工作的意见》中明确指出："探索在县域范围内通过土地整治统筹利用农村闲置宅基地的制度安排。""对村庄内零星、分散的集体经营性建设用地，经试点地区上一级政府批准后，可按规划和计划调整到本县（市）域范围内的产业集中区入市。"宜城市于2015年在全市范围内开展了城乡建设用地全域增减挂钩试点工作，全域增减挂钩试点沿用了全域规划管地的思路，只是全域的范围更大，从全乡镇范围变成了全市范围。

从政策上来讲，宜城市2015年在全市范围内开展城乡建设用地全域增减挂钩试点工作，是有中央政策作依据的。但湖北省2014年在21个"四化同步"示范试点乡镇进行的城乡建设用地全域增减挂钩试点，则是没有政策依据的，并且还遭到了国家土地督察武汉局的约谈，但由于21个试点乡镇的做法代表了土地管理制度创新以规划管地的思路和方向，且完全属于"局部试验、封闭运行、结果可控"，最终不仅得到了国土资源部的默许，而且这一做法还被吸纳进2014年底出台的中央文件《关于农村土地征收、集体经营性建设用地入市、宅基地制度改革试点工作的意见》中，实际上是肯定了湖北省在城乡建设用地增减挂钩试点中用规划管地的思路和做法。应该说，这是湖北省在土地制度改革上对全国的重大贡献。

（三）38个贫困县增减挂钩指标省域内交易

这是湖北省在宜城全域范围内开展增减挂钩试点工作对全国所做贡献的继续。2017年10月，湖北省按照国土资源部允许贫困县可将增减挂钩指标在省域范围内跨县交易的超常规政策，将湖北省符合条件的38个贫困县中的英山、保康、蕲春、郧西、竹山、孝昌6个县提供的3275亩城乡建设用地增减挂钩指标，在省公共资源交易中心拍卖，最终指标分别由武汉市汉南区、武汉经济技术开发区管委会、武汉东湖新技术开发区管委会竞得，指标价格平均41.73万元/亩，总交易资金13.66亿元。

长期从事土地管理工作的湖北省国土资源厅副厅长邹清平在新闻发布会上指出，增减挂钩指标省域内交易，释放了六大政策红利："一是可解决建设用地规划空间不足矛盾；二是可直接落实土地利用计划；三是自行落实了耕地占补平衡;四是可免缴新增建设用地土地有偿使用费和耕地开垦费,节约用地成本;五是贫困地区指标交易收益可用于筹集易地扶贫搬迁和扶贫贷款还款资金,缓解了扶贫资金压力;六是通过建设用地结构和布局的优化,推进了城乡统筹发展。"[1]

---

[1] 《湖北省城乡建设用地增减挂钩指标交易工作新闻发布会》,湖北省人民政府门户网站,2017年10月30日,http://www.hubei.gov.cn/2015change/2015news/xwfbh/newsfbh/xwfbh61/201710/t20171030_1217565.shtml。

第二章

湖北农地制度变迁

自1978年党的十一届三中全会之后,湖北省农村土地制度拉开了改革的序幕。农村土地主要包括农村地区的"农用地""农村集体经营性建设用地"和"宅基地"。本章以时间刻度和制度变迁阶段为序,对湖北改革开放40年的"农用地"制度进行回顾和评价,分析农地变迁的基本做法,阐述农地制度改革争议的问题和探讨农地改革方向,提出深化农村土地制度改革的建议。

第一节 农地制度在湖北变迁的阶段

湖北40年的农地制度变迁,可以划分为五个阶段:(1)1978—1983年,农村建立家庭联产承包责任制和构建微观经营的市场主体。(2)1984—2002年,在土地家庭承包经营的制度下,实行农地的所有权和承包经营权分离,即"两权分离";两次延长土地承包期,第一次15年不变;第二次30年不变。(3)2003—2006年,在坚持家庭承包制的基础上,保障农民拥有比较完整的土地权利。特别是2005年农业税全面取消,农地制度改革进入实质性阶段。(4)2007—2015年,适应农村劳动力转移的形势,实施农村土地流转,促进新型经营主体发展和土地规模经营。(5)2015年至今,实施农地所有权、承包权、经营权分置,即"三权分置"改革。从制度变迁的角度来看,湖北农地制度在产权结构分化的总趋势下呈现出所有权的稳定性及其在实践中的弹性化。

一 1978—1983 年：家庭承包责任制取代"集体所有、集体经营"制度

（一）农地家庭承包责任制的建立

在人民公社体制时期，土地实行"集体所有、集体经营"制度。高度集中的劳动方式和分配中的"大锅饭"平均主义，影响了农民生产的积极性，"磨洋工""搭便车"现象盛行，粮食作物产量低，公社社员能维持生活、填饱肚子就是比较好的了。人民公社体制的绩效使农民处于"生存收入"水平，而这种绝对贫困诱发了制度变革的动力。1978年安徽省凤阳小岗村为了摆脱贫困状态，18 户农民冒着坐牢的危险在大包干协议上按下了手印，自发联合起来打破人民公社制度，将村内土地分开承包，率先实行包产到户。邓小平支持包产到户，1980年指出："一些适宜搞包产到户的地方搞了包产到户，效果很好，变化很快。"包产到户后粮食大丰收的事实，证明实行家庭承包责任制的生产绩效明显高于人民公社"一大二公"的生产绩效。1981年底，家庭联产承包责任制被中央政府接受和倡导。1982年的中央"一号文件"和党的"十二大"报告，正式肯定了以家庭经营为核心的联产承包责任制。

湖北在人民公社时期的土地"集体所有、集体经营"制度，一直持续到1984年的社改乡、家庭联产承包责任制实施之后才告结束。家庭联产承包责任制是农户向村集体经济组织承包土地并完成农产品生产任务的农业生产责任制形式。家庭联产承包责任制取代人民公社制度，实质是农民集体自发的诱致性制度变迁与政府供给主导的强制性制度变迁共同作用的结果。处于改革开放之初的湖北农村，农民拥护承包责任制，对于土地的依恋热情而浓烈，尽可能多种地、尽可能让这些土地多生产粮、棉、油等农产品。所以，家庭承包责任制相对于人民公社制度是对土地资源的优化配置，将土地按照家庭人口数量进行承包分配，调动了农户的生产积极性，农民可以解决温饱，政府税收增加。家庭承包责任制为农业增长和农村社会稳定提供了制度基础。

（二）农村微观经营主体的构建

农村微观经营主体包括农户家庭和农业企业。1978年改革开放从农村开始，农村改革不仅建立了家庭联产承包责任制，家庭经营的农户成

为相对独立的市场主体，而且带动了乡镇企业和民营经济的发展。农村各项经济政策的开放，更多的农民"离土不离乡"，从发展种养业，逐步转入兴办乡镇工业和小集镇服务。到1983年，湖北省农产品加工、建筑、商业、饮食等各类乡镇企业已发展到10.85万个，固定资产27亿元，流动资金13.7亿元，从业者150多万人。1983年与1978年相比，总产值40.55亿元，增长110%，实现利润4.5亿元，增长50%[1]。乡镇企业是湖北省农业企业的发源主体，对拉动全省经济增长，对增加农民收入和转移农村富余劳动力到第二产业就业，对壮大村集体经济实力发挥了重要作用。

湖北乡镇企业在1978—2002年期间数量增长较快，从10.21万个增加到99.37万个，24年内平均每年净增3.72万个。2002年湖北乡镇企业增加值占全省GDP总量的比重为26.5%，当年发放职工工资为387.63亿元，相当于乡村人口人均收入978.7元，占当年农民家庭人均纯收入的40.0%[2]。从政策层面来说，湖北省各级政府从土地使用等方面支持了乡镇企业的发展。如今的许多省、市级农业龙头企业或农业新型经营主体，就是在乡镇企业和民营经济中不断发展起来的，在解决"小农户"与"大市场"矛盾问题上发挥了作用。邓小平评价乡镇企业："农村改革中，我们完全没有料到的最大的收获，就是乡镇企业发展起来了，忽然冒出搞多种行业，搞商品经济，搞各种小型企业，异军突起。"

二 1984—2002年：实行"两权分离"和二轮延包

（一）1984—1993年：农地"两权分离"和第一轮延包

1984年，湖北已全面推行家庭联产承包责任制，实行农地"大包干"。承包责任制使农业出现了空前的大丰收，但同时又出现了"卖粮难、卖棉难"现象，农业增长开始有所放缓，家庭联产承包责任制的制度释放效应面临着"小农户"与"大市场"矛盾的制约。短期承包土地

---

[1] 周顺民：《浅谈湖北省乡镇企业的现状及其发展》，《湖北财经学院学报》1984年第6期。

[2] 梅建明：《湖北省乡镇企业1978—2002年发展概况、问题及对策》，《武汉科技大学学报》2003年第12期。

不稳定，加上土地产出进入市场"卖难"，使农民对自己所种植的土地缺乏长期的预期，在温饱问题解决后，农民生存权得到保障，要求更多发展权。1984年中央"一号文件"进一步从政策上明确了土地所有权归集体，使用权归农民，实行"两权分离"，并明确了第一轮土地延包期限，规定农民土地承包期延长到15年不变。湖北省执行中央农村政策，把土地所有权和承包经营权分开，村集体对农民延长土地承包期。

为解决小农户经营与大市场矛盾以及农民"卖粮难、卖棉难"问题，从1984年开始，湖北按中央部署建立了与承包制度相适应的农村经营管理体制，即全面实行家庭承包经营为基础、统分结合的双层经营体制。统分结合的"分"是指土地集体所有、农民分户经营。农户家庭为农业生产的基本经营单位，拥有自主权和独立的市场主体地位。统分结合的"统"是指对一些不适合农户承包经营或农户不愿承包经营的生产项目和经济活动，如农田水利基本建设、制种、植保、病虫防疫、某些大型农机具的管理使用，由集体统一经营和统一管理；集体组织对农户在产前、产中、产后提供统一服务，这些服务组织有流通领域的粮棉国营收购公司、供销社，有政府设在农村的技术推广单位。所以，"双层经营"包含了两个层次，分别为家庭分散经营层次和集体统一经营层次。

（二）1993—2000年："增人不增地、减人不减地"和第二轮延包

为了稳定农村土地承包关系，1993年中央农村工作会议文件提出"增人不增地、减人不减地"。这是我国农村包产到户之后的一项重要的农地制度安排。"增人不增地、减人不减地"是指家庭成员因新生、娶妻等原因而增加人口，但并不增加承包地数量；家庭成员因死亡、外嫁等原因而减少人口，亦不减少承包地数量。该制度将人口与土地承包的关系进行固化，从制度上割断了新增人口与土地的联系，旨在解决因人口变动而导致承包制不稳定的诸多问题：人口变化导致调整土地频繁、成本太高；频繁调整土地使农民缺乏稳定的土地投资预期，不利于稳定农业生产；人口增长导致户均土地细碎化越来越严重，户均经营的土地数量越来越少，人均效益越来越低；尤其是不利于控制农村人口的增长，加剧了人地冲突。"增人不增地、减人不减地"的制度规定在承包期内，除承包方自愿交回承包地、承包方全家迁入设区的市并转为非农业户口两种情形外，作为发包方的村集体经济组织不得因承包方家庭成员的增

减（如婚丧嫁娶、考学、工作等）而收回部分或全部承包地。这对于已获得土地承包的农民来说，吃了一颗"定心丸"，对土地上的生产投入有了稳定的预期，"多子多福多生"的生育意愿也因土地承包的关系固化受到了抑制。

1997年前后，国家对农村土地实行二轮延包政策，二轮延包实行"增人不增地、减人不减地"原则，只在原有承包土地基础上延长土地承包期限。中办、国办联合发布了《关于进一步稳定和完善农村土地承包关系的通知》，要求各地向农户颁发由县或县级以上人民政府统一印制的土地承包经营权证书，明确了第二轮土地延包期限，确定农民30年的土地使用权。

根据国务院关于"在原定的耕地承包合同到期之后，再延长30年不变"的要求，湖北省认真做好延长土地承包期，二轮延包于1997—2000年前后完成，承包期再延长30年。在二轮延包工作中，湖北省各县、乡政府召开各种会议，执行中央和省文件，延长土地承包期。各地第二轮延包中坚持的原则是：一是续订承包合同，而不是重新划分田地；二是农户要不要经营权、集体发不发经营权证的问题，不是农户与集体签不签订承包合同的问题；三是坚持大稳定、小调整的原则；四是国家政策是承包土地经营权再延长30年不变、"四荒"等开发性生产项目承包期再延长50年不变。经过二轮延包之后，湖北家庭联产承包经营不断完善。

（三）2002年：农地承包中"严格禁止，例外调整"

将人口与土地承包的关系进行固化，巩固了家庭联产承包责任制，但这一制度对新增加的人口来说，无法再通过调整土地来获得承包地，影响了集体土地利益的公平分享，造成农户之间收入分配的差距。湖北省是典型的农业大省，人多地少，农村许多村庄存在要求调地、分地的呼声。许多村集体不得不每隔几年就重新调整承包地，这种不稳定的土地承包关系，不利于农村经济的发展和人口的控制。如何处理好人口增长与土地承包的关系，是农村基本经营制度在政策执行层面中的难题。

"增人不增地、减人不减地"是原则，例外调整开始时只是各省制定的地方政策，但各省的规定也不尽一致。为进一步规范各地的"例外调整"，《中华人民共和国农村土地承包法》将其列入了法律。其中，

第 27 条规定：承包期内，发包方不得调整承包地。因自然灾害严重毁损承包地等特殊情形对个别农户之间承包的耕地和草地需要适当调整的，必须经本集体经济组织成员的村民会议三分之二以上成员同意，并报乡镇人民政府和县级农业行政主管部门批准。第 28 条规定：下列土地应当用于调整承包土地或者承包给新增人口：集体经济组织依法预留的机动地；通过依法开垦等方式增加的；承包方依法、自愿交回的。[①] 法律严格禁止发包方在承包期内调整承包地，同时也明确了农地承包中"例外调整"的条件和程序，对各地如何处理人口增长与土地承包的关系是硬性约束。

总体而言，1984—2002 年，湖北土地制度变迁的主要内容是建立了家庭承包经营的基本框架，土地两次延长承包期，强化农民承包经营权的内涵，家庭联产承包经营制度在实践中不断完善。这一时期虽然明确了集体土地家庭承包，土地所有权与使用权分离，但政策对农村土地承包合同的期限、合同标的、要约与承诺以及违约责任等都没有做出明确规定，农村土地确权在实践中未受到足够重视，土地登记工作没有到位。客观原因是分田到户因人口的变化土地权属不稳定，土地确权登记的测量技术不发达，对农村大量的承包地进行确权登记发证也受财力限制。

三　2003—2006 年：税费改革减轻农民的土地负担

湖北省监利县，曾因农民税费负担问题闻名遐迩，一度成为"三农"问题的代名词。农村税费改革从试点开始，旨在减轻农民负担。2004 年中共中央、国务院决定从当年开始逐步降低农业税税率。2005 年农业税条例被依法废止，标志着农地制度改革进入了一个实质性阶段。这一改革不仅仅在于废除了几千年的"皇粮国税"，更重要的是引发了整个农村的"第二次飞跃"。湖北省农村经济经营管理局等部门作为其中主要的参谋、助手和实际操作者，对此做出了重要贡献。

（一）改革前沉重的税费使土地成为农民包袱

税费改革以前的农民负担可以用一句话来形容："头税轻、二税重、

---

① 全国人民代表大会常务委员会：《中华人民共和国农村土地承包法》，2002 年 8 月，第九届全国人民代表大会常务委员会通过。

收费是个无底洞"。湖北是农民负担重、恶性案件多的省份之一，1998年、1999年，全省农民负担的总水平都在200元/亩以上，高的达到400元/亩[①]。当时，谁承包了土地，谁就承担税费；谁得到了土地，谁就得到负担。许多农民不堪重负，纷纷弃田抛荒、外出打工。作为农民命根子的土地，第一次成了他们急于扔掉的包袱。农民负担过重导致农村社会矛盾尖锐，大有一触即发之势。

(二) 税费改革极大地减轻了农民负担

2002年湖北省启动农村税费改革。当年全省新的农业税、农业特产税及附加总额为327478万元，比改革前1999年政策内"六项"负担总额552165万元减少224687万元，减幅40.69%；新的"两税两附加"亩均为70.63元，人均为79.5元，分别比1999年减少50.44元和42.9元。2004年，全省统一停征农业特产税，农业税税率降低3个百分点，全省农民承担的农业税及附加总额为18亿元，比改革后的新农业税减少13.6亿元，降幅为43%，人均承担农业税及附加45.46元，亩均40.33元，农民政策内负担总额比改革前下降了67.22%。2004年全省农民各项负担总额（含一事一议等）人均不到70元，税费改革减轻了农民的土地负担。

2005年湖北省在认真落实中央支持粮食生产各项政策的基础上，对全省农业税实行全免。农业税的取消，给农民带来了看得见的物质利益，极大地调动了农民积极性，又一次解放了农村生产力，对中国农业发展具有划时代的意义。

四 2007—2015年：农村土地流转

工业化、城镇化的快速推进促进了农村劳动力转移但也造成一部分农田抛荒，新型农业经营主体的崛起和机械化耕种水平的提高，客观上要求通过土地流转实行规模经营降成本、提效益。湖北省委办公厅、省政府办公厅于2007年发布《关于做好农村土地承包经营权流转管理工作的通知》适应了农村发展需求，推动了土地流转和规模经营。湖北省土

---

① 杨孔平、陈樱：《推动农村"第二次飞跃"——湖北农村税费改革十周年回眸》，《农村经营管理》2013年第3期。

地流转呈现出规模渐大、形式渐活、主体日多等新特征。

(一) 土地流转速度加快、流转规模攀升

湖北省农业厅统计数据显示,自2007年政策允许农民以转包、出租、转让、互换、股份合作等形式流转土地承包经营权以来,湖北土地流转的比重持续提高。2007—2015年,湖北省土地流转面积占承包耕地比重分别为 2.64%、6.79%、8.93%、10.89%、14.76%、19.03%、26.34%、32.65%、36.95%(见表2—1)。特别是2013—2015年这三年,随着全省农地确权由点到面工作的推进,土地流转速度明显加快,全省农地流转比例平均增速高达5.98%。

表2—1　　湖北省家庭承包经营耕地面积与土地流转面积变化

年份	家庭承包耕地总面积(亩)	家庭承包农户总数(户)	户均耕地面积(亩/户)	土地流转总面积(亩)	流转面积占承包耕地比重(%)
2007	43239911	9445947	4.5776	1141808	2.64
2008	43721570	9386188	4.6581	2968645	6.79
2009	45088368	9521362	4.7355	4024247	8.93
2010	45238412	9553767	4.7351	4925599	10.89
2011	45111627	9552161	4.7227	6658082	14.76
2012	45040709	9610990	4.6864	8572277	19.03
2013	45347804	9618355	4.7147	11943652	26.34
2014	45192172	9612776	4.7013	14754410	32.65
2015	45023408	9601965	4.6890	16634549	36.95

资料来源:根据湖北省农村经管局2007—2015年统计数据整理。

截至2015年底,全省家庭承包耕地总面积4502万亩,承包地流转面积达到1663万亩,流转比例达到36.95%,高于全国平均水平2个百分点。土地流转促进了土地的规模经营,2015年,全省适度规模经营面积908.4万亩,占比20.17%,比2014年增加9个百分点。

(二) 土地流转形式多元化,转包和租赁比例大、股份合作上升快

湖北土地流转方式呈现多样化趋势,主要有转包、租赁、转让、互换和股份合作五种方式。从流转主体来看,主要分为农户自发流转和通

过集体组织流转，农户自发流转主要采用转包、租赁、互换、转让等形式，通过集体组织流转主要采用租赁、股份合作形式。五种流转模式中，转包和租赁的比例较大，2015年以"转包+租赁"方式占土地流转总数的79.5%（见表2—2），这两种方式不改变承包关系、期限灵活、操作简便，农民更容易接受。2007—2015年，湖北省土地流转中，股份合作比例虽然由0.8%上升到4.4%，上升速度快，但这一比例仍然较低。土地股份制作为先进的农业生产组织形式，能将要素投入和多方主体利益以股份形式认定，有待农民的认知和接受。

（三）农地流转中新型经营主体蓬勃发展

湖北省农业新型经营主体在土地流转中成为农业规模经营的重要力量。2013年，全省有农业产业化龙头企业4000多家，在工商登记注册的农民合作社近4万家、社员近300万户，经营面积30亩以上的种植大户30多万户。截至2015年底，全省专业大户、家庭农场、农民合作社、龙头企业数量，分别是2010年的5.3倍、4.5倍、3.4倍、2.8倍，土地股份合作社从无到有发展到747家。在龙头企业发展方面，形成了"福娃模式"；在合作社发展方面，形成了"华丰模式""春晖模式""檀溪模式"。作为湖北首批国家级农业产业化重点龙头企业的福娃集团，公司与监利县23个乡镇签订了120万亩优质水稻订单，流转6万亩土地建设有机稻基地。这种大型龙头企业所形成的辐射群，在保障粮食安全的同时，也保护了农民利益。

（四）农地流转价格呈现上升趋势

合理的流转价格对于保护流转双方特别是转出农民的利益、促进土地经营权流转市场的形成和发展具有重要意义。价格形成机制建立与否，某种程度上标志着土地流转市场的成熟与否。从对全省各地调研情况来看，全省土地流转的定价机制初具雏形，并随着湖北省农村产权流转服务体系的健全而不断改进完善。自2008年以来，湖北土地流转价格根据市场供需持续稳定地上升。2015年，湖北省农村土地流转的价格按照区域不同和田地级别不同而有所差异，经济欠发达地区价格为300—400元，一般地区价格500—600元，个别经济发达地区流转价格超过1200元。土地租金上升有利于原承包农户增加收入，但不利于新型经营主体从事粮食生产。

表2—2　　　　　　　　湖北省土地承包经营流转方式变化

（面积：亩，比重：%）

年份	流转总面积	①转包		②租赁		③转让		④互换		⑤股份合作		⑥其他	
		数量	比重	数量	比重	数量	比重	数量	比重	数量	比重	数量	比重
2007	1141808	715946	62.7	146340	12.8	121673	10.7	52483	4.6	8632	0.8	96734	8.5
2008	2968645	1526695	51.4	677054	22.8	289173	9.7	171523	5.8	40175	1.4	264025	8.9
2009	4024247	2037415	50.6	1015846	25.2	377844	9.4	218091	5.4	61273	1.5	313778	7.8
2010	4925599	2524067	51.2	1082059	22.0	525185	10.7	308029	6.3	91681	1.9	394578	8.0
2011	6658082	3247867	48.8	1723231	25.9	590238	8.9	445238	6.7	130418	2.0	521090	7.8
2012	8572277	4114007	48.0	2377627	27.7	740763	8.6	543352	6.3	272603	3.2	523925	6.1
2013	11943652	5623438	47.1	3712073	31.1	824875	6.9	748795	6.3	357647	3.0	676824	5.7
2014	14754410	6858997	46.5	4840007	32.8	854527	5.8	722176	4.9	668669	4.5	810034	5.5
2015	16634549	7630813	45.9	5594274	33.6	911080	5.5	915664	5.5	732242	4.4	850476	5.1

资料来源：根据湖北省农村经管局2007—2015年统计数据整理得出。

五　2015 年至今：三权分置、确权颁证

农地"三权分置"改革是实行农村土地的所有权、承包权和经营权三权分置，也是引导土地有序流转的重要基础。三权分置在实践中，既维护了村集体土地所有权、保护了农户的承包权，又放活了土地流入方的经营权；既可以适应工业化、城镇化发展的需要，让外出劳动力放心流转土地、放心非农就业，又能够促进农业新型经营主体开展土地规模经营。从"两权分置"过渡到"三权分置"是土地政策的又一次重大变迁。

针对农村土地承包普遍存在面积不准、四至不清、登记簿不健全等问题，中央强调要建立健全承包合同取得权利、登记记载权利、证书证明权利的土地承包经营权登记制度。农业部 2014 年开展农村土地承包经营权确权登记颁证"整省"试点，在试点的基础上，2015 年新增湖北、江苏、江西、湖南、甘肃、宁夏、吉林、贵州、河南 9 个省区"整省推进"试点。2015 年初，湖北土地确权"整省推进"，统一采用卫星图片、航拍等先进手段进行，查实农民承包地的地块、面积、四至和空间位置，把承包地块、面积、合同、权属证书全面落实到户。2015 年底，全省 59 个县（市、区）基本完成了农村土地承包经营权的确权登记颁证工作，确权到户 461 万户，实测面积 3013.4 万亩，分别占总数的 60%、48%、66.7%。2016 年湖北省继续整体推进土地确权登记颁证，各地认真落实省委、省政府提出的全面完成农村承包地的地籍调查、登记注册、颁发土地承包经营权证书等工作。2016 年 12 月，全省完成农村土地承包经营权确权工作，提前 1 年完成中央规定的任务，土地确权工作走在了全国前列。

湖北新一轮土地确权颁证是在工业化、城镇化进程中农村劳动力已经大量转移的背景下进行的，相当一部分农户将承包土地流转给他人经营，从而使承包经营权进一步分解为相对独立的承包权和经营权，即形成所有权、承包权、经营权"三权分置"格局。湖北新一轮土地确权具有以下新特点：一是新一轮确权登记后，颁发新的由农业部统一格式的农村土地承包经营权证书，过去各地试点颁发的土地承包经营权证统一收回，农民的土地承包经营权不再只是村集体及其内部农民互相认同的权利,将得到更广范围的社会认同;二是确认土地空间信息,清晰记载了地块实际面积与四至范围;三是以法律形式赋予农民土地的物权属性和财产权能,农户在土地确权后拥有了土地承包经营权证等法律上的凭证。

第二节 湖北农地变迁的基本做法

农地制度变迁是一种效率更高的农地制度代替低效率的农地制度的过程。湖北农地变迁的基本做法是稳定完善农村基本经营制度和土地经营体制机制创新,使农地既承担社会保障功能,又承担经济发展功能;既保障农民就业和社会稳定,又要保障增加农民的收入,提高农民的生活水平,促进农村经济发展。

一 坚持家庭承包经营基础和规范土地流转

（一）农村土地承包规范化管理的各项基础性工作到位

一是农村土地承包管理工作体系基本建立。湖北各县市区都成立了农村土地承包管理的日常工作机构和纠纷仲裁机构,乡、村建立了农村土地承包纠纷调解专班,做到了有人办事,有章理事。二是农村基本经营制度落实到了千家万户、田块地头。绝大多数农民已经领到了由县级人民政府颁发的农村土地承包经营权证书,许多地方土地经营权流转签订了规范的合同。三是建立了完整的农村土地承包档案。各县、乡、村建立了土地承包档案及管理制度,绝大多数县、乡初步实现了土地承包档案微机化管理。

（二）加强对土地承包经营权流转管理工作的领导

湖北省各级党委和政府对土地承包经营权流转管理工作列入重要议事日程调查研究,指导协调,将土地承包经营权流转同农村综合产权改革、推动农村富余劳动力转移和促进农业增效、农民增收等工作有机结合起来。各相关部门发挥了职能作用,密切配合。省农业厅主抓专业大户、家庭农场、农民合作社和农业龙头企业等新型经营主体的培育工作,省农村经济经营管理局主抓农村土地承包经营权规范流转工作。省国土资源部门加强了对基本农田的监管,有效制止滥占耕地行为,省财政厅保障了土地承包经营权流转工作经费支出。

(三) 规范农村土地承包经营权流转行为

湖北各地严格按法律和政策,对已经发生的土地承包经营权流转行为进行全面清理和规范。手续不完备、合同条款不齐全的尽快补全;对显失公平的流转合同,通过说服教育,引导双方重新签订合同;流转补偿不到位的按合同落实到位。对下列行为的流转进行了限期整改和规范:发包方假借少数服从多数强迫承包方进行土地承包经营权流转的;发包方以划分"口粮田"和"责任田"、抵顶欠款等为由强行收回承包地搞招标承包的;承包方未经发包方同意擅自转让、互换土地承包经营权的;受让方未经承包方同意实施土地承包经营权再流转的;流转一方当事人采取欺诈、胁迫等手段,使对方违背真实意愿的情况下签订流转合同的;承包方与受让方恶意串通,损害国家、集体或者第三者利益的;受让方改变土地农业用途的;受让方拒不履行流转合同约定义务的;等等。

(四) 切实搞好土地承包经营权流转纠纷的调解仲裁

湖北省建立了县(市、区)、乡(镇)、村三级农村土地承包纠纷调解仲裁体系。省农村经济经营管理局对土地承包经营权流转纠纷的仲裁人员进行培训和资格认定,推动了一支纠纷调解仲裁队伍建设。县(市、区)农村经济经营管理部门设立纠纷仲裁机构,乡镇财经所(经管站)设立纠纷调处委员会,村级由村干部兼任调解员对土地承包经营权流转纠纷调解。如果农户之间、农户与新型经营主体之间因土地承包经营权流转发生争议或者纠纷,当事人可依法协商解决;协商不成可以请求村、乡镇进行调解;协商不成或调解不成的可向县(市、区)农村土地承包纠纷仲裁机构申请仲裁,也可向人民法院起诉解决土地纠纷。三级农村土地承包纠纷调解仲裁体系的建立,对农村经济稳定和推动农地流转及新型经营主体规模经营起到了重要作用。

二 探索产权制度改革和化解土地确权纠纷

(一) 率先探索"三权分置"

湖北是"三权分置"改革的发源地,2012年湖北省为了稳定和完善以家庭承包经营为基础、统分结合的双层经营体制,结合本省实际,率先出台了《湖北省农村土地承包经营条例》,创新性提出"农村土地承包经营应当明晰所有权、稳定承包权、放活经营权",即农村土地所有权、承包权、经营权"三权分置"原则,2013年底中央召开的农村工作会议,专门推介了湖北探索农村产权制度改革的经验。2016年中共中央办公厅、国务院办公厅《关于完善农村土地所有权承包权经营权分置办法的意见》吸纳了湖北关于产权分置的理论观点,2017年10月全国人大常委会审议农村土地承包法修正案草案,"三权分置"写入新法。湖北率先探索"三权分置",对全国农村探索产权制度改革做出了突出贡献。

湖北在实践中,按照"三权分置"的原则,对以土地为核心的集体所有资产资源依法进行权属登记,颁发权证,规范管理。湖北的农村土地确权经历了村组试点、乡镇试点、整县试点、全省整体推进的过程,总体以村为单位,组为单元,分类确权,各行其权,各得其所。土地确权颁证重点解决了三个问题:一是明晰强化所有权,就是强化集体所有权地位,纠正所有权被架空等错误做法,赋予集体经济组织更大的权力。二是稳定固化承包权,就是以延包为基础、结合实际确权,集体没有发包的土地不再分了,固定基本的承包权,保持长久不变。三是放活优化经营权,就是通过统一、规范的农村产权市场,使经营权流通起来,让会种田的多种,不会种田的少种或不种。

（二）着力化解土地确权纠纷

湖北确权登记颁证工作牵涉面广,一些地方"人地矛盾"较为突出,早期外出返乡人员、"外嫁女""入赘男"等特殊群体争相要地;一些地方对土地承包关系进行不断调整,虽然不符合法律政策规定,但群众认可既成事实;个别村集体以维持公共开支为由,长时间、超标准预留机动地,与民争利,这些都增加了确权登记颁证工作的复杂性。土地确权之初,一些地方干部不同程度地存在"三怕",即怕确权工作引发农村长期积累的土地矛盾,怕确权工作对今后征地增加难度,怕确权工作对已经获得流转经营权的规模经营者造成影响。湖北省委、省政府3次召开会议动员部署,各地成立了党政"一把手"挂帅的领导小组,组建工作专班,充分调动各级干部和农民群众的积极性、主动性,形成工作合力。各地以确权登记颁证为契机,建立涉地纠纷排查化解机制,建立健全乡村调解、县市仲裁、司法保障的土地承包经营纠纷调处体系,将纠纷解决在当地、把矛盾化解在基层。湖北省2014年确权试点地区承包合同签订率、登记簿建立率、经营权证发放率均达到99%以上。全省累计妥善处理纠纷5.5万余件，涉及承包面积15万多亩，未发生一起群体性事件，维护了农村和谐稳定。

（三）明晰了农村产权，为建立农村产权制度奠定基础

湖北新一轮土地确权把承包地块、面积、合同、权属证书全部落实到户，给土地颁发了"身份证"，给农民吃上了"定心丸"，土地承包经营权证的准确性和权威性，为开展土地经营权流转和抵押担保提供重要依据。宜昌市夷陵区对集体所有权、农民承包权经营权、宅基地使用权、小型水利设施管护权、集体建设用地使用权"五权同确"，对集体、农民、新型经营主体分发农村土地所有权证、农村土地承包经营权证、农村土地流转经营权证，"三证分发"为"三权分置"摸索了经验，承包权和经营权的分置并行，拓展了农地承包经营权的权能。例如，夷陵区高山云雾土地股份合作社凭借首本土地流转经营权证，获得银行融资授信1000万元。普通农户、新型规模经营主体拿到土地使用权证，到土地交易所进行交易成为可能，土地抵押贷款可预期，放活土地经营权不再是"空话"。农村土地确权激活了农村生产要素，为建立现代农村产权制度奠定了基础。截止到2015年底，湖北省建成农村综合产权交易所（中心）41家，累计交易额约188.4亿元，办理农村产权抵押贷款约32亿元。农村产权明晰后，农户承包土地经营权、"四荒"使用权、林地经营权、林木所有权和使用权、农村集体经营性资产、农业生产设施设备、小型水利设施使用权、农业类知识产权、农村建设项目招标、产业项目招商和转让等均可在农村产权交易所上市交易。

三 创新农村经营体制机制和推进土地规模经营

（一）创新农村经营体制机制

要解决农村的现实问题，就必须完善和创新农村经营体制机制，促进适度规模经营和集体经济发展。近年来，湖北省土地流转加快，但农村"有地无人种、有人无地种"的矛盾仍然日益突出。普通农户之间的土地流转并不能促进现代农业发展，一般的大户、企业租种农户土地也难以有效保障流转双方实现互利共赢。只有创新农村经营体制机制，培育新型经营主体，建立紧密的农村土地所有者、承包者、经营者利益联

结机制，才能突破当前农村经营面临的困境，实现多方共赢。

2010年湖北农村经管局借鉴苏州、上海等地的经验，指导孝南区龙岗村开展农村土地经营体制机制创新试点，探索出了"春晖模式"。其主要内容可以概括为："土地入股，农企联姻，链式经营，四方共赢"，即农民和村集体分别以土地承包经营权和集体机动地、"四荒地"经营权入股，龙头企业春晖米业公司以农机具等资产入股，共同组建龙岗土地股份合作社，对入股的6000亩土地进行统一整理、经营，建成优质水稻生产基地，生产的稻谷由公司收储、加工、销售，农民得到土地保底租金、股份分红、务工工资、惠农补贴四块收入。这种模式在全国范围内具有首创性。2011年，龙岗土地股份合作社稻谷总产达719万斤，亩均增产50斤，单产1200斤；经营收入781.68万元，分红48.27万元，股均41元。"春晖模式"有效破解了农村土地抛荒、劳力不足、企业购粮占压资金、收购粮食质量缺乏保障、与农民利益联结不紧等一系列难题，大幅度提高了土地使用效率、机械化作业水平和新技术新品种应用水平，实现了农民、村集体、企业、国家四方共赢。2011年5月，省委、省政府召开现场会推介其经验，引起了中央领导和社会各界的广泛关注，回良玉副总理称赞其为"现代农业的一面旗帜"，新华社、《农民日报》《湖北日报》等主流媒体进行了多次报道。2012年8月4日，农业部部长韩长赋视察春晖集团，高度评价"春晖模式"的创新意义和引领作用。中央农村工作领导小组副组长、办公室主任陈锡文同志在评价"春晖模式"时说："对我们这样一个在相当长时间内小规模经营的农户数量还比较多的国家，这是一条不可不走、不得不走的路。"

湖北春晖物流集团组建于2010年元月，是一家集粮食种植、收储、加工、贸易和优质稻种子研发，以及农副产品物流于一体的国家级农业产业化重点龙头企业，下辖20个生产经营和科研单位，占地600多亩，总资产过10亿元，在全市（孝感）累计流转土地12.8万亩，此外还大力推行"四提供、一回收"服务模式，与农民建立起利益联结机制，共发展"订单农业"近40万亩。2012年，春晖集团实现总产值49.8余亿元，带动农民增收1.2亿元，分别比上年增长24.5%和200.1%。一是经营上实行"龙头企业＋合作社＋基地（或家庭农场）"。2011年元月19日，春晖集团与孝南区三汊镇4个村、699户农民组建了"湖北龙岗土地股份合作社"。春晖集团以100多台先进农机具入股，占总股本的49%；村集体和农户共入股土地6000多亩，占总股本的51%。二是生产实行"六化"。主要是土地规模化、耕作机械化、种植科技化、管理职业化、经营品牌化、产品安全化。三是农户受益实行"租金＋股金＋补贴金＋薪金"。"租金"按每亩360斤中籼稻的价格计算，"股金"是合作社盈余分红，"补贴金"是国家"三补"资金，"薪金"是农民在公司打工收入。2011年，农户每亩领取租金385元、股金41元、补贴金141元，共计567元；2012年，农户每亩领取租金450元、股金45元、补贴金141元，共计636元，比2011年增加69元；2013年，农户每亩领取租金486元、股金50.5元、补贴金141元，共计677.5元，比2012年增加41.5元。2011年以来，田间管理员在春晖集团每人每月获得薪金1800元以上，季节性用工每天薪金120元左右。原本负债的龙岗村集体2011年收益约5万元，2012年达到8万元。①

（二）以土地确权为契机推进土地规模经营

20世纪80年代初的家庭联产承包制虽然调动了农民生产积极性，但没有解决土地的"分散化、碎片化"问题。土地"分散化"致使农业用工不适应农村青壮年劳动力减少的客观实际，影响了土地资源使用和现代农业发展；土地"碎片化"不利于农业机械化程度的提高，制约了先进生产力的发展。2015年，湖北"整省推进"土地确权中，沙洋县以确权为契机，首开全国整县推进"按户连片"耕种的土地确权模式之先河。"按户连片"耕种是在稳定家庭承包权的前提下，以灌溉水源等为基本参考依据，由村委会领导，充分尊重农户的意愿，通过村民小组内部的经营权流转、承包权互换和承包地重分三种办法，使农户耕种的土地连成一片，最多不超过两片且"不插花"，在每户耕种土地面积基本不变的条件下，实现农户对土地的规模经营。例如，沙洋县村民王维林，种有16亩地，分散在6处，通过与5户流转后，现只有两片；村民严昌龙，种有13亩地，与3户流转后，13亩地归并在一片。沙洋县土地"按户连片"确权办法和经验，是有效且可复制性的举措，是完善家庭承包责任制的创新。土地确权明显推动了土地流转和规模经营。钟祥市农户承包耕地

---

① 湖北经济学院新农村发展研究院调研数据，2014年。

108.7万亩,确权后流转78.5万亩,占比72.2%,比上年增长34.2%。钟祥市鑫丰农机合作流转经营土地面积1.1万亩开展规模经营。

第三节 农地制度变迁的经验、改革的争议和方向

以家庭承包责任制为主体的农地制度是在改革开放初期建立起来的,但随着工业化、城镇化的发展,该制度安排也在不断地调整和完善。农民对土地的认知经历了以土地为本、视土地为包袱、以土地为保障的三个阶段,土地经营体制机制随着时代发展和农民对土地的认知变化,农地制度的完善也应与时俱进。

一 农地制度变迁的经验

(一)有效的产权配置是农地制度改革成功的关键

总体而言,从1978年党的十一届三中全会至今,农村基本经营体制机制的调整,是围绕以土地为核心的产权制度改革创新这条主线,土地经营从统到分的过程,还经营权于民。制度变迁是一个长期的过程,在这个过程中产权起着核心的作用,产权的重要性在于能帮助一个人形成合理预期。农地改革的经验教训使我们更加清晰地认识到产权的有效配置的重要性。科斯定理告诉我们,只要产权是明确的,并且其交易成本为零或者很小,则无论在开始时将财产权赋予谁,市场均衡的最终结果都是有效率的。在农地改革中我们应该跳出长期以来形成的产权归谁所有的思维定式,注重使用权的盘活。农业生产中,如果土地流转到会经营、有能力、愿意种地、能种好地的农民手中,土地要素就会得到最佳配置。优化并维护农地产权制度是农业经济增长的关键。

(二)农地改革要符合农民的意愿,维护好农民的土地权益

进行农地制度改革,首先必须考虑农民的承受能力,尊重农民的发展权,取消不合理的制约因素。只有满足广大农民的愿望、符合农民的认知状况,才能尽量减少改革中产生的交易费用,保证农地制度改革的顺利进行。在整个的改革过程中,政府不能以牺牲农民的利益为代价,否则将导致改革失败。我国农地制度变迁的历程充分地证明了这一点,

只有尊重了农民的利益，满足了农民的愿望，农业才能发展，只有当农地制度安排符合农民意愿的时候，才能取得较好的制度绩效。农民对于农地制度的认知起着基础性作用，各级政府的认知在很大程度上要与农民的认知达成一致。农地改革要实现好、维护好、发展好农民的土地权益。实现好，就是要搞好集体所有土地和农民承包地的确权；维护好，就是要保障土地所有者、承包者、经营者各行其权、各得其利；发展好，就是发挥市场机制的作用，使土地使用效益最大化。

（三）运用"三权分置"理论指导农地改革实践

"三权分置"是农地制度改革实践中总结出来的理论成果，可以用来指导未来农村的实践。一是始终坚持农村土地集体所有权的根本地位，不能虚置。农民集体是土地集体所有权的权利主体，要充分维护农民集体对承包地发包、调整、监督、收回等各项权能，发挥土地集体所有的优势和作用。二是严格保护农户承包权，不论经营权如何流转，集体土地承包权都属于农民家庭。任何组织和个人都不能取代农民家庭的土地承包地位，都不能非法剥夺和限制农户的土地承包权。要充分维护承包农户使用、流转、抵押、退出承包地等各项权能，使得农户有权通过转让、互换、出租、转包、入股或其他方式流转承包地并获得收益，任何组织和个人不得强迫或限制其流转土地。三是加快放活土地经营权。土地经营权人对流转土地依法享有在一定期限内占有、耕作并取得相应收益的权利，保障其有稳定的经营预期，使土地资源得到更有效合理的利用，依法依规改良土壤、提升地力，建设农业生产、附属、配套设施。

二 农地制度改革的争议和改革方向

我国人口众多但土地资源稀缺，围绕土地的矛盾集中。农村土地资源配置在"公平与效率"之间难以权衡取舍。归纳关于目前中国农地制度改革方向，社会和理论界主要有三种主张：（1）主张稳定和进一步完善家庭承包责任制；（2）主张农地私有化，农民拥有完整的土地权利；（3）主张土地归国家所有，农民永佃。经过比较研究，我们认为现阶段中国农地制度的改革方向只能是稳定和进一步完善家庭承包责任制。

（一）对农地私有化观点的否定

农村土地的私有化论者主张将集体土地产权转为私有土地产权，认为土地实行私有化之后，农民对土地有完全的占有、使用、收益和处分的权利，可解决目前集体土地所有权主体虚置问题，理顺农村复杂的土地产权关系。认为土地实行私有化之后，农民对土地生产拥有理性的预期，对从事农业生产具有内生的动力和很高的劳动投入积极性。虽然农村土地私有化能够保证产权的清晰界定，但其实施会存在一系列问题。

一是土地私有化会加剧农村土地经营格局的细碎化。我国自2007—2018年，各级政府通过允许、鼓励农村土地流转，目前专业大户、家庭农场、农民合作社、龙头企业等新型经营主体业已形成了土地规模经营的发展趋势，土地私有化会违背我国农业现代化进程的经济规律。因为工业化、城镇化过程是一个长期的过程，在农村户籍人口基数很大的情况下，土地私有化会造成土地细碎化，这是实践上的倒退。我国和以美国为代表的西方国家是不同的，美国人少地多。2014年美国农业部统计，美国农场数量为208万个，其中家庭农场数量为205万个，占比98.9%，平均经营规模2670亩。2016年，中国家庭承包经营农户有2.3亿户，农户平均承包不到8亩耕地。

二是土地私有化成本很高。工业化、城镇化背景下，我国农民已产生了阶层的分化，不仅土地重新按人口分配的时点和原则难以确定，而且土地确权登记等需要耗费大量时间、精力和财力，同时还可能面临许多无法解决的历史遗留问题，导致激化农村矛盾，引发社会冲突。单个农户生产是建立在产供销社会化服务基础上的，土地私有化对农田水利设施和社会公益事业的兴办造成较大阻碍，人多地少的格局加大了农户间谈判协商的成本。

三是忽视中国国情和农地私有化的后果。在农村社会保障欠缺的条件下，农地私有化的必然后果是土地兼并，丧失土地的农民缺乏生存保障，就可能由此产生社会不安定的因素，成为动荡之源，付出高昂的政治代价。世界上印度尼西亚、拉美等国家和地区有前车之鉴。在我国，土地私有化与社会主义公有制的目标相抵触，会引发农村土地私有化与城市土地国有化的冲突，因此，农村土地私有化是不可行的。

（二）对农地国有化观点的否定

土地国有论者主张重新界定土地产权主体，将集体土地收归国有，通过"永佃制"的土地使用制度取代农地集体所有和家庭承包。认为实行农村土地国有化之后，佃农在按租佃契约交纳地租的条件下，可以无限期地耕作所租土地。但是，农地国有化观点仍然是行不通的。

一是土地承包经营权与土地永佃权在本质上存在差别。永佃制出现于宋代，产生的原因或途径是农民开垦地主荒地，佃农长期耕种或改良地主土地，地主出卖土地耕作权，佃农缴纳佃价或押租。土地承包经营权反映的是集体组织和成员的关系，永佃权反映的是土地所有者和佃农的关系。"永佃制"下农民支付租金仅仅获得土地的耕作权，而不是依靠成员资格的取得，以永佃权取代土地承包经营权使得农民的土地权利内涵无形中被缩小。二者在内涵上有明显区别，以永佃制取代家庭联产承包责任制，农民会强烈地反对。

二是如果按照等价交换原则实施集体土地的国有化，就会造成国家财政负担加重，况且财力不够；如果采取无偿或适当补偿的办法实施集体土地的国有化，其本质就是对集体土地权利的剥夺，将会不可避免地引发征地的社会矛盾。土地国有化后国家不可能直接面对千家万户来配置农地经营权，其所有权常常需要一个机构或组织代理行使所有权有关的事务，建立"中介组织"代表国家管理土地的结果与集体所有制并无本质的区别。

三是在城镇第二、第三产业吸纳农村剩余劳动力不足和土地社会保障功能较强的情况下，推行农地的国有化，强制性打破集体界区限制，缺乏群众基础。从历史上看，有永佃权的农民往往"私相授受"，将田面出顶、典押或买卖，还有的保留或转移征租权，造成土地所有权的再分割。历史上许多官绅、豪民、债主也竞相从自耕农或永佃农手中掠取或购置田面，进行地租剥削。明中叶以后土地关系中出现"一田两主"和"一田多主"现象，出租田面的人都是二地主，俗称面主，任意改变永佃条件，使佃农丧失永佃权，明清时代经常发生佃农争取耕作权的斗争。因此，无论从现实还是从历史来看，土地国有化的主张都是不现实的。

综上所述，土地私有化、国有化的制度供给并不适合中国国情，都不符合现阶段中国农地制度变迁内在逻辑的改革主张，现阶段中国农地制度的改革方向只能是稳定和完善家庭承包责任制。即未来农村集体土地制度变迁的路径仍然应该是坚持土地的集体所有下的家庭承包责任制。

（三）农地制度的改革方向：稳定和完善家庭承包责任制

土地是农民最基本的生产资料，土地关系是农村最重要的生产关系。现阶段中国农地制度的改革方向只能是稳定和完善家庭承包责任制。

农村土地承包制度以及家庭经营虽然存在种种缺陷，但是农村社会保障缺失和人地关系的紧张局面不能从根本上得到解决的情况下，农村土地承包制度为农村社会保障提供了可靠的制度保证。由农民通过血缘和婚姻关系建立起来的家庭经营激励充分且无须监督的特点，决定了农村土地承包制度和家庭经营在农业生产中是任何其他组织形式所不能完全替代的，具有持久的生命力。土地承包制度下农地细碎化和劳动资源利用低效的问题可以通过提高农地经营的组织化程度，如发展专业大户、家庭农场、农民合作社、龙头企业等新型经营主体，建立农业经营的社会化服务体系和建立农业产业化来解决，不必非要触动现行农地制度的基本框架。农地制度改革单兵突进的后果，要么是制度创新被其他相关滞后的制度所抵消，要么是新制度的夭折。

农村土地是农民最重要的生产资料，农地制度是农村经济制度中最基础性的制度安排，直接关系到农民利益、农村发展和社会稳定。对老一辈农民而言，土地不仅提供给他们衣食温饱，也提供给他们精神支撑；对年轻的农民而言，尤其是对在城镇打工的新生代农民工而言，虽然土地提供不了他们希望的衣食住行，但他们仍然认为土地是他们一旦无法在城镇立足的回归堡垒。所以，现阶段中国农地制度的改革方向只能是稳定和完善家庭承包责任制。

第四节　农地制度改革面临的形势与农地流转存在的问题

目前，湖北省已经进入了发展现代农业、建设农业强省的新阶段，发展规模经营是大势所趋，要依靠土地流转解决农业生产成本高、效益低的问题和增加农民收入。湖北农地制度改革依然面临新形势，推动土地流转面临新问题。

一 农地制度改革面临的形势

(一) 农村土地资源需要进一步优化配置

现阶段农村土地资源需要进一步优化配置表现在：(1) 农民温饱问题已经解决，但仍不能使自己变得富裕，如何提高农民收入，尤其是增加土地的财产性收入是摆在政府面前的严峻课题。(2) 农民越来越多地进城务工、经商，如何优化配置农村承包地资源已不容回避。农地"三权分置"是指形成所有权、承包权、经营权三权分置、经营权流转的格局。"三权分置"下，所有权、承包权和经营权既存在整体效用，又有各自功能。当前实施三权分置的重点是放活经营权，核心要义是农村劳动力转移和老龄化背景下承包地的有偿退出、继承与抵押担保问题。

(二) 农业生产效益不高，农民收入较低

从湖北全省来说，目前普通农户的农业生产规模小、效益低，农民收入较低，农民种粮、务农积极性弱化；农产品品质难以保障，市场竞争力不强；农村劳动力外出，家庭农业副业化、农民老龄化、农户经营兼业化、农村空心化现象比较普遍；土地季节性抛荒随处可见，谁来种田成为一个社会问题。随着户籍制度的改革，大量农村劳动力到城里打工或者临近从事自由职业，那么依靠外出务工能力来的收入要远远超过依靠土地来的收入。尤其是新生代农民，受到外出打工经历、大众传播媒介、城市生活的影响，他们的生活方式开始以城市为参照系，不再把眼光仅仅盯在土地上，他们把眼光看向更远的城市。这直接导致农业生产中不合理的现象开始出现，土地短期利用行为增加，抛荒撂荒现象有增无减，农业生产中的不合理现象是值得人们担忧的问题。

(三) 粮食安全是要重视的经济和社会问题

粮食、农业是立国之本。粮食是经济，也是政治。粮食虽然不是国家实力的依据，但是国家和谐稳定的根本，粮食安全问题不能忽视。目前，湖北农业新型经营主体中，农业规模效益好的典型经营主体大量涌现，但社会工商资本纷纷进入农业、农村，"非粮化""非农化"现象要警惕。可见，农业农村问题，从深层次分析，在相当程度上是土地经营体制机制问题。当前，农业经营现状表明，现行土地经营体制机制在某种程度上束缚了新型农村经营主体的形成和发展，束缚了生产要素和资

源的积极投入和有效使用，束缚了传统农业向现代农业的转变，束缚了新农村建设和城乡一体化进程。现代农业的发展，农业强省的建设，亟须我们完善和创新土地经营体制机制。

二 农地流转存在的问题

农村人在流动，所以土地要素当然也要流动。目前，农村土地流转问题可分为三个层面的问题。第一个层面是农地流入主体，以专业种养大户、家庭农场、农民合作社、龙头企业为代表的新型经营主体在土地流转中面临的发展问题；第二个层面是农地流出主体，以千千万万的承包农户为代表，主要是土地流转中的顾虑和流转行为的不规范；第三个层面是农地流转的引导与监管主体，县乡地方政府及村级组织存在工作不到位的问题。流转期限偏短、规模经营水平偏低、流转公开市场建设滞后是湖北土地确权后农村土地流转面临的主要问题。

（一）农地流入主体面临三大难点

一是集中连片流转难，规模效应受影响。许多农业新型经营主体租赁土地都希望集中连片，以便发挥农业机械大规模经营降低成本的优势。但为了取得相对集中的土地经营权，需要与数量众多的农户进行协商，即使多数农户同意租出，但个别农户如果不愿意转出的话，连片规模经营就可能"流产"。这种状况，对规模经营户机械化操作、防虫治病等社会化服务带来不便，以致规模经营达不到降低成本和提高效益的目的，影响了土地规模经营的进一步发展。

二是贷款融资难，金融服务滞后。流转大户大多正处于创业阶段，因购买农机具和支付土地流转费用需要银行贷款，随着经营面积的逐步扩大，农村原有的小额贷款已经难以满足资金需求。由于缺少抵押物，流转大户难从银行获得贷款，不得不求助亲友，赊购农资和赊欠帮工人员工资。整体而言，流转大户对金融需求季节性明显、单笔贷款规模小、生产自然风险和市场风险大、缺乏必要的担保与抵押品等，这些因素决定了农村信贷的成本大大高于城市工商信贷成本。流转大户在农业生产中"贷款难、贷款贵"问题突出。在现行法律对耕地、自留地、集体机动地存在抵押限制的情况下，虽然武汉市农村综合产权交易所首创了土地经营权"交易—凭证—抵押"的模式，农业经营主体能够凭产权流转交易凭证书向银行申请抵押贷款解决资金不足和抵押物不足的问题，但就全省农村来讲，土地经营权抵押贷款还没有全面推开（截止到2016年3月，全省只有钟祥市、云梦县等10县市区纳入全国农村承包土地经营权抵押贷款试点），还需要完善和推广。

三是土地流转期限短，稳定经营预期难。目前农村土地转出、转入双方签订流转合同一般为1—2年，少数农户法律意识淡薄强行毁约，挫伤了新型经营主体的生产积极性。农地流转期限短，间接造成土地流入主体"种地不养地"，引致耕地质量下降，既不利于农村产权交易市场的长期稳定，又不利于新型经营主体对农业的长期投资。土地流转期限短，给新型经营主体投入与生产带来很多风险。农业生产中挖掘水渠、兴修机耕道等投入较大、回报周期长，很多大户由于流转合同期限偏短、设施产权不清等顾虑不敢投入。期限过短削弱了新型农业经营主体受让农村土地的积极性，削弱了投资者从事土地规模经营的预期，难以挖掘土地的最大效益。

(二) 农地流出主体存在四大疑虑

土地一直以来都是农民重要的生产生活资料，土地利用价值的最大化作为土地流转的基本动力，需要一定的社会环境。当前农户对农地流转有疑虑，是对土地"三权分置"政策没有理解清楚，担心养老无依靠、就业无保障、经济利益受损和后代生活无着落。

一是对流转行为心存疑虑。相当一部分农民在"离土离乡"经商务工后，虽然收入有了提高，但仍然把承包地看成是"活命地"和就业"保险地"，认为务工经商虽然收入高但有风险，即使长年外出务工也不愿转出土地，甚至不惜撂荒弃耕；有些农民对土地流转政策存在误解，认为流出土地就会失去承包权，仅在亲朋邻里之间流转，未签订书面合同，有的虽然签订书面合同，但合同对流转方式、权利、义务关系约定不明确，对日后的权益纠纷埋下隐患。

二是对流转价格心存疑虑。整体而言，由于农村土地流转价格评估机制尚未建立，基层政府没有权威的指导价格，特别是长期流转的价格如何确定，农户心中没底。随着新型经营主体土地经营收益增加，一些农民对土地租金的期望值也越来越高，这种待价而沽的观念严重阻碍了土地流转的进程。此外，农业优惠政策不断出台，按承包面积给予的粮食生产补助也促使一部分农民对流转土地待价而沽，城郊地区城镇扩建的预期导致部分农民情愿等待承包地被征用而得到补偿费，也不愿转出土地。

三是对流转年限心存疑虑。许多农民将手中土地出租，但租期一般为1—2年。由于多数农村外出务工人员在城的工作和生活是不稳定的，一旦出现宏观经济环境的重大波动就会退回农村。他们普遍担心回乡后要不回流转出去的土地，故不愿长时间流转。而规模经营主体考虑农业是长期投入，期望流转年限一般在10年以上。很多农民对土地流转持谨慎的态度，认为将土地长期流转出来风险较高。即使转包，也多数采用一年一签合同，给自己留出"后路"，甚至闲置抛荒土地，也不愿意长期租赁，这对新型农业主体实现长期性、大规模经营造成了困难。

四是对流转权益心存疑虑。一些地区基层政府急于求成，往往先招商引资，再层层做农户工作。土地流转给谁、以什么价格流转等关乎农民切实利益的事项，农户却缺乏广泛参与，很容易形成农户毁约的情况。土地流转后经营主体多元化，产生了利益的多元化，有些工商资本进入农村后，由于经济上的强势，投资者往往在当地的社会管理中也有很高的地位和影响力，一旦与农民利益出现矛盾，农民的弱势地位将难以保证其利益诉求。

上述农地流出主体的存在四大顾虑，使农地供需之间的有效沟通机制很难形成。土地流转的顾虑多，一方面使土地流转档次不高，呈现自发性流转，范围局限在村内流转，形成散户流转多，规模偏低；另一方面，土地流转期限偏短，许多已经流转的土地仍处于粗放的、低档次经营状态，表现为集约化程度不高，资金投入水平有限、科技含量不高，土地资源没有得到充分利用。

（三）农地流转中政府管理和服务有三个不到位

一是对农地流转监管不到位，非粮化、非农化值得警惕。当前宏观经济下行压力较大，城市工商资本下乡"寻地热"升温，土地流转"非粮化、非农化"现象是新挑战。虽然工商资本进入农业可以带来先进的技术和管理模式，但工商资本长时间、大面积租赁农地，容易加剧耕地"非粮化""非农化"倾向，对国家粮食安全和农村社会稳定造成隐患。在"农业大县、财政穷县"背景下，一些县、乡干部急于摆脱财政困境，认为土地流转是流转双方自己的事，存在"多一事不如少一事"的想法，在土地流转前没有严格审查工商企业流转土地的经营范围，对承租人占用基本农田变更用途用于办休闲、搞旅游甚至开发房地产、办私人会所的行为"睁一只眼闭一只眼"，对土地流转后改变土地用途，例如建筑用地、种植花草林木等，导致种粮土地价值损毁的危害，没有足够的认识。

二是对农地流转引导服务不到位。土地承包经营权流转比一般的商品交易要复杂得多，如果缺乏广泛、统一信息的土地交易市场，就不能合理引导农村土地流转。湖北经济学院新农村发展研究院课题组的调查表明，有一些常年外出打工的农户有减少或放弃承包土地的愿望，但不知道土地流出的途径和渠道；另有一些新型经营主体有承租土地的意愿，但不知道哪里有土地可供其租赁，出现土地流转供求信息不对称、信息不完全情况，即一些乡村缺乏有效组织农民"以地生财"的能力。局部地区由于农村土地流转管理机构不健全致使一些土地流转不规范，处于自发性状态。由于土地流转信息网络开发不够，加上土地流转价格评估机制尚未建立，制约了农民流转土地的积极性。从湖北省来看，类似武汉农村产权交易所的权威价格发现功能还有待在省域范围内进一步拓展。湖北省整体推进农村土地确权工作在2016年完成，土地确权完成后农地流转的比例、规模会进一步攀升，2015年湖北省土地流转的比例已达36.1%，预计2020年会超过50%，相对于农村、农民的需求来说，流转机构和平台建设滞后的问题会逐步显现出来。

三是粮食生产补助政策不与粮食产量挂钩，制约农地流转后种粮的积极性。[①] 目前实行的对种粮农民的直接补贴和农资综合直补政策，一般是由乡镇财政所按村组造册，以"一卡通"形式将补贴发放到原承包户手中。很多地方土地流转后，原承包户离土离农却仍然享受政策，而真正的种植大户、家庭农场等群体却并未得到国家"种粮直补、农资综补"两项补贴。国家补贴政策是为提高种粮者的积极性而给予的激励，现在却被不从事粮食种植的外出务工者掌握，有的地方农民边领补贴边抛荒。没有落实"谁种粮谁受益"补助机制，不仅挫伤新型主体种粮的积极性，而且造成土地资源浪费，阻碍土地流转速度和规模经营。新增农业补贴

---

① 转引自熊桉与湖北经济学院原副书记廖长林合作的研究成果《湖北省种植业新型经营主体发展与规模经营研究》，《湖北社会科学》2015年第11期。

和财政扶持资金向新型主体倾斜的政策难以落实的原因是：若补贴给新型经营主体，承包户不答应，流转阻力大；如果补助给承包户，新的经营主体又得不到国家政策的惠及。目前农业生产的成本和粮价"双高"，进口农产品数量攀升，农业生产的国际竞争力下降，这些都与粮食生产的补助政策不到位相关。粮食生产的补助政策不与粮食产量挂钩，难以调动土地流转后新型主体种粮积极性。

（四）与农村土地流转相关的法规存在两个滞后

现行涉及农村土地流转的相关法规滞后于中央政策，不利于土地利用和土地资源的优化配置；滞后于农村发展现实，不利于农业增效和农民增收。

一是农村土地流转相关的法规滞后于中央政策。目前，我国没有独立的农村土地流转法，关于农村土地流转的法律法规，主要是《土地承包法》（2002年）和《农村土地承包经营权流转管理办法》（2005年农业部颁布）。在我国现有法律框架下，农地流转存在许多法律制度上的障碍，农地流转的规定还不完善，这不仅造成了有限的土地资源得不到充分的利用，而且也阻碍了我国农村经济的发展。主要问题为：（1）现行法规对土地承包经营权流转的限制过于严格，不利于土地"分散化、碎片化"问题的解决。《农村土地承包法》第27条规定："承包期内，发包方不得调整承包地。因自然灾害严重毁损承包地等特殊情形对个别农户之间承包的耕地和草地需要适当调整的，必须经本集体经济组织成员的村民会议三分之二以上成员或者三分之二以上村民代表的同意，并报乡（镇）人民政府和县级人民政府农业等行政主管部门批准。"在大量农村劳动力外出务工的背景下，"三分之二以上成员同意"难以执行，即使执行其运行成本极高。如果单个承包经营者之间的土地进行调整，还要经过县级人民政府农业行政主管部门批准，大大增加了流转成本，使农民通过自愿流转来改变生产方式、增加财富的努力变得更加困难，阻碍整个社会的土地资源流动。（2）现行法律规定土地承包经营权流转的主体限制在本集体组织成员内部，导致土地流转具有一定的封闭性。《农村土地承包法》第48条规定："发包方将农村土地发包给本集体经济组织以外的单位或者个人承包，应当事先经本集体经济组织成员的村民会议三分之二以上成员或者三分之二以上村民代表的同意，并报乡（镇）人民政府批准。"可见，非本集体经济组织成员受让集体经济土地的条件受到了严格的限制，这种限制保护了本集体组织成员的利益，对促进本集体内部经济的发展和稳定起到了积极的作用，但同时也造成了土地流转的封闭性，不利于土地资源的优化配置。2013年党的十八届三中全会审议通过的《中共中央关于全面深化改革若干重大问题的决定》指出，"经济体制改革是全面深化改革的重点，核心问题是处理好政府和市场的关系，使市场在资源配置中起决定性作用和更好发挥政府作用"。更好发挥政府作用，必须解决以往存在的政府职能"错位、越位、缺位"现象。但政府行政管理要改革，前提是法律要放权给政府，政府再放权给市场，才能提高市场的效率。从中央政策的要求和现行法律制度对比来看，目前与农村土地流转相关的法规滞后于中央政策。

二是农村土地流转的相关法规滞后于农村发展现实。目前，农村土地流转后，农业新型农业经营主体规模经营需要大量的资金投入，"融资难、融资贵"是大问题。与农村土地流转的相关法规滞后于农村发展现实的主要问题是土地承包经营权不能抵押。我国现行法律无论是《农村土地承包法》《物权法》，还是《担保法》，均没有赋予家庭承包土地承包经营权的抵押权能，长期以来实践中的土地承包经营权抵押行为无法可依，法律与现实之间存在冲突。依据现行的法律规定，只有依照招标、拍卖等方式取得的"四荒"土地的承包经营权才可以进行抵押，《担保法》禁止"耕地等集体所有的土地使用权"抵押。这些限制性规定不利于土地承包经营权的自由流转，也不利于实现对集体土地的充分利用。2014年1月中共中央、国务院印发《关于全面深化农村改革加快推进农业现代化的若干意见》，提出："赋予农民对承包地占有、使用、收益、流转及承包经营权抵押、担保权能。在落实农村土地集体所有权的基础上，稳定农户承包权、放活土地经营权，允许承包土地的经营权向金融机构抵押融资。"由此可见，土地承包经营权不能抵押的问题，一定要通过法律途径解决。

第五节 深化农地制度改革的原则和建议

湖北现阶段农村经济、社会发展中对土地经营体制机制提出新要求主要表现在:(1)农民的温饱问题已经解决,但仍不能使自己变得富裕,如何提高农民收入是摆在政府面前的严峻课题;(2)越来越多的农民进城务工、经商,如何处理他们承包的农地已成为现阶段不容回避的问题。湖北当前农村土地经营形势集中体现在两个方面。深化农地制度改革不仅必要而且紧迫。

一 深化农地制度改革的原则

(一)守住耕地红线保护耕地

习近平总书记 2015 年就农地政策做出重要指示,强调要像保护大熊猫一样保护耕地①,强调在农村土地制度改革试点中要把好关,不能让一些人以改革之名行占用耕地之实。对耕地占补平衡以及耕地保护中出现的新情况新问题,要加强调查研究,提出有效的应对之策。强调耕地是我国最为宝贵的资源,必须把关系十几亿人吃饭大事的耕地保护好,要实行最严格的耕地保护制度,依法依规做好耕地占补平衡,规范有序推进农村土地流转。守住耕地红线保护耕地,是要推进耕地质量提升和保护,扎实推进高标准农田建设,实施耕地质量保护与提升行动,加强耕地质量调查评价与监测。健全耕地保护补偿机制,全面落实基本农田保护激励机制,实行跨地区补充耕地的利益调节。

(二)土地流转必须坚持用途管制、农地农用

任何主体流转土地或者租赁土地的过程中,我们强调必须坚持用途管制,农地农用,不能随意改变它的用途。例如,某地桑蚕丝产量比较大,有一时期国际市场生丝价格好,有很多企业下乡,把农民的地租过来种桑叶,让农民发展养蚕,市场好了3—4年以后,市场价格跌了,老板也走了。农田都变成桑树了,农民要把桑树都拔出,恢复先前的农业生产是有代价的,伤害了农民。中央农村工作会议上习近平总书记讲到土地制度改革"四个不能":土地制度改革怎么改都不能把农村集体经济组织给改垮了,不能把耕地给改少了,不能把粮食给改滑坡了,不能把农民的利益损害了。农地流动要有规矩,要有底线。突破了底线,损害

---

① 习近平:《做好耕地占补平衡 推进农村土地流转》,新华网,2015 年 5 月 26 日,http://www.xinhuanet.com/politics/2015-05/26/c_1115415731.htm。

了农民的利益,损害了农村的基本制度,损害了国家的粮食安全,是不能允许的。

二 深化农地制度改革的建议

深化农村土地制度改革的基本思路是进一步完善农村土地的"三权分置,三利兼顾,三化联动"的体制机制。"三权分置"是指集体土地所有权、承包权、经营权分置。"三利兼顾"是指兼顾所有者、承包者、经营者三者利益。"三化联动"是指在工业化、城镇化过程中同步实现农业现代化。

(一) 完善农地"三权分置"的体制机制

一是明晰强化集体所有权。农村土地属于集体所有,农户的宅基地和自留地、自留山也属于集体所有,使用土地的组织和个人必须合理地利用土地。要通过确权、还权赋能,改变目前集体所有权被架空的局面,使之有权有利,主导承包经营。二是稳定固化农户承包权。(1) 集体没有分到户的土地等资产,一律不再以家庭承包方式分到户;(2) 已经到户的,要保持稳定,长久不变;(3) 保障的是权利,而不是地块,不能搞私有化,也不能搞国有化。三是放活优化土地经营权。按照"效率优先、兼顾公平"的原则,通过统一的有形市场,规范推进经营权有序流动。农地农用大家种,谁有能耐谁种田。放活经营权的方式有:(1) 流转经营。发挥市场机制的作用,通过土地租赁、转包、互换、转让,引导农村土地流向新型经营主体,实现土地规模经营。(2) 合作经营。开展以土地为核心的多种合作经营模式,组建农民合作社、土地股份合作社、社区股份合作社等,让分散的农户联合形成合力共同开拓市场、形成农产品品牌。(3) 服务经营。如:开展土地经营权融资担保抵押、招标拍卖、托管"存贷"经营、菜单式经营等。

(二) 设立足够的替代性社会保障,逐步让进城的农民退出耕地[①]

以农业转移人口的市民化为契机,在依法自愿的基础上,以土地承包权置换社会保障,让不种地的人腾出土地,为规模经营腾出空间。农

---

① 转引自笔者与湖北经济学院原副书记廖长林合作的研究成果《湖北省农地流转与规模经营研究》,《湖北经济学院学报》2014 年第 1 期。

户愿意出让土地的前提是其所得大于所失，当前推动农地规模经营需要符合比较利益原则，对农民退出农地经营的机会成本予以补偿。要根据市场需求，通过自愿、合理、有序、有偿的原则进行土地流转，要让那些长期外出务工、愿意转出承包权的农民成为真正意义上的新市民。在当前外出务工劳动力日趋增多和非农收入不断提高的情况下，农地资源对于农户获取收入来源的生产性功能被土地的保障性功能取而代之，成为防范外出务工失业的退路。因此，要使这部分农民永久退出农业耕地就需要有足够的替代性社会保障，包括非农就业、养老、医保等。只有当一批长期外出务工的农民成为市民永久退出耕地之后，耕地细碎化问题才能破解，土地规模经营才能从根本上实现。

（三）加快农村综合产权交易市场和土地流转服务中心建设

现阶段农地制度的资源配置机制要减少行政干预，以市场配置农地资源为主，这是市场经济的要求。一是以武汉市农村综合产权交易所为龙头，打造覆盖全省的省、县（市区）两级同步运行的农村产权交易所，让土地经营权、"四荒"地使用权、林权、农业生产设施设备均在产权交易所上市交易。二是完善县乡土地流转服务中心。省级负责制定农地流转的规章制度，县级建立土地流转纠纷仲裁委员会，乡镇加强对流转合同的审查、监督，办理合同变更，规范合同登记和归档。农村产权交易所和土地流转服务中心建设属农村公共事业，财政要予以支持。

（四）探索长久有效的土地流转新方式，为农户提供全方位服务

一是允许新型经营主体和农户协商，实行地块同质互换，把分散的土地化零为整，连片开发，促进规模经营。二是提倡代耕代种、土地托管，扩大农机合作社服务农户数量和规模，避开地租问题，降低粮食生产成本。2015年湖北省家庭承包农户总数为960万户，把承包农户的分散生产经营活动转变为可以应用现代农业生产装备的机械化、规模化经营活动，农机合作社在"统一供种、统一育秧、统一机插、统一植保、统一管理"生产服务有很大的发展空间。同时，要发挥农业龙头企业的带动作用，为数量众多、分散经营的农户提供产前、产中、产后全过程的"一条龙"有偿服务。

（五）创新金融保险服务方式，落实农村土地的抵押融资权

要为农地承包经营权流动创造流动载体，如财产权凭证、土地证券、

土地使用权证等以便于交易，加大新型生产经营主体的信贷支持力度，更大范围地开展承包经营权抵押贷款；积极拓宽新型经营主体抵押担保物范围，鼓励金融机构将新型经营主体的应收账款和农副产品的订单、仓单等权利，以及房屋、厂房等纳入抵押范围；提高政策性农业保险的保障水平，增加保险品种，提高财政对政策性农业保险保费补贴比例。

（六）城乡资源自由流动，开放农村集体经济组织成员权

我国已经进入现代农业发展新阶段。现代农业是我国农业的发展目标，是农业产业的一个发展阶段和一种表现形态。与传统农业相比，现代农业具有其显著特征。现代农业要求资源大规模优化配置，要求农产品供求与市场对接，要求城乡资源自由流动，要求工业化、城镇化、农业现代化联动，这些要求是现行体制机制不能满足的，如 A 村村民或 B 城居民不能到 C 村获得集体经济组织成员继而获得承包权。开放农村集体经济组织成员权。为适应土地"三权分置"运行需要，应建立集体经济组织成员的进入和退出机制，把集体经济组织成员资格从身份标准过渡到属地和权利义务标准，使愿意放弃或者愿意从事农业生产的人员自由流动。当农户自愿放弃承包土地时，允许其在集体内部按市场交易规则获取补偿收益。

（七）大力培养职业农民，为农业生产和农地经营提供市场主体

农村"谁来种地"已成为绕不过的紧迫问题，培养新型职业农民是解决农业"谁来种地"的关键。职业农民是有文化、懂技术、会经营的农民，是将农业生产经营作为终身职业的农民。要通过职业教育和技术培训，吸引更多的青壮年农民扎根农业和农村。一是建立省级重点培训基地，加强对农民合作社、家庭农场、龙头企业等农业生产领头人队伍培训，为农业生产和农地经营培育职业生产者、投资者、决策者，提高他们抵御市场风险和自然风险的能力。二是加强农村实用人才培训。要进一步整合协调新型农民农机操作培训、阳光工程、农村实用人才、"一村一名大学生"项目，培养一批科技示范户、机械能手。社会大众要转变好心态，积极认可并支持职业农民，让种地成为一门体面的职业。

第三章

湖北农地市场化建设探索与实践

湖北农地市场化建设经历了从自发流转向市场化平台建设两个阶段，湖北省对市场化平台建设的探索为中国农地市场化平台建设的实践贡献了湖北智慧。

第一节 农地市场的自发流转与市场平台建设

随着农村生产经营制度的变革、土地产权制度的变迁、农村社会保障制度的改革以及城镇化进程的推进，农村土地的市场化流转交易成为适应农村发展新形势的内在要求。农地的经营权流转交易既是农民实现承包地产权资本化、资产化的途径，也是农业产业集约化、规模化与现代化经营的必备前提。从湖北省实际来看，农地市场的发展经历了一个较为长期的动态性与渐进式发展过程。农地产权结构变革即农地所有权、承包权与经营权的分割是农地市场化的首要前提，也是重要突破口。按照农地制度市场化变革的进程来看，大致可以以 2002 年为界限，2002 年之前可以归为湖北农地市场化探索阶段，改革与建设目标较为模糊，市场化水平较低，总体处于农地自发流转的无形市场发展过程中；2002 年之后属于湖北农地市场化正式建设阶段，改革目标明确，自上而下构建市场化平台及其服务体系。

一　农地市场的自发流转阶段

农地市场化发展与国家农地产权制度顶层设计密切相关。湖北省农地市场的自发流转发展阶段与2002年之前的农村土地产权制度的变迁总体一致。1978年至1983年，为调动农民生产积极性，国家推行了家庭联产承包经营制度，直接使原有计划经济体制下的农地产权结构裂变为所有权、承包经营权分立的产权结构，进而重塑了农民对农地部分产权的主体身份，这是农地产权结构的第一次变革。但1982年的《宪法》第10条明确规定："任何组织或者个人不得侵犯、买卖、出租或者以其他形式非法转让土地。"

1984年至1991年为农地产权结构的第二次裂变阶段，在此阶段，农地的承包权与经营权进一步分离。1984年，中国第一次在中央"一号文件"里提出"鼓励土地逐步向种田能手集中"，并引导农村劳动力向乡镇企业进而小城镇转移，为加速土地流动创造了外部条件。1988年，中国在《中华人民共和国宪法（修正案）》里正式规定："土地的使用权可以依照法律的规定转让。"

1992年至2001年是中国明确建立土地要素市场目标的阶段。1992年，党的十四大明确提出建立社会主义市场经济体制改革目标，并在十四届三中全会上提出"加快发展土地、技术、劳动力等要素市场，规范发展产权交易"。这是中国首次提出建立土地要素市场目标，为以后农地制度市场化变革提出了更为明确的方向。自20世纪90年代，国家开始探索农村养老保险、最低生活保障改革，民政部门先后制定了《县级农村社会养老保险基本方案（试行）》《关于加快农村社会保障体系建设的意见》等政策文件，指导并推进农村地区社会保障改革。这弱化了农地社会保障功能，降低了农民对土地的依赖程度，增大了农地的流转交易的可能性。1995年，《关于稳定和完善土地承包关系的意见》等政策文件指出：在坚持土地集体所有和不改变土地农业用途的前提下，经发包方同意，允许承包方在承包期内，对承包标的依法转包、转让、互换、入股，其合法权益受法律保护。

在上述三个不同阶段，从顶层设计层面确定了湖北省农地市场化发展的政策与制度基础。湖北省基于自身农村经济体制改革实际，在农地市场化方面进行了积极的探索。但由于此阶段中国农村社会保障制度、户籍制度改革等都处于起步阶段，湖北省虽在此方面进行过较多投入与改革，总体进展不大。这意味着，农地的养老等社会保障功能并未明显弱化，农民对土地的依赖程度并没有下降。尤其是支持农地市场化发展的相关领域的配套改革未能整体推进和协调发展，湖北省农地市场化发展尽管初步具备了产权意义上的法律制度基础，但在外部的市场化环境、农地产权的市场主体培育等方面还未能形成对农地市场化的有力支持。这导致湖北省农地产权交易市场发展迟缓，真正意义上的市场尚没有建立起来，而是处于一个较为零散的、非正规的、弱保障的低水平市场化阶段。其一个突出而典型的表现是：2002年以前，农业税尚未取消，谁承包土地，谁就承担税费，导致许多农民纷纷弃田抛荒，土地成为农民的经济负担；而另一些农民靠捡种抛荒地变成了种养大户。多数情况下，由捡种大户为拥有承包权的农民承担相应的税费负担，两者之间达成口头或者松散的协议。这就是农村土地流转的雏形，即自发流转交易的无形市场发展阶段。

湖北省农地这种自发流转交易具有如下特征：

土地流转分散，规模偏小。土地流转基于农户个体意愿而自发进行，缺少应有的管理、引导和服务。由于是个体行为，一般较为分散，支撑的土地流转规模不可能太大，事实上是明显偏小。

土地流转在程序上缺乏规范性。土地自发流转一般不能依托较为正式的市场平台，没有也不可能遵循规范的交易程序，更多地体现为偶然的交易流转行为；也因为缺乏平台，土地自发流转更多地表现为农户间的个体协商行为，即一方农户将自己没有种的闲置田地租给另一方农户，并主要在租金、补贴、期限等方面达成一致便形成交易；而且，这种不规范的流转行为主要采取口头协议形式，一般言之无文。当然，这种小规模的、偶然的农地流转活动也可能在交易双方产生各种矛盾和分歧，具有十分突出的不确定性。

农地用途不明确。农村土地的流转交易行为，必须明确权属，才能确保顺利交易且后期纠纷的减少。由于是自发的流转行为，且发生在个体农户之间，转让方一般不会关注受让方如何使用土地，因此经常发现受让方改变土地用途的现象，如租用农田改鱼塘、种果树等。

流转期限较短且不稳定。自发的土地流转，其时间一般都不会太长，大部分土地流转的时间为1—3年或3—5年（含口头约定）。由于流转期较短，土地流转受让方一般不会在农地上进行长期持续经营的投资，而倾向于短期投入。小型农田水利工程的修建、土壤肥力的维护、大型机耕设备的购置等，承租农户的投资意愿不强，势必影响农业产业的持续稳定发展。

流转范围比较窄。自发性的土地流转面不宽，范围比较窄，主要限于熟人之间，如亲戚、邻居等群体；流转的形式主要包括出租、入股、代为托管等几种；根据经营权转让方是否收费，还可以分为需要付租金、免费租种等类型。

二　农地市场化平台建设阶段

2002年以来，基于城乡社会经济一体化发展趋势，构建适应社会主义市场经济总体要求的农地要素市场是此阶段农地市场化发展的主要特征。2002年，全国人民代表大会常务委员会通过了《中华人民共和国农村土地承包法》，强调"承包方依法享有承包地使用、收益和土地承包经营权流转的权利"；2007年，《中华人民共和国物权法》正式确立了农村土地承包经营权为用益物权，这标志着国家通过构建土地财产权利以确保农户在农地市场化中的主体地位。与此同时，国家也加大农村社会保障制度建设的力度，进一步扩大农村医疗保险、养老保险的覆盖范围，并提高保障标准，为农地市场化有形市场的建设创造了有利环境。

2002年以来的发展时期，是湖北省构建适应市场经济要求的农地有形市场、建设农村综合产权流转交易平台、健全农地服务交易体系的发展阶段。2002年到2008年，农村税费改革的推进和国家惠农政策的出台，重新构建了湖北农民和土地之间的关系，土地由之前的抛荒，重新变成了农民的命根。此阶段农民收入构成变得更加多元化，包括种植收益、经营性收入、要素收入以及资产性收益；而且种植收益明显下降，土地等资产性收益显著提升。这表明，作为一种资产，土地这种"沉睡资本"正日益被激活，体现其经济价值，而这种价值的体现须以土地的流转交易为前提。很明显，非正式的、分散的、不规范的口头协议形式的土地流转难以为继，湖北省亟须建立正式的农地产权交易市场来适应这种形势。

　　湖北省农村社会保障制度的改革则逐步弱化了农民对农地的依赖，农地的社会功能进一步减弱，这强化了农户参与农地市场交易的意愿。湖北新型农村居民养老保险于2009年开始试点。据统计，经过4年的改革、创新与探索，湖北省城乡的参保率在2013年都达到了98%以上的水平，基本实现全省覆盖。同时，湖北省农村合作医疗保险的改革也取得了突出成效，2003年进行试点改革，2007年全省内实现向农村居民的全覆盖，2014年参合率达到99.7%。农村社会保障成效的增强，较大程度上弱化了农村居民在养老保障、医疗保障上对土地的依赖，促进农地市场交易的发展。

　　城镇化发展战略与实践为湖北省农地市场化提供了较大空间。2014年3月16日，国家发布了《国家新型城镇化规划（2014—2020年）》，从宏观上提出了城市群协调发展的理念。湖北省早在2010年就出台《湖北城镇化与城镇发展战略（2010—2030）》，提出了"一主二副"的城市群发展战略。这种战略的实践较快推动了湖北的城镇化水平，吸纳了越来越多的农业转移人口。2015年，湖北省农业转移人口（主要来自省内农村）总量上升至约1100万人，占湖北农村劳动力总量的比重为43.8%，且这一比重仍呈不断上升的趋势。农村劳动力向城市的转移，农地这一"沉睡资本"的资产化与价值实现需求日益迫切，这为农地的加速流转与集约化经营创造了有利条件。

　　湖北省新型农业经营主体的培育与快速发展诱致了巨大的农地流转需求，进一步推动了农地市场化交易平台的建设。"十二五"以来，在"四化同步"背景下，为了推动湖北现代农业的发展，湖北省大力培育并推动以农村专业大户、家庭农场、农民专业合作社、龙头企业等为代表的新型农业经营主体的发展。新型农村经营主体在发展数量与规模上的迅速扩张，形成了对农村土地大规模流转的需求，使得农地市场化流转交易成为必然趋势，也在客观上推动土地流转有形市场的建设。

　　作为一个农业大省，湖北省土地资源丰裕，农村家庭承包耕地约4534.8万亩，人均耕地6.97亩，农地市场改革与创新大有可为。在上述条件下，湖北省顺势而为，主动作为，自上而下着力建设农村综合产权流转交易市场，为农地的流转交易搭建有形的市场平台，使农地交易行为有序化、规范化、集中化与常态化。最先进行农地产权交易有形市场建设试点的是湖北省武汉市于2009年建立的农村综合产权流转交易所（以下简称"武交所"）。武交所自建立以来，运行效果良好，大力推动了农业产权的流转。据统计，截止到2013年，省内土地流转的服务组织主要包括县级以上平台、乡镇平台以及村级服务组织三种形式，共计15617个（见表3—1），这为农民承包地的流转提供了良好的外在条件。在总结武交所模式与经验的基础上，湖北省将农地产权交易市场的建设进一步扩展到武汉之外的其他县市农村地区。2015年，枝江市作为试点的典型县（市），建立了枝江市农村综合产权交易中心，开始探索县（市）的农村综合产权交易有形市场及其服务体系，并于2016年向湖北省内其他县（市）逐步推广。这些对于农村产权交易市场的探索，成效显著。就当前而言，湖北农村承包地主要以转包、转让、互换、出租、股份合作等几种形式进行流转，而流转的规模达到近1194.4万亩，占总承包耕地的26.3%。

表3—1　　　　　　　　湖北农村家庭承包耕地流转现状

总面积（亩）		45347804
流转形式及面积（亩）	转包	5623438
	转让	824875
	互换	748795
	出租	3712073
	股份合作	357647
	其他形式	676824
	汇总	11943652
流转服务组织数量及流转面积	县级以上平台（个）	55
	乡镇流转平台（个）	817
	村级流转服务组织（个）	14745
	通过服务组织流转的总面积（亩）	3929128
撂荒（亩）	常年撂荒（1年以上）	203150
	季节性撂荒	237644
	汇总	440794

资料来源：根据湖北省经管局《农村土地承包经营及管理情况统计表》（2014）数据归类整理并统计而得。

第二节　武汉农村综合产权交易所：
习近平总书记的肯定

改革开放以来，中国农村形成了以家庭承包经营为基础、统分结合的双层经营体制。党的十七届三中全会明确提出建立农村土地流转市场的目标，这是农地市场化改革与发展的有力政策依据。2009年，武汉市设立了武汉农村综合产权交易所，在全国率先开展农地市场创新改革的探索。十八届三中全会进一步明确了建立农村综合产权交易市场的目标和任务，要求坚持农村集体经济所有权，依法维护农户土地承包经营权，发展壮大集体经济。武交所在农村产权流转交易市场方面的改革探索受到了习近平总书记等中央领导同志的高度重视，农村产权流转交易市场问题成为中国农村改革的一个重大问题。

一　武汉农村综合产权交易所的发展现状
（一）成立背景

改革开放以来，特别是党的十七届三中全会以来，"四化同步"发展水平的不断提高，推动了农地流转交易市场的逐渐形成。

2008年，为适应工业化、城镇化、信息化、农业现代化四化同步发展的需要，党的十七届三中全会提出了关于"加强土地承包经营权流转管理和服务，建立健全土地承包经营权流转市场，按照依法自愿有偿原则，允许农民以转包、出租、互换、转让、股份合作等方式流转土地承包经营权，发展多种方式的规模经营"的重大战略决策，为农村土地流转市场的建立、发展创造了不可多得的良好契机。农村土地流转交易从民间自发形成的无形市场向政府主导的有形市场的探索和尝试在全国各地展开。

武交所正是在武汉市农村土地流转交易发展演变到一定阶段时成立的。

（二）发展现状

2009年4月28日，武汉市人民政府成立了武汉市农村综合产权交易监督管理委员会（以下简称"监委会"）。监委会作为武交所的监督管理机构，由17个部门组成，各部门分职履责，监委会办公室设在武汉市农业局（见表3—2）。2009年4月30日，"武汉农村综合产权交易所有限公司"在武汉市工商局登记注册，其成立为武汉市农村综合产权流转交易提供了有形市场平台。

表3—2　武汉市农村综合产权交易监督管理委员会成员单位及其职责

序号	涉及部门	职责
1	农业局	武交所主管单位，局长任监委会办公室主任
2	规划、国土房产、农业部门	农村耕地的保护监管
3	水务部门	农村集体经济组织的小型农田水利设施使用权交易的指导和监管
4	林业部门	集体林地的保护监管
5	国土房产、农业、水务、林业、知识产权、工商局	按照"统一受理、分职履责、归口管理"运作模式，配合组织交易
6	发展改革、国资、金融、法制、监察、审计、财政、工商、税务、物价、科技、劳动保障	按各自职责加强对武交所的监督管理

资料来源：《武汉市农村综合产权交易监督管理委员会工作规则（试行）》（武农产委〔2009〕3号）。

武交所成立以后，武汉市以武交所为中心，构建了由市、区、乡三级交易平台组成的武汉农村综合产权交易市场体系。该市场体系在监委会的统一监管下，制定出台涉及监督管理、交易运行、平台管理、抵押贷款与贴息4个方面的相关制度30余项，按照"六统一"的市场管理模式，在业务上实行垂直管理。目前，在涉农区、乡（镇、街）已批准成立5个区、24个乡镇的农村产权交易分支机构。在2009年4月30日至2013年底期间，武交所累计促成的农地交易的总体状况如表3—3所示。其交易成交情况呈现以下几大特点：

一是交易品种以农村土地承包经营权流转为主。目前，进入武交所市场交易的农村综合产权品种共有十余种，这也体现了交易市场的广度与厚度不断增强。但这些交易品种的流转交易规模发展并不平衡。目前，交易最为活跃的是农村土地承包经营权，其流转面积占武交所成交面积的79.58%；成交金额占武交所成交总金额的73.69%。

二是武交所成为武汉市农村土地流转的主要途径和市场平台。截至2013年底，武汉市累计流转农村土地167万亩，其中通过武交所流转的农村土地面积占全市总规模的58.08%，通过武交所流转的土地承包经营权占全市的87.00%。在整个农村产权流转市场体系中，区、乡两级市场平台目前主要承担信息收集和报送项目信息的功能，还没有承担交易功能。

三是交易主体较为单一。总体来说，对武交所的调研显示，进入市场的交易主体，农地产权的出让方中农户散户并不是主体，而是以村委会为主，后者实际上是基于市场谈判权优势而作为前者的代理人参与市场的；受让方则以公司为主，其参与的交易量约占交易总宗数的57.58%。

四是流转方式以出租为主。流转方式包括多种形式，但最主要的形式是出租。据调查，99.41%的耕地资源、96.23%的水面资源、87.52%的集体机动地都选择了以出租方式进行流转交易，期限长短不一，以5—10年为主。

五是都市农业的产业形态比较鲜明。土地流转宗数的23.32%、面积的34.04%流入到蔬菜、苗木、农家乐等都市农业生产部门。即使在种植业和养殖业中，鲜食、特色作物播种面积和名特优水产品养殖面积的比重也较高。

六是首创了土地经营权抵押贷款的"交易—鉴证—抵押"的"武汉模式"。有抵押意愿的借款人无论是在武交所内还是武交所之外完成交易，都要到武交所开具产权流转交易鉴证书，这是其突出特征。交易方持有鉴证书进行抵押登记，申请并获批贷款。截至2013年，有100多家武汉市农业新型经营主体通过这种方式获得贷款；合作的金融机构也众多，其中武汉市农商行累计贷款笔数占到所有贷款笔数的82.58%，累计贷款额占到贷款总额的87.35%。

表3—3　　　　　　　　武交所历年交易成交情况

年份	宗数（占比）	金额（亿元）（占比）	面积（万亩）（占比）	每宗平均流转面积（亩）	每宗平均价格（元/宗）	每亩年流转平均价格（元/亩·年）
2009	206（12.34%）	18.66（18.72%）	19.35（19.71%）	939	9058252	482
2010	320（19.17%）	20.07（20.03%）	30.65（31.22%）	958	6271875	345
2011	358（21.45%）	18.21（18.27%）	18.17（18.52%）	508	5086592	556
2012	384（23.01%）	20.06（19.72%）	15.57（15.86%）	405	5223958	759
2013	401（24.03%）	23.19（23.26%）	14.42（14.69%）	360	5783042	1004
合计	1669	99.69	98.16	588	5973038	629

资料来源：根据2013年对武汉农村综合产权交易所的调研统计得到。

二　武汉农村综合产权交易所的实践成效

在建立武交所和构建农村综合产权流转交易市场体系的改革试验中，武汉市通过在坚持和完善农村基本经营制度、使市场在农村产权资源配置中起决定性作用和更好发挥政府作用等方面进行的有益探索，在推进农村产权确权登记、加快新型农业经营主体培育、维护发展农民利益、促进城乡资源要素双向流动和促进农村金融发展方面取得了显著成效。

（一）实践探索

第一，提出"三权分离"（中央文件后来修改为"三权分置"），既稳定了农户承包权，又放活了土地经营权。随着城镇化和农村劳动力转移进程加快，以及农业技术进步和社会化服务水平提高，农业现代化发展对土地流转、适度规模经营提出了更高要求。为适应形势变化，2009年，武汉市率先探索，尝试分离土地的承包权与经营权，并在武交所的交易中赋予经营权权能。2014年的中央"一号文件"明确提出"在落实农村土地集体所有权的基础上，稳定农户承包权，放活土地经营权"，武汉市的探索与中央"一号文件"精神是高度相符的。

第二，建立有形市场，既提高了市场配置资源的效率，又保障了交易安全。武交所成立以来，有形市场逐步替代物性市场，已经成为武汉市农村产权流转的主要交易平台。一是市区乡三级有形市场体系建设为农村产权流转提供了集中交易场所。三级平台的合理分工，提高了工作效率；"六统一"的管理模式规范了内部运作；流转交易的集中化降低了中介服务成本。二是有形市场制度建设保障了农村产权高效安全流转。信息审核发布制度和交易撮合制度既保证了交易双方信息真实可靠，又解决了交易双方信息不对称问题，降低了交易成本。交易运行制度对市场准入、资产评估、行为规范、签约颁证等方面进行了明确规定，降低了交易风险，约束了买卖双方在交易过程中的不正当行为。监管制度则保障了交易安全。

第三，拓展交易品种，推进了农村产权的商品化。党的十七届三中全会以前，农村产权资源主要按产品经济或计划经济模式配置，农村产权资源往往只有使用价值，交换价值难以实现，党的十七届三中全会明确提出建立土地承包权流转市场，为农村产权商品化提供了政策依据，但在实践中如何推进仍是一个重大现实问题。2009年武交所成立之初，确立了9类农村产权交易品种，2012年拓展至10类，土地承包经营权、"四荒地"使用权和养殖水面经营权3个品种的流转交易较为活跃，市场调节范围扩大到农村综合产权领域。

第四，开展抵押贷款，实现了农村产权的资产化。在现行法律对耕地、自留地、集体机动地存在抵押限制的情况下，武交所首创了土地经营权"交易—鉴证—抵押"的模式，并出台了农村土地经营权、水域滩涂养殖权、森林资源资产抵押贷款操作指引，使农业经营主体能够凭产权流转交易鉴证书、养殖证、林权证向银行申请抵押贷款，有效解决了农业经营主体资金不足和抵押物不足的问题。

第五，弥补市场失灵，政府在武交所培育过程中发挥了主导作用。粮食关乎国家安全，耕地保护是基本国策，"三农"工作是一切工作的重要之基，因此国家采取了少取多予、强农惠农的政策，这就决定了农村产权流转交易市场应具有非营利性，存在市场失灵问题，需要政府对其加强监管，重点支持。武汉市在培育农村产权市场的主导作用体现在以下几个方面：(1) 政府是武交所的出资主办者；(2) 政府是武交所的监管者，监委会是最高监管机构，各相关行政部门按各自职能进行归口管理；(3) 政府为农村产权交易提供前置审批和权属变更等公共服务；(4) 政府为农村产权交易提供地方性财政金融政策支持。

（二）主要成效

第一，推进了农村产权确权登记。产权明晰是产权流转交易的前提，产权交易也能促进产权明晰。截至2013年底，武汉市农村土地承包经营权、集体林权和农村集体经济组织养殖水面使用权确权率分别达到99.50%、99.00%和95.00%，高于全省平均水平。

第二，推进了新型农业经营主体的培育。"三权分置"的提出、有形市场的建立、农村产权商品化和资产化的探索，推进了新型农业经营主体的培育、适度规模经营的发展，有利于解决农地细碎化问题，实现了"农地农用农民种"向"农地农用大家种"的转变，进而提升了农业现代化水平。

第三，维护和发展了农民利益。村委会在"依法、自愿、有偿"的原则下，以农户代理人的身份出现在农村产权流转市场的供给方，使得武交所平台上卖方市场势力逐渐增强，维护和发展了农民利益。同时，四荒地、养殖水面等集体资源在武交所平台上通过公开、公平、公正的阳光交易，解决了过去协议转让中暗箱操作和腐败滋生的问题，有利于集体资产的保值增值。

第四，促进了城乡资源要素双向流动。以公司为代表的城市工商资本成为农村产权交易的主要受让方，城市资本、人才、管理技术等生产要素通过产权交易流入农村，流入农业生产领域，提高了农业现代化水平。农民通过产权交易获取到城市创业、打工、安家的资本，促进了农村劳动力向城市转移，带动了城镇化的发展。

第五，促进了农村金融发展。土地经营权等农村产权能够在流转交易后进行抵押贷款，政府提供贴息、担保等配套政策支持，降低了农业生产经营者的融资成本和金融机构的贷款风险，提高了资金利用效率和金融支农的积极性。

三 存在的问题

农村产权市场化改革是一项非常复杂的系统工程，难免遇到许多深层次的问题，武汉市在农村产权市场化改革的过程中存在如下问题需要进行深入研究。

（一）法律问题

第一，"三权分置"面临法律困境。2014年中央"一号文件"已明确提出了土地所有权、土地承包权、土地经营权的分离。但其是从经济学意义上的界定，这种界定与法律上的权利概念存在较大差异，使其面临能否进入法律以及如何进入法律的困境。

第二，现行法律和政策规定农村宅基地使用权只能在村集体经济组织内部流转，阻碍了宅基地使用权的交易。1986年中国颁布的第一部《土地管理法》中第41条规定了非集体经济组织成员可以获得农村宅基地使用权，但1998年修订的《土地管理法》将第41条删除。现行《土地管理法》第8条规定"宅基地属于农民集体所有"，第63条规定"农民集体所有的土地使用权不得出让、转让或者出租用于非农业建设"。国土资源部《关于加强农村宅基地管理的意见》规定"向村就经济组织以外的主体流转宅基地是不予准许的"。受现行法规约束，武交所虽然将"农村闲置宅基地使用权"作为10类交易品种之一，但交易量却极少。

第三，《物权法》中的"房地一体"制度限制了农村房屋所有权交易。《物权法》第147条规定"建筑物、构筑物及其附属设施转让、互换、出租或者赠予的，该建筑物、构筑物及其附属设施占用范围内的建设用地使用权一并处分"。这种"房地一体"的原则意味着农村房屋所有权与宅基地使用权必须捆绑交易才是合法的。如前所述，现行法律政策规定非集体经济组织成员无法获取宅基地使用权，也就自然会导致农村房屋所有权流转受限。目前在武交所进行的农村房屋所有权流转交易确实很少，已流转的房屋全部用于"农家乐"项目。

第四，法律层面存在集体建设用地入市障碍。党的十七届三中全会提出，"逐步建立城乡统一的建设用地市场，对依法取得的农村集体经营性建设用地，必须通过统一有形的土地市场、以公开规范的方式转让土地使用权，在符合规划的前提下与国有土地享有平等权益"。党的十八届三中全会直接提出："建立城乡统一的建设用地市场，在符合规划和用途管制的前提下，允许农村集体经营性建设用地出让、租赁、入股，实行与国有土地同等入市、同权同价。"尽管有这些规定，但武交所在实际交易过程中增加相应类型交易品种的操作实施难度很大。《宪法》第10条规定"城市的土地属于国家所有"，以此为依据制定的《土地管理法》规定纳入城市规划区内的农村集体经营性建设用地需要经过国家征收由农村集体土地变性为城市国有土地后方可入市交易。这必然会使得农地与国有土地"同地同权同价"的实现难以预见。

第五，土地经营权抵押贷款没有法律依据。《关于进一步加强信贷结构调整促进国民经济平稳较快发展的指导意见》中提出"有条件的地方可以探索开办土地经营权抵押贷款"，但《物权法》规定"耕地、宅基地、自留地、自留山等集体所有土地使用权"不得抵押。《最高人民法院关于审理涉及农村土地承包纠纷案件使用法律问题的解释》规定"承包方以土地承包经营权进行抵押或者偿还债务的，应当认定无效"，这使金融机构在土地经营权抵押贷款业务中有较大顾虑。

（二）市场建设问题

第一，扩大武交所市场覆盖范围存在制度、资金和行政权力边界的制约。基于武交所的成功探索，湖北省政府期望能够打造以武交所为龙头的全省统一的农村产权流转交易市场。交易覆盖地域范围的扩展取决于三个因素：一是有一整套关于交易品种、交易规则、监管等的制度体系适宜在更广范围复制和推广。目前，武交所与其他县市的农地市场在交易品种及流转方式的侧重点上存在较大差异。二是目前各地农村产权交易平台都以所在地方政府财政资金支持维持运行，有力的资金支持是交易平台运行的重要保障。三是农村产权流转交易市场受到政府指导和监管，其地域覆盖范围要与行政权力边界吻合。

第二，对出租和转让两种流转方式各地的做法和看法存在分歧。在有形市场上，农村土地流转的主要形式是出租、转让。武交所以出租方式流转为主，出让方的承包关系不变，租金逐年收取，夷陵区则以农地转让方式流转为主。出租方式虽然收入低，但稳定可靠，且保留了土地的社会保障功能；转让方式一次性获得的收入高，但出让农户失去了土地的社会保障功能。两种方式在基层干部群众中存在思想分歧，一种观点认为应以出租为主，将转让剔除出流转方式；另一种观点认为应该开放转让方式，并且能够向城市人口和工商企业开放，两种流转方式的存在都有其合理性，政策上需要明确取向。

第三，如何处理好有形市场与无形市场的关系。截至 2013 年底，武汉市 60% 左右的土地流转都通过武交所进行。虽然有形市场交易份额迅速上升，但无形市场交易仍然存在。相较而言，有形市场具有交易场所更为集中、信息发布范围更广泛、交易规则更完善等优势；而在熟人社会中，针对规模小、期限短的流转交易而言，无形市场则具有交易成本低、操作简单的显著优势。如何形成有形市场与无形市场并行不悖、优势互补的最佳市场状态，关系到农村产权流转交易市场的运行效率和秩序。

(三) 政府作用问题

随着武交所逐渐发展成熟，如何处理政府、交易所和市场之间的关系，存在如下一些问题需要研究解决。

第一，农村产权流转交易平台的法人类型。党的十七届三中全会明确建立土地流转市场之初，各级各地都明确将土地流转服务职能赋予经管系统，如此建立的土地流转交易平台是行政单位。随着土地流转交易市场化进程的推进，涌现出越来越多企业性质的农村产权流转交易平台，如武汉、上海、北京、成都等地的农村产权流转交易平台都是以有限责任公司类型注册的。也有一些事业单位性质的交易平台出现，如武汉市新洲区、蔡甸区、黄陂区的农村综合产权交易分所。还有一些农村产权流转交易平台以其他类型出现，如南漳县农村综合产权交易中心是非企业法人，武汉市汉南区农村综合产权交易分所和夷陵区农村综合产权交易中心是民办非企业单位。即便是现在，南漳县、夷陵区及其所属乡 (镇、街) 和武汉市所属乡 (镇、街) 土地流转服务平台还都是依托经管局 (站) 建立的，与经管局 (站) 合署办公。农村产权交易平台的单位性质对农村产权流转交易中政府与市场的关系影响很大，合理的农村产权流转交易平台应该是一种形式还是多种形式？

第二，企业性质的农村产权流转交易平台所有制性质。目前各地企业性质的农村产权流转交易平台基本上都是国有独资的，大部分由各级政府及其部门出资主办，也有国有企业出资主办的。最近几年，也出现了极少数民营企业开始试水农村产权流转交易市场，如2009年由湖南土流信息有限公司创办的"土流网"已在土地流转信息服务和交易撮合方面进行了大胆尝试，并取得了一定成效。以国有企业为主的农村产权流转交易市场的所有制格局是否需要改变？

第三，农村产权流转交易市场的竞争与垄断。武汉市政府授权武交所对各区、乡镇分支机构在业务上实行垂直管理，使武交所能够借助经管系统形成覆盖全市的业务网络，在武汉市农村产权流转交易市场中形成自然垄断。在一定行政区域范围内，对农村产权交易这一特定市场，政府究竟应重点培育一个垄断性企业作为交易平台，还是应该引入更多的交易机构以增强市场竞争性？

第四，农村产权流转交易平台的营利性。政府以社会福利最大化为目标，因此要求武交所提供免费或低收费市场服务，以提高农村产权交易双方参与交易的积极性，维护和发展他们的利益。武交所作为企业法人应该以利润最大化为目标、免费或低收费提供服务的制度设计显然无法激励武交所，武交所与政府之间存在"激励不相容"问题。如何实现政府目标和武交所目标的"激励相容"值得研究。

第三节　枝江市农村综合产权交易中心：全省推广

一　枝江市农村综合产权交易中心的探索

（一）成立条件

1. 外部条件

城镇化战略的快速推进。湖北省是一个农业大省，同时也是一个劳务输出大省，大量的农村劳动力向城镇的转移，使得农村耕地资源的分散生产与经营模式正发生着显著变化。湖北省将新型城镇化作为经济新一轮增长的重要着力点，并规划了以武汉、襄阳、宜昌"一主二副"为中心的"8+1"武汉城市圈、襄十随城市圈、宜荆荆城市圈。近些年来，这三大城市圈吸纳了越来越多的本省农村转移人口。为了进城务工，农民采取出租、让他人代耕代种、让农业新型经营主体托管乃至转让等多种形式进行经营管理，以获取土地资产资本收益。这使农村土地更趋向于集中经营，强化了土地流转交易的内生要求，也催生了满足农业土地流转需求的非正式的无形市场或正式的有形市场。

2. 示范引领

武交所的模式与经验。武交所自2009年成立以来，作为农村产权交易的有形市场平台，在推动农村以土地为主的要素流转方面发挥了重要作用，取得了突出的成效。而它所积累的有益经验、成功运作模式、实施路径与机制以及政策保障体系等，为湖北省内其他广大的市县农村地区的农业产权交易市场的建设提供了有益的借鉴，发挥了较好的示范引领作用。这使枝江市农村产权交易中心的建设在武交所发展的基础上具备了进一步探索的外部条件。

3. 内生动力

农业新型经营主体蓬勃发展。近些年，出于内生发展需求，在政策引导下，湖北省农村地区在农业生产经营模式改革与创新方面进行了探索，各类农业新型经营主体快速发展。其中，各类型农民专业合作社的发展尤为突出，截至2017年6月，全省经工商注册登记的农民合作社总数达到77666家，而2007年全省农民专业合作组织数量为4998个，10年间净增长14倍多，其年均增长率为36.18%，超过全国35.86%的平均增长率水平。农民合作社已逐步演变为带动农户进入市场的基本主体、发展农村集体经济的新型实体、创新农村社会管理的有效载体。但与这种良好发展局面不相协调的是，湖北省农民合作社发展规模普遍偏小，实力不强，受农村土地交易市场发展滞后、土地等农业产权流转交易不足制约明显。要依托农民专业合作社等农业新型经营主体推动湖北现代农业的规模化、集约化发展，广大市县农业地区的农业产权交易市场的建立成为大势所趋。这也为枝江市的农村产权交易中心的建立提出了客观要求，使其建设与发展具备了内生动力。

4. 外生推力

政府自上而下的高位推进。近年来，湖北省一贯以来都非常重视"三农"问题，基于自下而上的发展需求，主动采取自上而下的高位推进发展举措，使本省农业生产经营体制的创新与改革、土地流转交易市场的建设等方面工作一直走在全国农村前列。对农村产权交易市场的建设，主动作为，大胆创新，并成立全省农村产权交易市场建设的工作领导小组，省委副书记任组长，分管副省长任副组长，省委财经办、财政厅等相关部门责任人为成员，加强组织实施。在此基础上，在全省范围内，选取包括枝江市在内的10个新型农业经营主体发育较快、农业经营服务体系基础较好的县（市、区），分步开展农村产权交易市场（中心）建设与创新的试点工作。

（二）建设与推广

1. 交易中心的建设

枝江市农村综合产权交易中心于2015年7月成立，其建设与发展与湖北省对农村合作金融创新试点工作的探索有着十分密切的联系。2015年6月8日，为了切实解决农民"贷款难"和"贷款贵"的问题，湖北省委财经办、财政厅、农业厅、湖北省人民政府金融管理领导小组办公室、中国人民银行武汉分行等政府职能部门与金融管理机构联合出台《关于引导组建农民合作社联合会开展农村合作金融创新试点工作的指导意见》，选择了湖北省枝江市作为创新试点城市。2015年7月28日，枝江市制定《农村合作金融创新试点工作实施方案（试行）》并得到批复，农村综合产权交易中心的建设进入实施阶段。

枝江市农村综合产权交易中心以市镇两级综合产权交易平台为基础，建立农村综合产权评估交易体系，搭建产权交易平台，并积极与武汉农村综合产权交易所对接，由枝江市经管局、政务服务中心负责组建农村综合产权评估交易中心，负责收集、发布交易信息，开展业务指导，确保产权评估交易规范有序进行。同时适时组建农村资产管理公司，对交易、流转困难的信贷抵（质）押物及不良资产进行收购、管理和处置。

在建设的组织架构上，枝江市农村综合产权交易中心的建立内置于"三大体系""七大平台"的组织体系建设中，即枝江市农民专业合作社联合会、农村合作金融服务体系、农村产权评估交易体系"三大体系"及其征信服务、技术推广、购销服务、金融服务、担保服务、保险服务、产权评估交易"七大平台"。其中，枝江市农民专业合作社联合会为以农民合作社、农产品加工企业、家庭农场等新型经营主体为会员组建起来的企业法人，其成员是产权交易的主体。农村合作金融服务体系中，主要涉及枝江市天雨农业投资有限公司、枝江市农村商业银行、人保财险枝江支公司等主体。其中，枝江市天雨农业投资有限公司就以财政（省级财政与市级财政）出资形成的5000万元涉农贷款风险补偿基金为限承担担保责任；枝江市农村商业银行为贷款银行，与枝江市天雨农业投资有限公司形成银担关系；人保财险枝江支公司为新型经营主体的贷款及其生产经营提供保险。在"三大体系"中，枝江市农民专业合作社联合会成员的各类产权流转交易在农村综合产权交易中心这一平台完成，而金融服务体系中的担保机制、风险分散机制可以增强新型经营主体的信用能力，也促进并进一步拓展了原本难以抵押、难以流转的农村综合产权资源的交易及其范畴。由此可见，枝江市农村综合产权交易中心、枝江市农民专业合作社联合会、枝江市农村合作金融平台三者之间通过合作契约形成紧密的联结机制，在后二者的作用下，产权交易中心的各类产权资源流转交易得以顺利推动，并且在交易的产权范畴上有了进一步拓展。

枝江市农村综合产权交易中心具有如下特点：

第一，在服务内容和服务功能上，枝江市农村综合产权交易中心平台负责为农村各类产权流转交易提供交易场所和配套服务，发布交易信息；组织产权交易；开展咨询服务、培训指导、委托管理、价格指导、投融资服务等。

第二，在产权交易品种类型上，主要包括：农户承包土地经营权、农村集体经济组织"四荒地"使用权、农村集体经济组织水面承包经营权、林地使用权、林木所有权和使用权、农村集体经营性资产（不含土地）、农业生产设施设备、小型水利设施使用权、农业类知识产权、经依法批准允许交易的农村房屋所有权、农村集体建设用地使用权（含宅基地使用权）、农村建设项目招标、产业项目招商和转让、农村集体经济组织股权以及其他依法可以交易的农村产权。

第三，在服务对象上，主要限于枝江市范围内的农业经营主体，包括农户个人、农村集体经济组织（村委会）、合作社等新型经营主体以及农业企业。从实际运行中服务的主要对象来看，更多地集中于枝江市农民合作社联合会（以下简称"农合联"）的会员。农合联会员从最开始成立之初，筛选了46家优质的新型农业经营主体作为初始成员；到2015年底，成员数翻了一番，达到92家；截至当前，达到了400多家。产权交易中心的服务范围逐步扩大，规模也得以快速提升。

第四，在运作流程上，如图3—1所示，依托枝江市农村产权交易中心这一平台，农村产权资源流转的形式包括转让、出租、入股、抵押担保及其他等多种形式。农户个人、农村集体经济组织（村委会）、农业新型经营主体、农业企业如有农业产权资源出让，首先须在产权交易中心办理登记手续；提交有效资格证明文件和产权权属证明文件（如所有权证、承包经营权证、使用权证、农业知识产权类权利证书、持股证明文件等）；并提供相关批准文件（如农户个人书面申请、集体经济组织同意

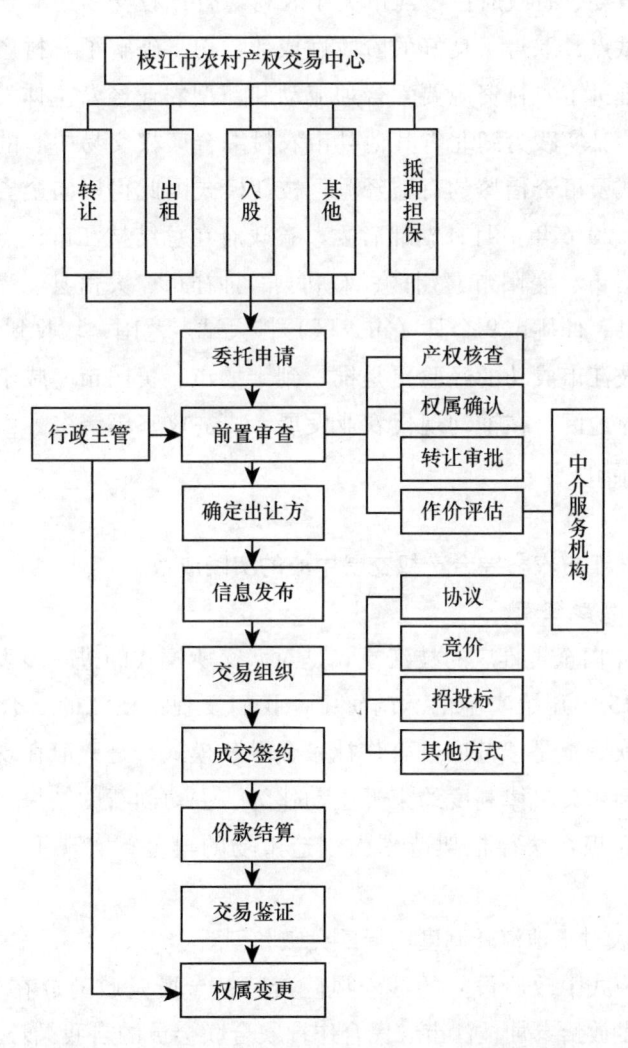

图3—1 枝江市综合产权交易中心产权交易服务流程

转出的决议、企业股东大会或董事会转出决议等）及转出标的基本情况的资料；由产权交易中心确认核实后在交易平台上发布信息；同时还需要农户、集体经济组织、农业企业等农业产权的受让方提交相应的资质、支付能力和同意受让的证明文件后组织交易（协议、招投标、竞价等）；最后交易中心在价款结算后进行交易鉴证并变更产权权属。在此过程中，一些中介服务机构参与其中，如产权价值评估等。

2. 枝江建设模式的推广

湖北省委、省政府在枝江市关于农村综合产权交易中心建设及其运作模式的试点，取得了良好的阶段性成效，初步破解了农村产权交易难题，加速推进了农村资源要素合理流动和新型农业经营主体发展。更为可贵的是，其实践为湖北省其他县市农村综合产权交易中心的建设提供了成功模式及可资借鉴的有益经验，枝江模式因此得以向全省其他农村地区推广。2016年1月，湖北省委、省政府在总结枝江市试点经验基础上，在大冶市、襄阳市襄州区、监利县、钟祥市、大悟县、浠水县、通山县、随县、仙桃市9个县（市、区）扩大试点范围，均收到良好成效。近年来，枝江市成功的经验更是推广到十堰市、黄冈市、咸宁市等更为广泛的农村地区，在推动现代农业发展、扶贫攻坚等诸多方面发挥了较大的推动作用。

二　枝江市农村综合产权交易中心的实践成效

（一）实践创新

2016年向全省推广的枝江模式是对武交所模式的进一步发展。枝江模式是2015年开始实施的。调研中，我们发现：枝江的"合作社＋金融"模式实际上是"政府＋合作社＋金融"模式，是政府在现行农村土地流转受到相关法律制度约束下主动作为、主动创新的结果，是由地方政府出面在现行法律框架范围内创造市场的典范，实现了三大突破和创新。

1. 对农村土地流转制度困局的突破和创新

枝江模式中政府设立的涉农风险贷款基金既是政府放在合作银行、专款用于发放给参加枝江市农民合作社农合联会员的自我循环贷款资金，又是政府为入社的农合联会员提供商业银行贷款的兜底担保金。由于有政府基金担保托底，以前银行不认可农合联会员的农地、农房、农具等各类农村资源，现在都可以进入政府成立的农村综合产权交易中心进行产权登记、评估、抵押、交易等，即为农合联会员拥有的各种农村综合产权进行了确权赋能。它使得现行法律制度下本不能用作抵押物的农村综合产权证书可以作为抵押物获得贷款，既倒逼了农村确权颁证工作的有效开展，又促进了包括农地经营权在内的各种农村综合产权在政府组建的农村综合产权交易中心的上市流转，放活了土地经营权等多种农村土地产权，并在流转中显现了农村综合产权的价值，增加了包括农民财产性收入在内的各种收入，一举突破了农村土地流转的制度困局。如果说武交所是由地方政府创造出了农村土地流转市场，那么枝江模式则是由地方政府创造并扩大了农村土地流转市场。

进一步讲，枝江模式是在武交所模式的基础上加上了政府出资担保，通过担保赋予和提升了农村综合产权的权能，扩大了农村综合产权市场的容量和规模。其赋予农村综合产权权能所能创造的市场容量主要取决于三个因素：一是政府出资的原始基金的规模；二是原始基金的贷款乘数；三是一定时期内贷款回收的周围速度。这三个因素的数量值越大，赋予农村综合产权的权能就越大，反之则越小。从枝江能够满足80%以上的农合联会员的融资需求而言，枝江目前对农村综合产权的赋能强度基本上是适宜的。

目前，纳入枝江市农村综合产权交易中心的农村综合产权品种有农村土地承包经营权、林权、养殖水面使用权、农村住房所有权、宅基地使用权、农村集体建设用地使用权、农业机械所有权、农业生产经营者的生产设备及其他动产、农业知识产权及其他农村产权等，农村土地承包权评估价为每亩2万元，承包地的流转经营权每年每亩800元，养殖水面经营权每年每亩1000元，抵押贷款按评估价的60%左右发放，多举措分担信贷风险。农合联会员可抵（质）押资产，集中授信，在授信额度和期限内随用随贷。如枝江信达农业专业合作社获得了枝江农商行500万元的授信，在授信期限内，合作社可以用资产做抵押"随用随贷"。同时，所有农合联会员从农民手中流转过来的农村资源必须已经得到确权，确权后经过农村综合产权交易中心评估和拍卖的产权价格就是农民能够获得的财产性收入。农民在合作社打工还能获得工资性收入，如果是以土地等资产入股合作社，农民还能得到入股的分红。

2. 对农村合作金融困境的突破和创新

枝江模式一开始就规避了民间非法集资和变相集资的金融法律风险。它融入了民间资金互助合作的理念，只是互助合作的原始存款基金不是由合作社成员出资而是由政府出资设立涉农贷款风险基金（基金总额5000万元，其中省财政3000万元、枝江市财政2000万元），政府出资但政府不贷放资金而交由合作的商业银行（枝江市农村商业银行）市场化运作。商业银行只能将贷款按不高于基准利率（政府提供财政贴息）贷放给枝江市农民合作社联合会会员，封闭运行，贷款总规模每年为基金总额的5—10倍，贷款期限为半年到1年。农合联负责采集会员的征信记录，建立包括会员的生产发展水平能力、工商、税务、质监检查、法院判决以及水电、天然气、银行、保险信用记录等信用信息数据库，为商业银行发放贷款提供依据。同时，政府成立涉农贷款担保公司（枝江市天雨农业投资开发有限公司），以全部基金额度对农合联会员贷款提供担保及风险控制。农合联会员必须认缴出资额，专款放在合作银行，既可用作放贷资金，又为政府成立的涉农贷款担保公司提供反担保。贷款风险由担保公司、合作银行、农合联会员三方共担，合作银行保证年贷款小于3亿元的损失率不超过3%，大于3亿元小于5亿元的损失率不超过5%，超过部分由合作银行承担。形成了政府出资—合作银行放贷—担保公司担保—新型经营主体使用、归还的自我循环封闭链条，一举突破了农村"贷款难""贷款贵""贷款慢"的金融困境，开创性地由地方政府创造出了农业新型经营主体融资的专门金融市场。

截至2016年7月底，枝江市农合联共吸纳农产品加工企业、农民合作社、家庭农场、种养大户等新型经营主体会员305家。天雨公司累计现场调查193家，出具担保函94家，担保余额达13530万元。通过农村合作金融平台，累计发放涉农贷款4.31亿元给376户农户，试点合作银行涉农贷款余额38.91亿元，同比增长26.69%，农合联会员贷款有效需求满足率达到81.05%，农合联会员涉农贷款年均利率5.85%，比试点工作之前下降了30.4%，累计为新型农业经营主体节约融资成本1100万元，基本解决了农村新型经营主体"贷款难""贷款贵""贷款慢"问题，有效促进了农村合作经济的发展和农民增收。

3. 对政府管理体制机制的突破和创新

枝江模式中，政府发挥着主动和主导的作用。无论是建立农村综合产权交易中心、设立涉农贷款风险基金、成立涉农担保公司、组建农合联，还是寻求与商业银行合作，都是由地方政府主导和操办的。但是这种主导和操办最终并不是由政府运作，而是由市场主体来运作的。即政府在搭建这一运作框架并提供运作资金后便退出了，主要只进行监管和提供服务，其他一切皆由市场来主导。从这种意义上讲，枝江模式实际上是将发挥市场在资源配置中起决定作用和更好地发挥政府作用结合在一起的典范。现实中，我们往往强调市场在资源配置中起决定作用和更好地发挥政府作用，但往往忽视了政府在创造市场方面的作用和先天优势。枝江模式表明，政府与市场并不是对立的，政府是可以创造市场的。只要政府主动作为，缜密谋划，是完全可以在现行法律框架约束下创造出市场的。枝江模式说穿了其实是地方政府遵循经济发展规律、主动作为的结果，是对政府管理体制机制的突破和创新。

（二）主要成效

枝江市农村综合产权交易中心的建设与运作，产生了良好的社会经济效益。从其自身运行对农村产权资源的作用而言，加速了各类产权流转的市场化进程，也帮助农民实现了产权价值与收益。同时，农村综合产权交易中心在"三大体系"中受到政府设立的涉农贷款风险补偿基金的担保而增强信用能力、拓宽产权交易范畴的同时，通过其使农业综合产权资产化、资本化的特定功能，反过来为新型农业经营主体的各项贷款提供反担保，提高其资金偿付的保障水平，间接地促进了农村金融要素向农业产业的流动，促进了现代农业的发展。总体而言，枝江市农村综合产权交易中心的建设与探索，其主要成效体现在如下几个方面：

1. 推动农村产权资源确权赋能，优化农业资源配置

通过统筹安排，有序推进各项措施，枝江市以改革手段探索农村产权制度创新，借此推动农村土地等各类资源要素的确权赋能工作，以充分激活"沉睡资本"，促进市场化流转与交流，并实现资产化、资本化，给农民带来持续稳定的收入。目前，依托农民合作社联合会与农村产权交易中心的有力平台，枝江市已成功推动农地经营权、宅基地使用权、林权等农业产权进入市场进行交易，办理的各类农业资产抵押登记也显

著增加。改革措施的实施、产权市场交易保障的增强以及新型农业经营主体效益的提升，对各类生产要素形成较强的汇聚力，农业科技、资本、各类人才等生产要素集聚与农业产业发展中，推进了现代农业产业的融合、资源共享，补齐了产业短板，逐步形成了完整的产业链，增强了发展能力，提升了效益与质量。

2. 创新融资机制，解决"融资难"的问题

"融资难"是农村经济发展中的突出问题。枝江市在此方面大胆进行改革试点，并取得了初步成功，有效缓解了资金的约束瓶颈问题。通过构建金融链接机制，搭建综合产权交易管理平台、设立风险补偿基金，设置担保与反担保的作用机制，枝江市建立了与枝江市农村商业银行、人保财险枝江支公司的良好合作机制，推进普惠金融的实施，并对申请贷款进行财政贴息和担保，既分担风险，又降低融资成本。2017 年底，枝江市农业合作社联合会成员累计获得贷款共计 1.85 亿元，融资需求得到 80% 的满足，有效推动了新型经营主体的生产、发展与规模扩张，枝江市现代农业发展迅速。

3. 破除制约瓶颈，加速推进新型农业经营主体发展

枝江市农村综合产权交易中心的建设与发展，破除了一系列瓶颈，有效地推动新型农业经营主体的发展。首先，创新机制突破资金瓶颈，支持新型经营主体生产投资。枝江市通过一系列机制创新，突破融资瓶颈限制，驱动了以农村土地经营权为主要形式的农村产权市场化交易，既为新型经营主体扩大投资提供较为充足的资金支持，也为其生产优化整合各类生产要素提供服务平台，促进了经营主体发展壮大。其次，引导农地资源有序流转，推动现代农业走集约化、规模化发展道路。土地资源是农业产业发展的重要支撑，枝江市农村综合产权交易中心通过规范服务与合理引导，强化动力，扫除障碍，促进了农村土地交易市场化、常态化，为经营主体提供充足的农地资源，使其能够实现规模化、集约化经营。据统计，仅 2015 年下半年，枝江市新增农村土地交易面积就达到 1.45 万亩。通过土地市场化流转实现集约化、规模化经营，也使枝江市出现了一批实力强、发展后劲足的市场主体。2015 年，全枝江市新增省级、市级示范合作社分别为 7 个、9 个；新增省级、市级示范家庭农场分别为 4 个、10 个。

三 存在的问题

枝江市农村综合产权交易中心在武汉市农村综合产权流转交易市场建设的基础上虽有了进一步的探索，也取得了一定成效、积累了一些宝贵经验，但仍然存在一些突出的问题需要通过进一步创新与深化改革予以解决，主要表现在如下三个方面。

（一）农村产权制度改革相对滞后，抑制了产权交易市场的发展

农村产权制度改革是农村产权交易市场建设的重要前提和基础，产权制度建设滞后则会成为后者的障碍，不利于市场的形成。枝江市农村综合产权交易市场建设与发展当前面临的问题主要包括：一是枝江市未被列入全国"两权"抵押贷款改革试点县（市）范畴，虽然市政府出台了地方性文件，但农村产权改革部分内容与国家现行政策法规相抵触，影响了产权交易及抵押权的实现。二是新一轮农村综合产权确权登记颁证工作正在进行中，农村房屋、宅基地等确权颁证工作尚未大范围开展，农村各类资源要素合理流动尚需时日，这使这些类型的农村产权资源的市场化流转交易受阻。因此，必须多措并举，通过一些行之有效的改革手段，推动农业产权制度的改革，消除农业产权交易市场化的发展障碍。

（二）农业保险体系不尽完善，对产权交易市场发展的支撑不够

农业产业发展不同于工业制造与服务业，具有显著的生产周期性，易遭受各类自然灾害风险。只有具备完善的农业保险体系，才能分散农业生产经营的风险，提高参与农业产业经营的各类农村产权资源的收益率，强化各经营主体进行产权交易的激励，推动农村产权交易市场的深化发展。当前枝江市农业保险发展现状体现为：一是政策性农业保险由于保额较低且理赔条件多、周期长，在实际操作中存在着农民不愿花钱购买保险、投保积极性不高、保险机构动力不足的现象。二是农业保险品种结构单一，主要以商业保险为主。新型农业经营主体主要从事蔬菜、水果种植及水产、畜禽养殖等特色产业，规模大、风险高，仅实行商业保险模式，保费较高，经营主体的保险成本高，也不容易为农户所接受并大面积推广。

(三）农村产权交易市场体系有待进一步完善

枝江市虽然建立了农村综合产权交易平台，但尚不完善，主要表现在如下几个方面：一是枝江市农业产权交易市场尚未与湖北省、宜昌市农村综合产权交易平台联网运行，农村综合产权交易信息发布渠道较为狭窄，导致信息受众面有限，社会资本进入农业农村的通道不够通畅，抑制了农村产权交易市场化程度与水平。二是枝江市级、镇级、村级三级农业产权交易市场体系尚不够健全，在市级市场交易功能发展的基础上，需要进一步强化镇级、村级交易市场在农村产权信息收集与交换的功能以及与市级市场的联结机制。三是枝江市农业产权交易服务体系须加强建设。农业产权交易的市场服务主体在资质、服务规模、人才资源上需进一步强化，以提高交易的服务水平。

第四节 促进农地市场发展的主要建议

针对上述以武汉农村综合产权交易所和枝江市农村产权交易中心为代表的湖北农村土地交易市场发展所存在的问题，应进一步着力于农业综合产权制度的改革创新，深化落实农村综合产权交易市场建设的各项工作，完善各项配套服务体系，同时逐步清除主要发展障碍，推动农村土地交易市场的持续健康发展。

一 进一步明确总体建设思路

充分认识建立农地产权流转交易市场的必要性和重要性，建立农地产权流转交易市场意义重大，关系到坚持和完善中国农村基本经营制度在理论和实践上的创新，关系到发挥市场在农地产权资源配置中的决定性作用，关系到政府在培育和发展农地产权流转交易市场中更好地发挥作用，关系到农村社会保障制度等重大配套改革，关系到实现农业现代化和城乡一体化的体制机制和路径选择。因此，应高度重视，着力推进。中国建立农村产权流转交易市场的总体思路应包括三个方面。一是按照农村土地所有权、承包权和经营权"三权分置"完善中国农村基本经营制度，按照城市土地国家所有与集体所有并存完善城乡土地所有制结构，为建立农村产权流转交易市场奠定产权制度基础。二是积极推进农村产权资源的商品化、资产化、资本化、市场化和城乡一体化，使市场在农村产权资源配置中发挥决定性作用。三是发挥政府的主导作用，构建湖北农村完善的土地交易市场体系。

二 启动农地产权交易相关法律修订和改革试点工作

坚持在法制轨道上推进改革，系统研究与农地产权流转交易相关的法律问题，按照"立法先行"的原则，制定、修改和完善相关法律制度。(1) 认真研究土地承包经营权的法律属性，修订《宪法》《土地管理法》《农村土地承包法》《物权法》《担保法》等相关法律。(2) 修改《担保法》第37条第2款，明确土地经营权为可以抵押财产。(3) 修改《土地管理法》第63条的规定，允许非集体经济组织成员以有偿方式获得农村闲置宅基地使用权。(4) 修改《宪法》第10条的规定，允许农民集体土地与国有土地在城市规划区内并存。

加强重大改革试点工作，密切关注各地农地产权流转交易上的一些做法和探索，及时总结各地经验，按照"先易后难，先行先试，封闭运行"的原则，逐步推进农村产权流转交易的改革试点工作。(1) 选择湖北典型城市开展并扩大"土地经营权抵押贷款"的改革试验。(2) 开展农村宅基地使用权流转试点，先允许在本集体经济组织投资的新型农业经营主体受让本集体经济组织内的闲置宅基地使用权。(3) 选择有条件的地方，开展农村集体经营性建设用地与国有土地同权、同价、同等入市的改革试验。

三 发挥政府在农地市场培育中的主导作用

农村产权流转交易关系到农民切身利益，要充分认识到中国农村产权流转交易市场还处于市场培育阶段，政府要充分发挥主导作用，注重加强市场体系和制度建设，并逐渐厘清政府功能与市场机制的边界，促进农村产权流转交易市场健康有序发展。(1) 国家、省、市三级农村产权流转交易平台应以各级政府出资主办为主，单位性质应以企业为主。县、乡两级基层农村产权流转交易平台可依托经管系统，与各级经管局（站）合署办公，充分发挥其网络优势。对合署办公的县、乡农村产权流转交易分所（服务站）在经费、人员和办公场所上给予更多支持。

(2) 借鉴并推广武汉市以监委会为核心的监管体系、"统一受理、归口管理、分职履责"的运行模式和"六统一"的平台管理模式，切实加强政府对农村产权流转交易市场的监督、管理、服务功能。(3) 正确认识农村产权流转交易市场的自然垄断性，强化其公益性，引入竞争机制，允许民营企业参与信息发布、交易撮合、评估担保等可竞争性业务。逐步消除只能在指定市场办理交易鉴证、抵押登记方可申请获得抵押贷款和贴息等歧视性政策，保证市场公平。(4) 加强农村产权流转市场收费监管，对不同交易品种和延展服务制定交易服务收费标准，降低交易成本和提高交易积极性。同时，政府采取购买服务方式，按照一定的标准评估履约情况，支付公共服务费用，引导农村产权流转交易平台自主经营、自负盈亏。

四 推动农村产权制度与农业保险模式改革

以农村各类产权确权为基础，推进农地产权流转交易市场化改革，推进农村产权流转交易市场规范、健康、有序发展。(1) 有序推进农村土地产权的确权工作。这是一项基础性工作，牵涉面大，利益主体众多，牵一发而动全身，因此必须切实做到农地产权清晰且产权主体责任明晰，为农村土地进入市场流转交易奠定坚实基础。(2) 扩大市场配置农村产权资源的范围，建议将农村集体经营性建设用地纳入交易品种，一方面拓宽农村综合产权交易的市场宽度与深度；另一方面也为农户或经营主体提供实现农村资源产权资产化、资本化的途径。

针对当前农业保险的发展现状，一方面应尽力争取湖北省涉农相关职能机构与主管部门对湖北农村试点县市政策性农业保险的支持力度，促进并扩大政策性农业保险范围、提高保险标准；另一方面应推动农业保险模式改革，推动建立由湖北省省级财政、县市财政、新型农业经营主体共同分担保险保费的特色农业产业非政策性农业保险的发展模式。通过这些措施，完善当前农业保险险种结构，合理分散农业生产经营风险；同时降低新型农业经营主体保费成本，强化其参与农业保险激励，进而促进农村综合产权交易市场的进一步发展。

第四章

湖北农地股份化探索与实践

从制度经济学讲，农村土地股份合作制是一种依托于诱致性制度变迁的农地产权制度革新，在推动农地适度规模经营、促进城乡统筹、破解城乡二元结构等诸多方面发挥着不可或缺的作用。湖北省历来重视发展新型农民合作组织，通过新型农民合作组织制度革新，深入探究农户土地产权的实现方式，在全省稳步推广农地股份合作社、社区股份合作社、专业合作社等模式，其中，土地股份合作主要是在21世纪以来开展的。本章主要分析21世纪以来湖北省农地股份合作社发展的实践、模式、股权设置与收益分配方式等内容，在归纳总结当前农地股份合作社现实困境的基础上，提出相关政策建议。

第一节 湖北农村土地股份化现状与典型案例

一 湖北农村土地股份化现状

湖北土地流转方式呈现多样化趋势，主要有转包、出租、转让、互换和股份合作等五种形式，农村土地股份合作比例较低，但呈持续上升趋势。2007—2015年，湖北省土地流转中，股份合作比例由0.8%上升到4.4%（见表2—2）。土地股份制作为先进的农业生产组织形式，虽然能将要素投入和多方主体利益以股份形式认定，但还有待农民的认知和接受。

土地股份合作是土地流转的重要方式，同时也是集体资产股份合作的重要表现形式。2014年湖北省农地流转中以股份合作的方式进行流转的土地面积为50.1万亩，占土地流转总面积的3.55%，各地区土地股份合作的面积占比均在10%以下。据此，从全省范围看，土地股份合作尚未成为农地流转的主要方式，也还不是集体资产股份合作的主要方面。但从动态上看，2014年流入专业合作社的农地面积增长率为47.97%，远高于流入专业大户的20.15%和农业企业的18.02%，反映出土地股份合作正呈现出规模扩大的趋势（见表4—1）。

表4—1　　　　　　2014年湖北各地土地股份合作情况

地区	土地股份合作面积（万亩）	土地股份合作面积占比（%）	流入专业合作社同比增长率（%）	流入专业大户同比增长率（%）	流入农业企业同比增长率（%）
武汉市	2.5	2.21	10.46	-0.44	5.31
黄石市	0.9	1.91	38.52	27.81	200
襄阳市	7.9	3.44	58.33	10.95	62.67
十堰市	1.3	2.16	36.26	50.33	11.76
荆州市	4.5	2.57	24.64	11.67	51.69
宜昌市	6	7.62	58.72	13.30	16.33
荆门市	8.4	4.68	76.13	60.06	-37.78
鄂州市	0.4	1.62	6.67	-3.09	0
孝感市	5.4	4.60	28.89	9.90	13.57
黄冈市	4.8	4.00	43.60	4.34	28.57
咸宁市	2.8	5.61	79.03	12.50	19.12
随州市	1.3	2.73	96.67	4.53	42.31
恩施州	1.2	2.16	28.92	12.67	38.30
仙桃市	0.4	1.16	152.94	46.71	254.55
天门市	1.8	3.38	381.25	17.17	300
潜江市	0.5	1.98	133.33	227.14	7.14
神农架林区	0	0	0	—	-100
全省	50.1	3.55	47.97	20.15	18.02

资料来源：2014年农经年报。

二 湖北农村土地股份合作的典型案例

湖北省钟祥市彭墩村开展的土地股份合作，具有一定的典型性和代表性，现以彭墩村的案例来详细说明农村土地股份合作的做法和效果。

彭墩村位于钟祥市石牌镇西南角，与荆门市东宝区域接壤，是一个偏远的丘陵地区。2014年全村9个村民小组，370户，1159人（男731人、女428人），国土面积10.5平方公里，耕地面积9511亩（水田7482亩，旱田2029亩），林地377亩，水面2800亩。全村党员28人，劳动力632人，大专以上35人，高中专200人，在外务工230人。全村购买小轿车76辆、割谷机18台、插秧机30台、旋耕机25台、农用车6辆、拖拉机300辆。

彭墩村通过村龙头企业把村民带向市场，以村企共建的方式解决了小农户对接大市场的体制机制问题。通过迁村腾地累计拆迁314户，新增耕地1915亩，加上原有部分耕地共3600亩（全村共9511亩耕地）土地，以每亩1200元的价格整体流转到该村青龙湖公司实行规模化经营。青龙湖公司以现金和产业估价入股，村集体和村民以土地入股，公司、农户、村集体按6∶3∶1占股分配。土地股份合作产生了巨大的经济效益，2006年之前，农民人均纯收入仅有3500元，2014年全村人均收入达2.5万元，村集体从过去的负债村变为积累达300余万元的富裕村。

第二节 湖北省在"三村"土地股份化的探索与实践

随着湖北省工业化、城镇化进程加快，一些城中村、城郊村、园中村集体资产及其成员都出现了新的变化，形成了复杂的利益关系，产生的纠纷和留下的隐患较多。为了探索解决问题的有效办法，湖北省委办公厅、省政府办公厅于2006年12月转发了《省农业厅关于城中村、城郊村、园中村集体资产产权制度创新试点工作方案》（鄂办文〔2006〕82号），确定在武汉、襄阳、宜昌、黄冈、荆门、鄂州、潜江等地开展集体资产产权制度创新试点。2007年2月，湖北省农业厅制发了《关于开展城中村、城郊村、园中村集体资产产权制度创新试点指导意见》（鄂农经发〔2007〕14号),对试点的相关政策作了规定。

一 主要做法

城中村集体土地改制要以股份合作为主要形式。从全国农村改革的实践来看,将股份制引入合作制,在合作制的基础上吸收股份制的长处,农村集体经济组织成员通过"资产折股、按股分红"行使对集体资产所有权,解决产权模糊、人格化的出资者主体缺失的问题,符合我国农村市场化改革的必然逻辑,是我国农村土地制度改革的现实选择。从调查情况看,试点工作要实实在在取得成效,其中有五个关键点需要牢牢把握。

(一)"老股金"等历史遗留问题的处理

处理有两种办法:一种是按人头给予适当补偿,这是少数村。如鲩子湖村,给予1958年合作社时期出"藕秧子"的404名村民每人3000元补助,合计补助121.2万元。一种是不予补偿,这是绝大多数村的做法。他们的理由主要有三条:(1)集体资产的历史来源复杂,既有合作社时期入股的土地、耕牛、农具、种子,也有"大办钢铁"时各户交的废铁,"吃大食堂"捐出的锅碗瓢盆,还有历年投资投劳兴办的公益事业,大多原始档案缺失,不管如何补偿都可能出现挂一漏万;(2)即使少数集体资产原始档案存在,但究竟和形成现有的集体资产有什么联系,即使有联系也没有办法计价;(3)现有的集体资产尽管和历史上的集体资产有续接关系,但主体是改革开放后的积累,清产核资"一道汤",全部作为集体资产量化股份,既简便易行,又可以避免一些不必要的矛盾纠纷。在"老股金"等历史遗留问题的处理上,出于半个世纪以来土地等集体资产的历史来源复杂,可采取宜粗不宜细的办法,操作空间留给村里。考虑到与农业部相关文件对接,省里可参考武汉市一些区乡的做法,对"老股金"和因各种原因外转迁出人员的补偿与集体经济组织净资产挂钩,规定一个控制比例(3%—5%)。

(二)资产量化问题

在试点中,初生型城中村一般没有将土地作为资产量化;而武汉市主城区的村,一般是农地、建设用地按2007年征地价格(6.8万元/亩)量化,宅基地作零资产处理。在实际操作中,大多数村特别是一些全部实行"货币补偿"的村,在与投资商进行村湾改造谈判时,土地(包括宅基地)最终落实出让价格的保底数一般为40万—50万元/亩。从防止集体经济组织资产流失或被平调的角度出发,经营性资产、非经营性资产以及资源性资产应该全部纳入折股量化范围。特别是土地资产,在集体所有制下,产权归属模糊,"集体所有"在不少地方实际上成了村干部拥有。应该通过资产量化,使农民作为集体组织的成员,平等地拥有对集体土地的"人人有份"的成员权。考虑到不同村庄的学校、幼儿园等非经营性资产和土地等资源性资产的实际用途、市场价值,可对用于公益的非经营性资产和从事种养殖业的土地,结合其实际收益状况采取不同的折股量化方式。

(三)股权设置问题

湖北省的试点设置了两种股权:个人股和社会股,前者配备给集体经济组织成员,后者配备给非集体经济组织成员。武汉市的文件规定原则上资产全部量化,暂时不能全部量化的"可保留部分集体资产作为集体股权,待具备条件后再进一步量化,保留比例原则上不高于量化资产总额的20%"。实际操作中只有部分村留了集体股(有的村叫"激励股"),股金分红主要用于改制后社区公益事业开支。还有部分村在个人股中另设了"在岗发展股",专门用于新经济组织(集团公司)工作人员的报酬。股份配置主要考虑两个因素:一是改制前集体经济组织负责人的年薪;二是预计的分红率。如铁机(村)集团董事长配150万股,2006年按每股0.08元分红,报酬为12万元,相当于改制前的薪酬水平(图4—1是武汉市洪山区一些试点村的集体资产处置暨股份配置办法)。从目前湖北省试点的情况看,决策独断、监督不善、分配随意等问题在大多数村仍然没有完全解决。我们认为,从规范操作出发,对试点单位设置什么类型的股,什么类型的股占多大比例,需要有一个明确的规定。人们一般认为,最好单独设置集体股,规定一个大致比例,作为村委会(或社区居委会)的工作经费。好处是有利于控制村委会的费用支出;可能产生的问题是村委会的工作经费在集体经济组织经营不善时得不到保证。同时设立在岗发展股(或叫"岗位股"),按集体净资产的一定比例配股,用于支付经营者报酬,将经营者的收入与集体资产经营的业绩挂起钩来。

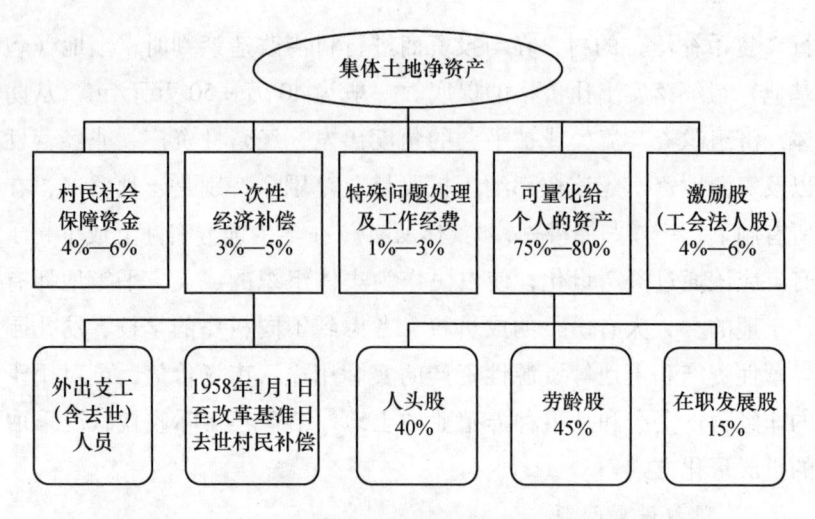

```
                         集体土地净资产
                              │
  ┌──────────┬──────────┬──────────┬──────────┬──────────┐
村民社会      一次性      特殊问题处理   可量化给       激励股
保障资金     经济补偿      及工作经费    个人的资产    （工会法人股）
4%—6%       3%—5%        1%—3%        75%—80%       4%—6%
                                          │
                    ┌──────────┬──────────┼──────────┬──────────┐
                外出支工    1958年1月1日    人头股      劳龄股      在职发展股
                (含去世)     至改革基准日    40%        45%         15%
                 人员       去世村民补偿
```

图4—1 武汉市洪山区城中村集体经济组织资产处置示意

（四）股东界定问题

股东界定是股权界定的前提和基础，是试点中矛盾的焦点。由于省市文件对此缺少原则性规定，"一村一策"做起来就是形式多样。最严格的界定是在改革基准日前户籍在村里且处于劳动年龄段的农村居民；也有村横向扩大到在校学生和现役军人，个别村（如贺家墩村、团结村）还扩大到对集体经济发展有突出贡献的引进人才；还有村纵向延伸到刚出生的小孩和领退休金的老人，个别村甚至扩大到已经过世的村民。由此派生出来的一个突出问题是通过招工招干迁出人员和通过各种关系迁入人员的身份界定争议大。处理得好的如徐东村，对群体而言，村里有"小宪法"式的村规民约，对进出人员的权利义务作了明确规定；对个人而言，村里在所有人员迁进迁出时都与之签订合同，做到有"法"可依。对于个别招工外出后又回村工作的村民，村里也履行了上缴招工单位发放的买断工龄补偿、重新签订合同等手续。团结村和三角路村出现上访事件，主要诱因是外转人员要求量化股份或提高补偿标准。在试点中需要对四个反映突出的问题进行界定：一是在改革基准日前过世的村民，要明确规定不得界定为股东。二是通过招工招生招干等原因外转迁出人员，要明确规定不得参与量化股权，相关补偿纳入历史遗留问题处理范围。三是对村里兴办企业引进的有突出贡献的人才，可采取徐东村的办法，在年薪之外给予住房等一次性奖励；如果属于下属企业以技术、资金入股者，按相关合同执行。四是对非婚姻、收养等关系迁入的村民，在1982年家庭经营承包后未分配责任田、未负担过"三提五统"等任务的，也应明确界定为非股东。

(五) 股权管理问题

试点村都没有出现内部扩股和对外招股，原有股份的流动有三种形式：第一种是内部转让，有村民之间相互收购，也有集体经济组织出面收购，如三角路村；第二种是部分向外流出，村集体经济组织发现后提价收购的，如余家头村；第三种是整体出售，如团结村2.11亿股，被福星惠誉地产公司和鹏程国际集团联合组建的星程公司以5亿元整体收购（详见案例1）。在股权管理问题上，考虑到集体资产形成与土地资产之间的联系，"集体经济改制企业既不同于村集体经济，也不能说是完全意义上的现代企业，其发展关系到村改居民的长期保障和社会稳定"①。建议在下一阶段试点中明确，在城中村综合改造全部完成以前，集体资产折股量化到户的股权，可以继承，满足一定条件的情况下可以在本集体经济组织内部转让，但不得退股，更不得向外出售。根据试点村经济发展的需要，可考虑内部扩股和对外招股。

案例1

武汉市洪山区徐东街道办事处团结村股权处置情况

一、团结村集体经济2004年改制情况

2004年，团结村进行了集体经济股份制改制。量化总资产3.0629亿元，总债务0.3992亿元，净资产总额2.6637亿元。分配之前，缴纳养老保险金1500万元，一次性安置农转非人口养老保险金2000万元，兑现历年干部工资200万元，激励资金1800万元，剩余2.1137亿元，按照人头股45%，劳力股40%，发展股15%的比例，在619名股民中进行了分配。

改制后成立了团结集团股份公司，村民变为居民，全部进入了社保

---

① 摘自中共武汉市洪山区委研究室《关于团结集团股权整体转让的情况调查》（2007年8月3日）。

体系。对于农转非人员、集体企业聘用的技术管理人员，区分不同情况，采取买断和货币补偿（标准为1500元/年）的方式进行了补偿。

二、改制后面临的困境

2004年的改制成功，并没有解决发展中的所有问题，随着形势发展，团结集团又面临着几大困境，迫使他们寻求新的出路：

（一）资金压力过重成为主要的问题。销品茂由团结集团与中商集团共同投资约10亿元，其中中商集团实际出资1亿余元，占51%股份，团结集团的土地作价1亿元占49%股份，工程建设单位垫资2亿—3亿元，其余为银行贷款；年纯收入不超过2000万元。2004年银行贷款约有2亿元先后到期，中商、团结两家均无力支付。

（二）2004年的改制打破了平均主义，但并没有打破大锅饭思想。原村民成为股东后只关心每年分红多少，而不关心公司的长远发展。没有工作岗位的股民对于有工作岗位的股民（下属企业留用了70余人）意见很大。

（三）集团发展能力不足，效益下降。集团主要经营收入依靠物业租赁（包括东方红陶瓷大市场、好美家建材超市、盛秦风酒店等），每年的经营收入约1800万元，而集团维持正常运转的开销（管理费用、财务成本、股东分红、纳税等）每年需要1700万元。（加上）物业都是当年以临时建筑的标准修建的，已经到报废期，每年的维修保养费用剧增，即将收不抵支。另外集团经营缺乏人才（也难以引进人才）。

（四）团结集团无实力开展旧村湾改造。团结村8个湾需要拆迁的建筑面积约55万平方米，民房还建面积保守估计22万平方米左右，需要巨额资金投入。

三、此次股权转让的主要情况

对于团结村的区位优势和发展潜力，许多有实力的企业也相当看好，纷纷前来考察，但大多对于旧村湾改造信心不足而放弃。最后，由洪山区鹏程国际和武汉福星惠誉两家企业合资组建的星程公司，与团结集团经过多轮谈判，以1∶2.1—1∶2.2的价格接受团结集团的全部股份转让（遵循股民自愿原则），包括销品茂的债务和经营权。目前，除极少数股民外，大多数股民将股份转让给了星程公司，得到了现金。为此，星程公司已投入资金约5亿元，此外，还偿还了已经到期的银行贷款。

（一）有关责任与权利

原团结集团保留企业名称，成为星程公司的子公司，团结集团的原董事会及管理人员成为星程公司的聘用人员，原董事长郭洪甫暂为新的团结公司的法人代表。团结集团仍行使原有的经营管理职责，只是地位和身份改变了。

星程公司承接团结集团原来承担的所有社会事务和社会责任，授权团结公司履行具体事务，并拨付相关经费，其中每年社区管理经费80万元。

在下一步的城中村改造中，将由星程公司（或团结公司）竞争摘牌。

（二）有关资产的处置情况

一是上述的销品茂、东方红陶瓷大市场、好美家建材超市、盛秦风酒店等土地房产。根据13号文件规定，这些属于可以量化的资产，应为团结集团的公司资产，其中销品茂已办理国有建设用地手续，其他用地按国家土地政策继续办理手续。

二是2004年改制中资产量化时设立的1800万元激励股，其作用是给在职在岗人员分红以体现多劳多得，并保证他们具有相对多的表决权。这部分股份不随人走，个人不拥有所有权，可以看作集体股（根据173号文件规定，资产量化到人时原则上不留集体股份，最多只留20%）。据了解这部分股份已经在此次股份转让之前，按照比例分配到了股民。

三是关于零资产的处置。2004年改制时，根据政策无法量化的非经营性资产，大部分为公共设施；另外很重要的一部分就是村民的宅基地，虽然也作为团结集团的资产，但价值计作零。据了解，星程公司对于宅基地必须在下一步村湾改造中，按照武汉市政府关于城中村改造的政策拆迁还建，转化为国有用地。

（三）引发的争议

此次股改可以说没有先例，也引发了一系列争议。主要的争议来自原团结村的农转非人员，这部分人共1001名。他们的主要意见，一是当年界定股民与非股民的标准不合理，不公平（对此我们认为当年的改制是符合政策和程序、股民与非股民都认可了的，不可能重新再来）；二是认为股民现在通过溢价转让股份都成了富人，相比之下他们当年得到的一次性补偿太少，不公平（对此我们认为股份转让是市场行为，并且重新分配是没有政策和法律依据的)。团结集团在股民与非股民双方的强大压力下,2004年6月中旬召开了股东大会,议事结果引起了部分农转非人员的强烈不满,有30余名集合起来到有关部门上访。

[摘自中共武汉市洪山区委研究室《关于团结集团股权整体转让的情况调查》(2007年8月3日)]

二 需要解决的问题

试点村集体资产产权制度改革后,不论是社区股份合作社,还是公司制企业,普遍都建立起股东(代表)大会、董事会、监事会,新治理结构的框架已经形成。但由于新机制才刚刚开始运行,一些行为方式尚未脱离旧体制的轨道,其中存在一些问题,需要尽快完善。

(一)治理结构中存在明显缺陷

试点中,一些村在领导班子保持稳定的思想指导下,新"三会"的组成人员中村民代表太少,股东代表大会成员以原小组和企业干部为主体;董事会由原村"两委"成员组成,绝大多数村又是董事长兼任总经理;监事会成员多是原来村里或现在集团公司的中层干部。不论是过去还是现在的上下级关系,似乎都很难形成权力制约。对此,需要出台相关规定,明确村民代表在股东大会和监事会中的比例。

(二)收益分配上存在财务风险

主要表现是两个脱节:一是股东分红与集体收益状况脱节。由于不少村改革前对村民都是实行定额补助,改革后有的村在改革成本和改造投入增加、集体经济组织收益减少的情况下,仍按改革前分配水平进行分红,留下资金缺口。二是经营层的薪酬与企业经营业绩脱节。一些村领导层的工薪近年来虽然由街道(乡)农办核定,但与企业经营业绩联系并不紧密。改革后,一些新的经济组织虽然采取在岗位发展股的形式,但多是比照改革前薪酬水平持股,激励作用不大。有的街道办因为新经济组织是公司制企业,放松对企业的财务审计监督,个别地方甚至不要求企业向街道办报送年度财务报表。对此,需要进一步完善集体经济组织财务管理制度,加强对改制后新经济组织的全面监管工作。

(三) 民主决策机制亟待完善

大部分试点村股东大会的作用发挥不够，定期召开股东大会尚未成为惯例，一年一度的股东大会，主要是安排分红。在经营决策上，不少试点村仍然沿用过去的工作模式，以董事长（总经理）代替董事会，以董事会代替股东大会，个别村甚至一些涉及企业发展的重大决策，不是事先告知股东，广泛征求意见，民主决策，而是由少数人暗箱操作，在已成定局后提交股东签字认可，股东在企业中的知情权、决策权、参与权和监督权在程序上得不到切实保障。对此，需要出台相关规定，从制度上保证民主决策在集体经济组织生产经营活动中得到落实。

(四) 新集体经济组织的外部关系亟待理顺

从试点情况看，改制后新建立的集体经济组织通过清产核资、股份量化、明晰产权，向成为独立的市场主体方向前进了一大步。但由于历史和现实的原因，企业的外部关系仍然不顺，主要表现在党的组织关系上，社区党委和企业党委"两位一体"，书记同时是集团公司董事长，负责社区范围内居委会和基层支部党的建设。这样设置的好处是便于工作协调，不利的方面是工作中经常造成角色错位。此外，由于财政无力承担或新的经费保障机制建立滞后等原因，目前企业仍然承担历史上遗留下来的各种社会负担。新经济组织要摆脱过去成为村委会附属物的地位，还要在制度设计上作更多的调整。应努力创造条件，在综合改造全部完成、社区公共管理支出列入财政预算的地方，实行社区居委会党组织和企业党组织分设，由乡镇（街道办）安排不同部门分头管理，集团公司党委只管理所属企业党组织的党建工作，社区居委会的党建工作由乡镇直接管理。在一些社区居委会经费暂时无法由财政解决的地方，建议通过持股分红或采取契约形式，规范供给渠道，同时给予税收优惠，把新经济组织从繁杂的社会事务中逐步解脱出来。

第三节 武汉市城中村土地股份合作的探索与实践

武汉市在城中村综合改造中，在集体土地问题上采取的是"分类改造、变性开发"的办法，即根据土地拥有量将城中村分为不同的类型，不同类型的村采取不同的改造方式，实行不同的土地政策。具体政策可以归纳为6个要点，本节将对此进行详细分析。

一 土地政策

（一）土地分类政策

按人均农用地实际拥有量将城中村分类（A类村小于或等于0.1亩，B类村大于0.1亩、小于或等于0.5亩，C类村大于0.5亩），不同类型的村采取不同的改造建设方式，即A类村以改制后的经济实体自行实施改造，B类村以项目开发方式实施改造，C类村以统征储备的方式实施改造。

（二）土地分配政策

B类村"按规定满足保留和还建住宅用地、开发用地、产业用地之后，剩余土地纳入市土地整理储备供应中心统征储备"。C类村"在土地征收、征用时按征十留一的比例以划拨方式留给改制后的经济实体发展第二、第三产业，并依法核发国有土地使用证"。

（三）土地变性政策

对保留和还建住宅用地、产业用地依法核发或换发国有土地使用证；开发用地依法核发出让性质的国有土地使用证。

案例2

武汉市城中村分类改造政策

（一）A类村改造建设方式

A类村改造建设，原则上可由改制后的经济实体按以下规定自行实施改造。

1. 除规划控制用地外，原则上由改制后经济实体实施改造，并通过综合改造妥善安置原村民，保障改制后经济实体的发展空间和筹措村改居人员社会保障资金等。

2. 除按规划要求保留改造、整治村（湾）用地和建设还建安置房用地外，对腾退的村（湾）土地和其他剩余土地，由改制后的经济实体根据城市规划要求建设除房地产项目以外的商服设施。按城市规划要求可进行房地产开发的，应将建设还建安置房用地和房地产开发用地以项目捆绑方式公开供地。

3. 原村集体经济组织已取得国有土地使用权证的土地用途和使用权类型不变，对改制后的经济实体换发国有土地使用权证；原村集体经济组织的其他建设用地，土地用途不变，对改制后的经济实体核发划拨《国有土地使用权证》。

（二）B 类村改造建设方式

B 类村改造建设，原则上将土地划分为保留住宅用地及建设新居住区的还建用地（以下简称"保留和还建住宅用地"）、补偿建设还建房投入的开发用地（以下简称"开发用地"）、留给原集体经济组织发展经济解决原村民劳动就业的用地（含保留集体经济组织建设用地，以下简称"产业用地"）和储备用地。

1. 保留和还建住宅用地

保留和还建住宅用地包括经过改造建设、整治后保留的住宅用地和拆除旧村（湾）后建设新居住区的还建用地。新建居住区的还建用地根据能够享受还建安置房政策的户数，按户均建筑面积 300 平方米、容积率 1.6—1.8 的标准测算。

2. 开发用地

按新建居住区还建用地的 1∶1—1∶1.5 的比例确定，并与新建居住区还建用地捆绑成项目后公开供地，由取得开发权的开发主体进行房地产开发。

3. 产业用地

（1）原村集体经济组织已取得国有土地使用权证的土地，其用途和使用权类型不变的，对改制后的经济实体换发国有土地使用权证；原村集体经济组织已办完征地手续的用地和已取得集体土地使用权证的建设用地，对改制后的经济实体核发划拨国有土地使用权证。

（2）按照改制后的经济实体中原村劳动力（含退休人员，下同）计算，前项土地面积之和未达到劳动力人均 80 平方米标准的，其不足部分在村（湾）改造腾退土地和其他剩余土地中留足 80 平方米产业用地，并核发划拨国有土地使用权证。

（3）因剩余土地不足，按上述办法不能达到劳动力人均 80 平方米产业用地标准的，可按不足用地面积的2倍核准商业用房的建设指标，由改制后的经济实体建设，用于发展经济、安置原村劳动力就业。

4. 储备用地

按规定满足保留和还建住宅用地、开发用地、产业用地之后，剩余土地纳入市土地整理储备供应中心统征储备。统征储备的土地按《武汉市征用集体所有土地补偿安置办法》（市人民政府令第149号）规定的标准对改制后的经济实体给予补偿。其补偿费必须首先用于缴纳村改居人员的社会保障费用。

B类村扣除储备用地后可参照A类村的政策，由改制后的经济实体根据城市规划的要求建设除房地产项目以外的商服设施。

(三) C类村改造建设方式

C类村的改造建设，原则上通过统征储备的方式进行，其征地和房屋拆迁按市人民政府令第149号和《武汉市征用集体所有土地房屋拆迁管理办法》（市人民政府令第148号）执行。

1. 根据城市规划和土地利用总体规划在规划预留的建设用地中，按现状农用地10%的比例，预留村集体经济组织的产业用地，留用的产业用地经有批准权的人民政府批准后，按划拨方式供地。

2. 在C类村土地逐步被征用、剩余农用地人均占有面积达到A、B类村标准后，其综合改造建设执行A、B类村政策。

3. 原村集体经济组织已办理集体建设用地手续，并符合规划要求的，核发集体土地使用权证。

[摘自《武汉市人民政府办公厅转发市体改办等部门〈关于落实市委市政府积极推进"城中村"综合改造工作意见〉的通知》（武政办〔2004〕173号）中市规划局（市国土资源局）关于"城中村"综合改造土地房产处置及建设规划管理的实施意见（试行）]

(四) 土地收益政策

A类村"原则上由改制后经济实体实施改造，并通过综合改造妥善安置原村民，保障改制后经济实体的发展空间和筹措村改居人员社会保障资金等"。开发用地、储备用地的土地出让金、增值收益金的60%划转给"城中村"所在区政府财政专户储存，用于补贴"城中村"综合改造中的旧村湾开发改造、新居住区基础设施建设；40%由市政府统筹用于"城中村"综合改造的市政基础设施配套建设等。

（五）土地供应政策

所有土地一律通过土地交易中心，实行"招拍挂"，公开供地。A、B类村采取还建用地和开发用地项目捆绑公开出让时，其开发用地以还建安置房建设成本和本宗地价之和的1.15倍为公开供地时的底价，用于还建安置房建设和对原村集体所有土地的补偿安置。还有一个没有见诸文件的政策，就是用于交通、城市绿化等公益项目的土地同时捆绑出让。

（六）土地门槛政策

"B类村扣除储备用地后可参照A类村的政策，由改制后的经济实体根据城市规划的要求建设除房地产项目以外的商服设施"；"在C类村土地逐步被征用、剩余农用地人均占有面积达到A、B类村标准后，其综合改造建设执行A、B类村政策"。

二　取得的成效

一是整合土地资源，盘活了城中村住宅用地。据统计，武汉市2003年二环内52个城中村村民宅基地和未利用地总面积14423497.8平方米，人均95.28平方米，大大超过全国特大城市75平方米/人的水平，比全国大城市88平方米/人的标准还要高8%。对集体经济组织来说，52个村居民宅基地12357362.9平方米，折合18536.04亩，村均356.46亩。如果不改造，宅基地是零资产。如果进行综合改造，城中村集体可在联合开发中每亩地净获益40万—50万元，村均1.5亿—2亿元。

二是土地上市交易，为村民进保和集体经济发展筹集资金。我们调查的航侧村，引进葛洲坝集团下属的海集房地产开发公司进行综合改造，通过整合集体建设用地和居民宅基地197.7亩兴建国际广场项目，在开发投资10.5亿元对41万平方米居民房进行货币化补偿的同时，筹款2000万元解决了村民社保问题，并且获得商业用房4500平方米。

三是土地分类管理，从源头上制止城中村滥占乱用土地。对保留和还建住宅用地按户均建筑面积300平方米、容积率1.6—1.8的标准测算，开发用地面积按新建居住区还建用地面积的1∶1—1∶1.5的比例确定，产业用地按照改制后的经济实体中原村劳动力（含退休人员，下同）人均 80 平方米计算，其余土地纳入统征储备范围。

四是土地变性，打开了集体土地进入市场的通道。政府通过对 A、B 类村除规划控制用地外的保留和还建住宅用地、产业用地核发或换发国有土地使用证，开发用地依法核发出让性质的国有土地使用证；对 C 类村在土地征收、征用时按征十留一的比例留下的以划拨方式获得的产业用地核发国有土地使用证，使集体土地由此进入市场流动，成为最活跃的生产要素。

第四节　湖北省京山县农村土地股份化的探索与实践

2015 年 6 月，京山县作为全国 29 个试点之一，启动农村集体资产股份权能试点改革，在实践中探索出可推广可复制的"3342"工作法，即清地确权、清产核资、清人分类"三清理"明晰底数；确定资产量化范围、民主决定股权设置、静态管理固化股权"三步走"固化股权；规范股权占有、收益分配、有偿退出、股份继承"四规范"赋予权能；成立集体经济股份合作社和土地股份合作社"两合作"激活要素。

为了解决股权配置过程中的股改难题，京山县通过划分"资产型、资源型、双资型、双资匮乏型"四类村庄进行量化配股，同时探索出分时分段节点配股、照顾现实层级配股、按劳赋权贡献配股、民事民议协商配股等方式，聚焦群众获得感，因村施策精配股权。

一　具体做法

(一)"三清"摸清底数

一是清理承包耕地，确权登记颁证。除了个别地区外，全县所有乡（镇）的 351 个村严格按照政策法规和质量标准，精确测定承包地块面积和空间位置，完善承包合同，健全登记簿，颁发权属证书，建立健全土地承包经营权登记制度和信息应用平台。

二是清理集体资产，加强监督管理。全面清查集体"三资"和承包合同，建立健全资产清查、台账管理、价值评估、产权交易、经营监管等配套制度；结合土地承包经营权确权登记颁证，对集体确权以外的山、水、林、地等资源一并调查、测绘、登记；最后，全县共清理核实村级集体资金1.41亿元、资产8.88亿元、资源103万亩。

三是清理集体成员，明晰集体边界。制定《京山县农村集体经济组织成员身份界定工作指导意见》，明确了"尊重历史、照顾现实、层序规范、群众认可"的"四大原则"，规定了"组建专班、制定方案、宣传发动、调查摸底、划定类别、公示结果、民主决策、成员登记、成员备案"的"九步程序"，以及取得和丧失集体成员资格的"三类情形"。

（二）"三招"量化资产

一是多元化设置股权。对于股份种类，京山县规定，可以只设个人股，也可以同时设集体股，但集体股占总股本的比例不得高于30%。对于个人股设置，京山县目前采用两种模式：一种是"基本股＋农（劳）龄股"，另一种是只设单一股种。

二是静态化管理股权。确定股权种类和配置规则后，将股权"量化到人、固化到户"，实行"生不增、死不减、进不增、出不减"，集体经济组织股份总数和每户成员的股份数不再因集体成员人数增减而变动。

三是创设集体成员资产量化系数。对于暂时没有集体经营性资产可用来量化配股的"空壳村"，为使它们未来在取得集体经营性资产后顺利进行资产量化，发展股份合作经济，京山县在全省首创了设置集体成员资产量化系数的做法：先界定成员身份，再根据农（劳）龄等因素确定每个成员的资产分配系数，将来获得经营性资产、取得经营收益时，就按此次确定的系数量化资产、配置股份、分配收益。

（三）规范四项权能

一是规范资产股份占有。出台《京山县农村集体资产股权证书管理办法》，明确由农村经济股份合作社以户为单位发放股权证书，并对股权证书的内容、办理、发放、变更和登记备案做出统一规定。

二是规范股份收益分配。出台《京山县农村集体资产股份收益分配指导意见（试行）》，要求集体经济组织严格按照国家财会制度和组织章程、履行民主程序，制定收益分配办法和年度收益分配方案；集体提取的公积公益金原则上不超过当年可分配盈余的30%。

三是规范股份有偿退出。制定《京山县农村集体资产股份有偿退出实施办法（试行）》和格式化的股份转让协议、退股协议。按照上述规定，集体资产股份有偿退出应遵循自愿、审慎、公开的原则；有偿退出可通过集体赎回和内部转让的方式进行；集体赎回相关事项应进行民主决策，并防止出现大规模赎回等问题；内部转让价格由双方协商确定，签订规范协议，并必须进行公证；为防止有偿退出可能导致集体股份向少数人过分集中，规定个人持有股份总额原则上不得超过本集体经济组织总股份的 5%。

四是规范成员股权继承。制定《京山县农村集体资产股份继承实施办法（试行）》，明确规定：第一，股份继承分为遗嘱继承、遗赠、法定继承等 3 种情形，3 种情形都不具备的，股份由集体经济组织收回；第二，法定继承必须首先在家庭内部完成股份分割，并遵循继承人申请、理事会初审、镇（区）经管部门核准、信息公示的一般程序；第三，非集体成员依法继承股份后，只享有与股份份额对应的财产性权利，暂不享有成员的其他权利。

（四）发展两种合作

一种是资产股份合作。在京山县，经营性资产总量较大、集体经营性收入较高的城中村、城郊村和园中村等，主要是通过分批开展集体资产股份权能改革，建立经济股份合作社，统一运营集体资产资源，将转型发展非农产业和现代都市农业。

另一种是土地（林地）股份合作。在位于传统农区、人均承包土地较多、劳动力转移量较大的农业型村（组），主推三种土地（林地）股份合作模式：自主经营型、联合经营型和实体带动型。

二 取得的成效

京山股改激活了农村生产要素潜能，推动了社会、资本、人才、技术等生产要素向农村聚焦。截至 2017 年底，京山县新型农业经营主体发展到 1800 多家，参与流转土地的经营主体 800 多家，流转面积 26.56 万亩。其中股改后参与流转土地的经营主体增加 261 家，流转面积增加 6.45 万亩，入股土地面积增加 1.99 万亩。

2016 年，全县村集体经济收入达到 9787.28 万元，比改革前增长 28.6%。全县成员股份分红达 3393 万元，农民人均可支配收入 15829 元，比改革前增长 22.4%。

对于股改带来的变化，京山县经管局简单归纳为四条：农民财产性收入稳定增加，农村集体经济持续壮大，乡村治理水平明显提升，现代农业迅猛发展。每一条，都有一系列数字与成果支撑。

总体来看，京山县农村集体资产产权与土地股份化改革，准备精心认真，设计符合实际，兼顾了公平性、历史性和现实性，推进过程中有规划、有步骤、有成效，改革走在了湖北省乃至全国前列。

第五节　湖北省农村土地股份化发展的建议

湖北省农村土地股份化仍处于试点和探索阶段，为推进农村土地股份化的进一步改革和完善，特提出以下五点政策建议。

一　明确农村土地股份合作组织的法律地位

2007年国家虽然出台了《专业合作社法》，但是并不适合农村土地股份合作社。农村土地股份合作组织从事的是经营活动，在注册登记、税费征缴以及土地作价评估等方面都缺乏相应的法律依据，这不利于农村土地股份合作社的发展壮大，所以亟须出台相关更为细致的法律法规来给予农村土地合作组织以法人的地位。这些法规必须在农村土地股份合作组织的类型、股东构成、股权分配方案、股份量化方式、组织架构形式等诸多方面做出详细规定。

二　明晰产权，规范治理，放活经营

在明确农村土地集体所有权的基础上，切实推进"三权分置"，即稳定农户承包权，放活土地经营权。各级政府和主管部门应以提供服务和支持为主旨，尽可能减少对农村土地股份合作社的过度干预。同时要行使监管职能，促进农村土地股份合作社规范运行，例如促进农地股份合作社严格落实"三会制度"，保持信息的公开、透明等。

三　完善合作社收益分配制度

目前湖北省大多数农村土地股份合作社在经营过程中基本上能够遵循"利益共享、风险共担"的现代股份合作制要求，但是在分红制度上

大多采取保底分红制度。这一收益分配制度在现阶段有其一定的合理性和必要性，既能降低社员的风险，又能保证他们分享土地股份合作社发展的利益，但增加了集体经济和基层政府的财政负担，违背了"利益共享、风险共担"的基本原则。因此，下一步要完善合作社收益分配制度，实现公平与效率兼顾的客观需要。

四 建立健全农村土地流转服务体系与地价评估机制

建立健全农地流转服务体系是加快农地股份合作制发展的基本保障，为此，须做好以下几方面的工作。一是要建立信息共享平台。通过信息共享平台的建设，可以完善土地流转信息的收集、处理和传递，从而弥补信息不对称和不完全的弊端。二是要完善地价评估机制。只有通过建立完善农地流转资产评估机构、建立健全农地流转信息库等措施来完善地价评估体系，才能保障国家、村集体、土地流出方和流入方等多方主体的共同利益。

五 有序推进农村土地股份合作制的扶持政策

土地股份合作社现在还处于发展初期，离不开政府的扶持。政府要在财政税收、金融服务以及土地政策等方面来大力支持农村土地股份合作社的发展。财税方面可以专项发展资金和奖补资金，金融方面可以采取财政贴息和担保等方式加大对土地股份合作社的融资力度，土地政策方面可以把土地股份合作社作为各类经营主体同样享受支持农村合作经济组织发展的政策。通过政府的全方位的扶持，土地股份合作社才能不断发展壮大。

第五章

湖北农村宅基地制度变迁

本章主要回顾湖北农村宅基地制度改革的历史过程，厘清农村宅基地产权制度改革与变迁的基本特征，总结和归纳湖北农村宅基地制度改革的经验。

第一节 农村宅基地制度在湖北变迁的阶段[①]

改革开放前的农村宅基地制度主要是由1962年的《农村人民公社工作条例修正草案》（简称《人民公社六十条》）确立的。1962年9月27日，中国共产党第八届中央委员会第十次全体会议通过的《人民公社六十条》中规定："生产队所有的土地，包括社员的自留地、自留山、宅基地等等，一律不准出租和买卖；社员的房屋，永远归社员所有；社员有买卖或者租赁房屋的权利。"这是"宅基地"概念在中华人民共和国历史上的第一次正式确认和使用，标志着农村土地公有制度在我国基本建立，宅基地所有权在法律名义上正式从农民私有转变为集体所有。

一 1979—1986年：农村宅基地所有权与使用权的分离

改革开放初期，农村土地家庭承包经营制度在我国逐步建立和完善，农村经济得到快速发展，农民生活水平进一步逐步提高，导致农民建造住宅数量急速增长，加上同时期国家建设用地、乡镇企业用地也大幅度

---

① 本部分参考引用国土资源部文件汇编相关内容。

增长，占用了大量耕地。1981年4月17日，国务院发布《关于制止农村建房侵占耕地的紧急通知》；次年2月13日颁布《村镇建房用地管理条例》，首次以法规形式规定："农村农民要获得宅基地使用权，需要经过政府的审批；审批村镇建房用地，以村镇规划和用地标准为基本依据；社员迁居并拆除房屋后腾出的宅基地，由生产队收回，统一安排使用；社员对宅基地、自留地、自留山、饲料地和承包的土地，只有按照规定用途使用的使用权，没有所有权；不得在自留地、自留山、饲料地和承包的土地上建房、葬坟、开矿和毁田打坯、烧砖瓦等；严禁买卖、出租和违法转让建房用地；出卖、出租房屋的，不得再申请宅基地。"

1982年5月14日，国务院公布实行的《国家建设征用土地条例》中规定："国家建设征用土地，凡符合本条例规定的，被征地社队的干部和群众应当服从国家需要，不得妨碍和阻挠；征用园地、鱼塘、藕塘、苇塘、宅基地、林地、牧场、草原等的补偿标准，由省、自治区、直辖市人民政府制定；征用宅基地的，不付给安置补助费。"宅基地的征用补偿制度开始出现在国家法规里。

1982年12月4日，《宪法》第10条规定："农村和城市郊区的土地，除由法律规定属于国家所有的以外，属于集体所有；宅基地和自留地、自留山，也属于集体所有。任何组织或个人不得侵占、买卖、出租或者以其他形式非法转让土地。"这是宅基地概念在我国《宪法》中首次出现，标志着宅基地的集体所有制从根本大法的高度进行了明确，但是《宪法》对"集体"二字没有进一步的具体说明，这意味着宅基地属于哪级集体所有存在归属争议。

1984年8月30日，《最高人民法院关于贯彻执行民事政策法律若干问题的意见》中对宅基地问题的处理进行了专门规定："人民法院处理公民之间涉及宅基地使用权的案件，应根据土地归国有或集体所有，一律不能出租、转让和买卖的原则，参照解放以来宅基地的演变和现实使用情况，照顾群众生活的实际需要，依法保护国家、集体和个人的利益。"

1985年10月29日，由原城乡建设环境保护部印发的文件《村镇建设管理暂行规定》中第17条提出："村镇居民新建、改建、扩建住宅，必须履行申请审批手续，由本人向所在村（居）民委员会提出申请，报镇（乡）人民政府审批，建设主管部门核发准建证件，领证后方可进行建设。"

在这一时期内，湖北省重申国家有关宅基地的法律规定，明确指出宅基地所有权归集体所有，农民只有行使和享有宅基地使用权，不能出租、买卖宅基地；建房用地严禁买卖、出租和违法转让。这些规定包括：（1）违法进行出卖、出租房屋的，此后申请宅基地不再批准。（2）农民由于迁居造成原有住宅房屋空出，需要由生产队收回，重新统一安排使用。（3）改变以前政府只审批耕地使用权，将审批范围扩大到对农民宅基地的使用申请。（4）农村和城镇居民新建、改建和扩建住宅的，必须履行申请审批相关手续。（5）宅基地被征用的，只支付被征地单位土地补偿费，不支付安置补助费。（6）对村镇建房用地的审批，必须符合村镇规划和用地标准。

二　1986—1997 年：对宅基地立法，但未禁止非农村居民使用宅基地

这一阶段湖北省农村宅基制度完善的依据主要是国家发布的相关法律和规定。1986 年 3 月 21 日《中共中央、国务院关于加强土地管理、制止乱占耕地的通知》规定："农民盖房占用耕地、园地，必须按照国家规定分别报县和县以上人民政府批准；要坚决纠正目前乡镇建设中自批自用土地、随意扩大宅基地以及买卖、租赁土地等错误做法。"同时，中央和国务院决定改革以前的城乡地政管理体制，建立国家土地管理局。

1986 年国家土地管理局成立，并正式颁布《中华人民共和国土地管理法》，国家开始对农村宅基地使用进行统一管理，湖北省也改变了农村宅基地使用无序的局面。

1988 年 12 月 29 日，《中华人民共和国土地管理法》进行了修订后颁发，其中明确规定："国家土地和集体所有的土地的使用权可以依法转让；土地使用权转让的具体办法，由国务院另行规定。"

1988 年，山东省德州地区开始试行农村宅基地有偿使用制度试点，按照农户实际使用的宅基地面积计算有偿使用费，并按年或按月收取。湖北省汲取山东省试点区域实际工作经验后，开始在本省试行农村宅基地有偿使用。1990 年 1 月，《国务院批转国家土地管理局关于加强农村宅基地管理工作的请示的通知》（国发〔1990〕4 号）下发，在全国推开农村宅基地有偿使用。之后的两年中，全国共有 28 个省、区、市，1200 多个县（市），6600个乡镇，约13万个行政村实行了宅基地有偿使用。直到1993年，出现了地方政府私自提高收费金额和增设各种类型的收费渠道等不良现象，导致各地的抗议声起，中央后来出台文件，将收取农村宅基地有偿使用费作为增加农民负担的不合理收费，予以废止。

1991年，《土地管理法实施条例》规定："农村村民建住宅需要使用土地的，应当先向村农业集体经济组织或者村民委员会提出用地申请，经村民代表会或者村民大会讨论通过后，报人民政府批准。其中需要使用耕地的，由乡级人民政府审核，经县级人民政府土地管理部门审查同意后，报县级人民政府批准；需要使用原有宅基地、村内空闲地和其他土地的，报乡级人民政府批准。""城镇非农业户口居民建住宅需要使用集体所有的土地的，应当经其所在单位或者居民委员会同意后，向土地所在的村农业集体经济组织或者村民委员会或者乡（镇）农民集体经济组织提出用地申请。使用的土地属于村农民集体所有的，由村民代表会或者村民大会讨论通过，经乡（镇）人民政府审查同意后，报县级人民政府批准；使用的土地属于乡（镇）农民集体所有的，由乡（镇）农民集体经济组织讨论通过，经乡（镇）人民政府审查同意后，报县级人民政府批准。""农村承包经营户、个体工商户从事非农业生产经营活动，应当利用原有宅基地。"

1993年6月29日，《村庄和集镇规划建设管理条例》规定："农村村民在村庄、集镇规划区内建住宅的，应当先向村集体经济组织或者村民委员会提出建房申请，经村民会议讨论通过后，使用耕地的，经乡级人民政府审核、县级人民政府建设行政主管部门审查同意并出具选址意见书后，方可依照《土地管理法》向县级人民政府土地管理部门申请用地，经县级人民政府批准后，由县级人民政府土地管理部门划拨土地；使用原有宅基地、村内空闲地和其他土地的，由乡级人民政府根据村庄、集镇规划和土地利用规划批准。""在村庄、集镇规划区内，未按规划审批程序批准或者违反规划的规定进行建设，严重影响村庄、集镇规划的，由县级人民政府建设行政主管部门责令停止建设，限期拆除或者没收违法建筑物、构筑物和其他设施；影响村庄、集镇规划，尚可采取改正措施的，由县级人民政府建设行政主管部门责令限期改正，处以罚款；农村居民未经批准或者违反规划的规定建住宅的，乡级人民政府可以依照前款规定处罚。"

1995年3月11日，国家土地管理局继1989年颁发《关于确定土地权属问题的若干意见》后，又颁布了《确定土地所有权和使用权的若干规定》。该规定指出："在确定农村居民宅基地集体土地建设用地使用权时，其面积超过当地政府规定标准的，可在土地登记卡和土地证书内注明超过标准面积的数量；以后分户建房或现有房屋拆迁、改建、翻建或政府依法实施规划重新建设时，按当地政府规定的面积标准重新确定使用权，其超过部分退还集体。""空闲或房屋坍塌、拆除两年以上未恢复使用的宅基地，不确定土地使用权；已经确定使用权的，由集体报经县级人民政府批准，注销其土地登记，土地由集体收回。"

1995年，《担保法》出台，第37条规定："耕地、宅基地、自留地、自留山等集体所有的土地使用权不得抵押。"

这一时期，湖北省根据有关宅基地的法律规定，除重申了20世纪80年代前期的具体规定外，新的规定主要表现在：（1）宅基地权利主体的提法发生了变化，在宅基地所有权归属上，不再提生产队集体了，而使用村农民集体、乡（镇）农民集体和村内农民集体；在宅基地使用权归属上，使用农村居民（1991年又改为农村村民）和城镇非农业户口居民。（2）宅基地的抵押权能受限。（3）宅基地的退出方式，除了农民迁居主动放弃或拆除房屋腾地外，还增加了两种：一是现有宅基地面积超过当地政府规定标准时，在以后分户建房或现有房屋拆迁、改建、翻建或政府依法实施规划重新建设时，由政府重新确权，超过的面积退还集体；二是空闲或房屋坍塌、拆除两年以上未恢复使用的宅基地，由集体收回。（4）调整了申请宅基地使用的审批程序，1986年前是社员先向所在生产队申请，经社员大会讨论通过，生产大队审核同意，再报政府批准；1986年《土地管理法》规定是直接由政府审批，没有前置程序；1991年《土地管理法实施条例》和1993年《村庄和集镇规划建设管理条例》规定农村村民应当先向村农业集体经济组织或者村民委员会提出用地申请，经村民代表会或者村民大会讨论通过后，报政府批准。城镇非农业户口居民则经其所在单位或者居民委员会同意后，向土地所在的村农业集体经济组织或者村民委员会申请，由村民代表会或者村民大会讨论通过，再报政府批准。若是使用乡（镇）农民集体的土地程序更直接。

1993年《村庄和集镇规划建设管理条例》规定：农村村民在村庄、集镇规划区内建住宅使用耕地的，要经县级人民政府建设行政主管部门审查同意并出具选址意见书后，方可报县级人民政府批准。（5）城镇非农业户口居民建住宅，有偿取得集体所有的土地作为宅基地，其对价是参照国家建设征用土地的标准支付补偿费和安置补助费。（6）规定了宅基地有偿使用（虽然后来发文取消，但对农村影响较大）。（7）宅基地的法定功能增加了非农业生产经营活动。（8）征地补偿条款里面不涉及宅基地安置补偿费问题。（9）规定了农村居民非法占用土地建住宅的处罚措施。

三 1997年至今：对农村宅基地严格管制

1997年后全国农村宅基地进入严格管制阶段，湖北省依据国家相关条例和法规进一步完善农村宅基地管理制度，对宅基地的申请、使用、转让、退出等进行严格管制。

1997年4月15日，《中共中央、国务院关于进一步加强土地管理切实保护耕地的通知》（中发〔1997〕11号文件）规定："农村居民的住宅建设要符合村镇建设规划；有条件的地方，提倡相对集中建设公寓式楼房；农村居民建住宅要严格按照所在的省、自治区、直辖市规定的标准，依法取得宅基地；农村居民每户只能有一处不超过标准的宅基地，多出的宅基地，要依法收归集体所有。""除国家征用外，集体土地使用权不得出让，不得用于经营性房地产开发，也不得转让、出租用于非农业建设；用于非农业建设的集体土地，因与本集体外的单位和个人以土地入股等形式兴办企业，或向本集体以外的单位和个人转让、出租、抵押附着物，而发生土地使用权交易的，应依法严格审批，要注意保护农民权益。"

1998年《土地管理法》第8条规定："宅基地和自留地、自留山，属于农民集体所有。"第10条规定："农民集体所有的土地依法属于村农民集体所有的，由村集体经济组织或者村民委员会经营、管理；已经分别属于村内两个以上农村集体经济组织的农民集体所有的，由村内各该农村集体经济组织或者村民小组经营、管理；已经属于乡（镇）农民集体所有的，由乡（镇）农村集体经济组织经营、管理。"第62条规定："明确限定农村村民一户只能拥有一处宅基地，其宅基地的面积不得超过省、自治区、直辖市规定的标准；农村村民建住宅，应当符合乡（镇）土地利用总体规划，并尽量使用原有的宅基地和村内空闲地；农村村民住宅用地，经乡（镇）人民政府审核，由县级人民政府批准；其中，涉及占用农用地的，依照本法第 44 条的规定办理审批手续；农村村民出卖、出租住房后，再申请宅基地的，不予批准。"第 77 条规定："农村村民未经批准或者采取欺骗手段骗取批准，非法占用土地建住宅的，由县级以上人民政府土地行政主管部门责令退还非法占用的土地，限期拆除在非法占用的土地上新建的房屋；超过省、自治区、直辖市规定的标准，多占的土地以非法占用土地论处。"

1998 年 11 月 4 日，《中华人民共和国村民委员会组织法》规定："村民委员会依照法律规定，管理本村属于村农民集体所有的土地和其他财产，教育村民合理利用自然资源，保护和改善生态环境；宅基地的使用方案，村民委员会必须提请村民会议讨论决定，方可办理。"

1999 年 5 月 6 日，《国务院办公厅关于加强土地转让管理严禁炒卖土地的通知》规定："农村居民点要严格控制规模和范围，新建房屋要按照规划审批用地，逐步向中心村和小城镇集中；农民的住宅不得向城市居民出售，也不得批准城市居民占用农民集体土地建住宅，有关部门不得为违法建造和购买的住宅发放土地使用证和房产证。"

2000 年 6 月 13 日，《中共中央、国务院关于促进小城镇健康发展的若干意见》指出："对以迁村并点和土地整理等方式进行小城镇建设的，可在建设用地计划中予以适当支持；要严格限制分散建房的宅基地审批，鼓励农民进镇购房或按规划集中建房，节约的宅基地可用于小城镇建设用地；对进镇农户的宅基地，要适时置换出来，防止闲置浪费；小城镇建设用地，除法律规定可以划拨的以外，一律实行有偿使用。"

2004 年 10 月 21 日，《国务院关于深化改革严格土地管理的决定》规定："鼓励农村建设用地整理，城镇建设用地增加要与农村建设用地减少相挂钩；农村集体建设用地，必须符合土地利用总体规划、村庄和集镇规划，并纳入土地利用年度计划，凡占用农用地的必须依法办理审批手续；禁止擅自通过'村改居'等方式将农民集体所有土地转为国有土地；禁止农村集体经济组织非法出让、出租集体土地用于非农业建设；改革和完善宅基地审批制度，加强农村宅基地管理，禁止城镇居民在农村购置宅基地;在符合规划的前提下,村庄、集镇、建制镇中的农民集体所有建设用地使用权可以依法流转。"

2004年11月2日,国土资源部《关于加强农村宅基地管理的意见》规定:"各地要引导农村村民集中兴建农民住宅小区或建设农民新村,按照'规划先行、政策引导、村民自愿、多元投入'的原则,科学制定和实施村庄改造、归并村庄整治计划;在规划撤并的村庄范围内,除危房改造外,停止审批新建、重建、改建住宅;对农村村民住宅建设利用村内空闲地、老宅基地和未利用土地的,由村、乡(镇)逐级审核,批量报县(市)批准后,由乡(镇)逐宗落实到户;坚决贯彻'一户一宅'的法律规定,农村村民一户只能拥有一处宅基地,面积不得超过省(区、市)规定的标准;农村村民建住宅需要使用宅基地的,应向本集体经济组织提出申请,并在本集体经济组织或村民小组张榜公布,公布期满无异议的,报经乡(镇)审核后,报县(市)审批,经依法批准的宅基地,农村集体经济组织或村民小组应及时将审批结果张榜公布;村民住宅建成后,要到实地检查是否按照批准的面积和要求使用土地;各地一律不得在宅基地审批中向农民收取新增建设用地土地有偿使用费;加强农村宅基地登记发证工作;对'一户多宅'和空置住宅,各地要制定激励措施,鼓励农民腾退多余宅基地,凡新建住宅后应退出旧宅基地的,要采取签订合同等措施,确保按期拆除旧房,交出旧宅基地;严禁城镇居民在农村购置宅基地,严禁为城镇居民在农村购买和违法建造的住宅发放土地使用证。"

2007年3月16日,《中华人民共和国物权法》规定:"宅基地使用权人依法对集体所有的土地享有占有和使用的权利,有权依法利用该土地建造住宅及其附属设施;宅基地使用权的取得、行使和转让,适用土地管理法等法律和国家有关规定;宅基地因自然灾害等原因灭失的,宅基地使用权消灭,对失去宅基地的村民,应当重新分配宅基地;已经登记的宅基地使用权转让或者消灭的,应当及时办理变更登记或者注销登记。"

2007年12月30日,《国务院办公厅关于严格执行有关农村集体建设用地法律和政策的通知》规定:"农村住宅用地只能分配给本村村民,城镇居民不得到农村购买宅基地、农民住宅或'小产权房';单位和个人不得非法租用、占用农民集体所有土地搞房地产开发；农村村民一户只能拥有一处宅基地，其面积不得超过省、自治区、直辖市规定的标准；农村村民出卖、出租住房后，再申请宅基地的，不予批准；严禁以各种名义，擅自扩大农村集体建设用地规模，以及通过'村改居'等方式，非法将农民集体所有土地转为国有土地；其他农民集体所有建设用地使用权流转，必须是符合规划、依法取得的建设用地，并不得用于商品住宅开发；完善对乡镇企业、农民住宅等农村集体建设用地管理和流转的政策措施。"

这一时期，宅基地的法律规定可总结如下：（1）明确了村民小组对宅基地的所有权。从1998年《土地管理法》规定"宅基地和自留地、自留山，也属于农民集体所有"，并明确农民集体包括村民小组。2007年《物权法》也明确规定村民小组可以行使农村集体土地所有权。（2）对农村村民拥有宅基地的数量和面积进行了规定。"一户只能拥有一处宅基地，其宅基地的面积不得超过省级政府规定的标准。"（3）调整了宅基地审批的机构和程序。以前只需要乡级政府批准即可占用非耕地，现在必须要经过县级政府批准才行。农村村民申请宅基地，必须要将申请前和批准后的情况，在农村集体经济组织或村民小组里张榜公布，接受公众监督。凡是涉及占用农用地的，必须办理农用地转用手续。（4）改变了农村住宅用地的分配对象。只有本村村民才可以享受村集体宅基地，取消城镇居民到农村购买宅基地、农民住宅或"小产权房"的规定。（5）规定可以收回宅基地的三种情况。一是作为乡镇村公共设施和公益事业建设需要收回土地使用的，由集体报政府批准；二是因自然灾害等原因灭失宅基地的村民，宅基地使用权自动放弃，但应当重新分配宅基地；三是未按相关法律法规获得批准或批准用途不符使用的。（6）不得以任何名目向宅基地审批过程中的村民收取新增建设用地有偿使用费。（7）宅基地审批应与整体规划保持一致。"农村村民建住宅，应当符合乡（镇）土地利用总体规划、村庄和集镇规划；在乡、村庄规划区内农村村民住宅建设确需占用农用地的，在办理农用地转用审批手续后，由城市、县人民政府城乡规划主管部门核发乡村建设规划许可证；在规划撤并的村庄范围内，除危房改造外，停止审批新建、重建、改建住宅。"（8）对宅基地的退出和盘活，坚持尊重农民自身意愿、保障农民个人权益

(9) 合理建立宅基地退出机制，实现城镇化。"引导农村村民集中兴建农民住宅小区或建设农民新村，节约的宅基地指标可用作小城镇发展的建设用地指标。对村民自愿腾退宅基地或符合宅基地申请条件购买空闲住宅的，当地政府可给予奖励或补助。"(10) 宅基地不得用于商品住宅开发。(11) 对已经登记的宅基地使用权及时办理变更、转让登记或者注销登记。

2014 年 12 月，中共中央办公厅、国务院办公厅印发《关于农村土地征收、集体经营性建设用地入市、宅基地制度改革试点工作的意见》的通知，要求试点从"完善宅基权益保障和取得方式、探索宅基地有偿使用制度、探索宅基地自愿有偿退出机制、完善宅基地管理制度"四个方面"改革完善农村宅基地制度"。2015 年 2 月 27 日，全国人民代表大会常务委员会授权国务院在 33 个县（市、区）开展试点，湖北省宜城纳入宅基地制度改革试点市。

第二节　湖北对宅基地制度改革的探索

一　厘清农业户口与非农户口宅基地确权标准

1991 年 12 月 30 日，湖北省人民政府颁布湖北省人民政府令第 27 号《湖北省处理土地权属争议暂行办法》，正式成为农村土地工作中土地权属争议处理的依据，以期解决长期以来湖北省宅基地权属争议的三个问题：

一是体制不顺、多头管理酿成的宅基地权属争议。中华人民共和国成立后，在很长一段时期内，宅基地管理没有走上法制化轨道，管理"多元化"，造成宅基地土地所有权和使用权概念模糊，界址不明，面积不准，无章可循，无案可查，历史地形成了宅基地权属争议。

二是工作不仔细、业务不精造成的宅基地权属争议。湖北省在 1986 年开展了一次大范围的非农业建设用地清理登记活动，基本摸清了三类主体（国家、集体、个人）建设用地的基本情况，有效打击了乱占滥用土地的歪风，保护了耕地，为依法管理土地权属铺平了道路。但此次工作也暴露出不少短板，首先是清理登记任务集中，时间紧、任务重、范围广，执行清理任务的人员来源广泛、成分复杂，专业培训没有很好地覆盖到所有执行人员，导致业务素质存在较大差异，清理登记宅基地的结果并不是那么精准。其次是在开展清理登记时实行"人海战术"，很多"疑难杂症"都被避重就轻，一些历史遗留的权属问题没有理顺，还存在将土地使用权错登、漏登、重登的情况，从而给土地权属争议埋下了隐患。

三是宅基地使用观念的变化诱发的土地权属争议。改革开放以来，土地管理的法律、法规接二连三地颁布实施，法律法规体系逐步完善，农村村民的土地法律意识随之增强，对土地的价值观也发生了较大变化。随着社会主义市场经济的发展，农村土地价值日益凸显，村民多占土地的心理诱因越来越强，从而引发新的土地权属争议。

针对以上问题，《湖北省处理土地权属争议暂行办法》第23条规定："非农业户口居民原在农村的宅基地，其房屋产权未转移的，可按当地政府规定的宅基地限额面积标准，确定土地使用权。如一户多处有宅基地或公房，其合计面积超过当地人民政府规定的宅基地限额面积标准的，按有关规定退还所超过的面积后，再确定土地使用权。"第20条规定的"农业户口村民的宅基地，除法律另有规定外，属村、组农民集体所有，不得以宗教房头和祖传宅基地为依据确认使用权。一九八二年国务院公布《村镇建房用地管理条例》之前农户建房占用的宅基地，一九八二年后未经拆迁、改建、翻建的，原则上按现有实际使用面积确定土地使用权。凡一九八二年以后至《湖北省土地管理实施办法》实施前，新建、改建、扩建的，按省人民政府规定的限额面积标准，确认其土地使用权。凡符合当地政府分户建房规定而尚未分户的农户，现有宅基地没有超过分户建房用地合计面积标准的，可按现有宅基地面积确定使用权。"

二 加强农村宅基地管理

2004年7月15日，《湖北省人民政府办公厅关于加强农村宅基地管理工作的通知》出台，提出了五条工作重点："一、严格实施土地利用规划、建设规划；二、明确界定农村宅基地使用对象和流转、收回的范围；三、完善农村宅基地的审批程序和登记制度；四、进一步规范农村村民建住宅用地的收费行为；五、妥善处理农村宅基地管理中遗留的问题。"

该通知重新明确了宅基地面积限制，"农村村民一户只能拥有一处宅基地。农村村民兴建、改建房屋宅基地（含附属设施）总面积，使用农用地的每户不得超过140平方米，使用未利用土地（建设用地）的每户不得超过200平方米"。对审批宅基地收费行为进行了明确规定："县（市）以上人民政府及其有关部门要坚持依法行政，规范农村村民建住宅用地的收费行为，坚决禁止乱收费、乱罚款、乱摊派。符合规定的农村村民个人建住宅，每户应缴纳土地证书工本费（普通证书5元/户、特制证书20元/户），并按《湖北省耕地占用税实施办法》的规定，办理耕地占用税的征、免手续；涉及占用耕地的，应依照有关法律法规的规定，由建住宅村民所在农村集体经济组织履行补充耕地的义务。"对宅基地遗留问题提出了解决办法："对于未办理建房用地手续已建房的农村村民，如果符合土地利用总体规划及其他农村宅基地许可条件的，经申请准予补办宅基地用地手续；对于违反土地利用总体规划擅自建住宅的，应当依法限期拆除，恢复土地原状；对于符合土地利用总体规划但超过法定面积标准建住宅的，属于因住宅结构原因不宜拆除，或收回后又不易重新调整使用的超占部分，按照农村集体非农建设用地处理后补办用地手续；属于其他原因的超占部分，应当依法责令退还超占的土地，限期拆除在超占的土地上新建的房屋。在此基础上，进一步完善农村宅基地登记发证和土地证书定期查验制度，实现以证管地、持证用地。"

三 纳入城乡统筹规划体系

2011年8月3日，《湖北省城乡规划条例》由湖北省十一届人大常委会第25次会议审订通过，并于2011年10月1日起施行。该条例首次将农村宅基地规划纳入城乡统筹规划体系，并明确了办理规划区内乡村建设规划许可证的流程："第三十八条，在乡、村庄规划区内进行乡镇企业、乡村公共设施、公益事业、村民住宅建设的，应当按照下列程序办理乡村建设规划许可证：（一）申请人持有关材料向所在地的乡镇人民政府提交申请；（二）乡镇人民政府自受理申请之日起10日内提出初审意见，报县级人民政府城乡规划主管部门审查；（三）受理申请的机关自收到初审意见之日起10日内作出决定。符合条件的，核发乡村建设规划许可证。使用原有宅基地进行村民住宅建设的，可由县级人民政府城乡规划主管部门委托乡镇人民政府自受理申请之日起10日内作出决定。符合条件的，核发乡村建设规划许可证。"

第三节 湖北宅基地制度改革面临的问题

一 与城乡规划协同问题

随着湖北省城镇化战略的实施，在农村常住人口年年减少。据相关统计，截止到2017年底，全省农村常住人口为2402.11万人，与2008年农村常住人口相比，减少了727.49万人，总体减少了23.25%。"空心村"逐步出现在湖北以前热闹的农村。如鄂北某县"空心村"的数量高达1400多个，约占该县村庄总数的1/3。为了配合宅基地制度进一步改革，实现乡村振兴伟大战略，必须落实不同区域的宅基地规划要求，即在城镇规划红线范围内，实施城乡新社区集聚建设；在城镇规划红线外，推行"美丽乡村"建设；在远郊山区，实施"异地奔小康"工程，以保证村庄规划有效落地实施。

改革开放以来，湖北省很多县（市、区）已进行了一轮或二轮的行政区划调整，其管辖的乡（镇）已进行了多轮拆并，这对村庄规划影响极大。因此，村庄规划必须首先考虑到村庄所在乡（镇）、所在县（市、区）甚至所在市（地、盟）的经济社会发展规划定位，防止多规不合一所造成的折腾。而要实现"大规划引领小规划"，如何通过引导村民宅基地相对集中实现有计划、有步骤地完成城乡规划，就成为宅基地改革中面临的重要问题。

二 集体经济组织成员资格认定问题

由于各种历史原因，湖北省在集体经济组织成员资格的认定上，主要有五种情形：第一种是"户籍说"。这是最普遍、最简便的方法，也是具有国家和地方政策、法规依据的方法。农民集体成员资格认定主要依据户籍。第二种是"义务说"。即虽然户籍在本村，但没有履行相关义务，也不能认定其为本集体经济组织成员，如从外地转入本村的"空挂户""挂靠户"等。第三种是"历史说"。即虽然户籍已不在本村，但对本集体经济组织做出过贡献，如那些从本村走出去的社会贤士等，也可以认定为本集体经济组织成员。第四种是"出生说"。即只要是在本村出生的，不论其户籍如今在不在本村，均可以认定其为本集体经济组织成员。第五种是"习惯说"。即如现有户籍仍在本村的嫁出女或现有户籍不在本村的嫁入女，对其是否具有本集体经济组织成员资格，有的地方缘于世俗习惯。以上五种认定集体经济组织成员的方法，第一种是最主要的，其他四种则是基于尊重历史、尊重现实、尊重风俗而灵活掌握，而且必须经过一定的民主程序，在数量上很小。

宅基地制度改革，无疑会涉及村民们居住的宅基地权利。农民获得宅基地权利的先决条件，是其是否有集体经济组织成员资格。因此，在宅基地制度改革中，如何认定集体经济组织成员资格至为关键。根据各地的调研情况，虽然认定集体经济组织成员，原则上应以户籍为依据，因为现阶段我国很多公共服务的分配仍与户籍挂钩。但又不能唯户籍，必须综合考虑其他因素，尤其是一些特殊情况。如：原集体经济组织成员，因为城镇户籍制度改革或计划生育奖励政策等，其农业户口已转为城市户口，表面上看其户籍已发生了变化，但实际上人一直在原址，其与现集体经济组织成员没有差异。

三 宅基地用益物权与使用权流转问题

计划经济时期，我国宅基地的权益只限制用于村民建房居住。到市场经济时期，我国宅基地的权能扩大了，兼有居住功能和财产属性，因为宅基地的使用权也是物权。但在市场经济大背景中，交易既是天然的权利，也是必然的结果。尽管宅基地制度改革中正在不断变化宅基地的财产属性，国家目前的法律法规只允许宅基地在集体经济组织内部转让，严禁向集体组织外转让。在《担保法》中则明确规定宅基地不得抵押。如果宅基地使用权既不能有效地转让也不能抵押，农民宅基地财产权就不可能得到有效的实现。

宅基地之所以只有村集体组织成员才可以拥有，是因为宅基地具有社会福利性质，是专门保障农民户有所居的，这是宅基地长期存在的最根本的理由。因此，只有达到了一定条件后，宅基地才能合理、有序地流转。同时，宅基地不是一般的土地产权，既不同于集体经营性建设用地，更不同于承包地。宅基地权益涉及政府、集体、村民甚至租赁方等多方，一定要正确处理多方利益主体之间的关系，尤其要切实保护好村民的居住权益和集体的财产权益。随着我国改革进程的不断深入,尤其是宅基地相关制度改革中,宅基地使用权如何与市场对接,实现合理、有序地流转,急待解决。

同样在用益物权上,围绕宅基地的所有权、资格权、使用权"三权分置"改革如何改,实现重新激活农村宅基地的租赁、转让、抵押、交换、信托、入股、继承等金融属性,使得宅基地像集体经营性建设用地一样可以入市,使得农民的住房也像城里人的住房一样可以入市流转,就成为宅基地制度改革绕不开的问题。这给今后的改革指出了方向,也提出了难题。

四 宅基地退出机制问题

截止到2017年底,全省常住人口5902万人,其中:城镇3499.89万人,乡村2402.11万人。城镇化率达到59.3%。随着大量人口转移出农村,农村空心化日益加重,空置、闲置的宅基地也逐渐成为常见现象。从目前法律上说,空置的宅基地不管是否已被使用,都是属于农村村民的个人财产。在宅基地退出机制缺失的情况下,部分新型城镇化居民也就是那些已在城镇具有稳定职业且户籍已经移出农村的居民,没有一个将自己合法拥有的宅基地转让或退出的渠道,从而不得不让宅基地长期闲置,这加剧了农村宅基地用地紧张的局面。

从以往全省各地的实践来看,农村宅基地退出主要是由地方政府主导,通过宅基地整理复垦置换和农民集中居住的方式退出。退出机制基本相同,大多采取的是城乡建设用地增减挂钩的办法,差异主要体现在退出补偿金的多少和集中居住水平的标准上。在补偿安置政策制定上,基本上是地方政府一手敲定,缺乏农民的参与讨论,农村集体土地所有者的村集体主体和宅基地使用者的农民主体,在宅基地退出过程中呈现极大的信息不对称,只能被动接受地方政府在退出补偿安置方式与标准、节余土地用途与收益分配的安排。农民的心声可能得不到倾听,宅基地使用权主体的权益可能遭受侵犯。

当前,以"整理、置换"为主的宅基地退出路径,并未使得宅基地权益主体感到真正满意。地方政府推动宅基地退出改革,本质上并不是要解决宅基地问题本身,而是通过整理宅基地,获得宅基退出后置换出来的建设用地指标。这种以政府主导获取农民和农村集体拥有的"宅基地发展权"的退出路径，具有相当大的局限性。改变地方政府通过制度变迁，变相损害整理宅基地权益主体利益的方式获取新增建设用地指标，探索宅基地多种方式退出，合理平衡地方政府、农民集体和农民个人的利益，是湖北省农村宅基地退出改革面临的核心问题。

第四节　农村宅基地制度改革在湖北的试点

一　宜城宅基地制度改革试点

宜城市是湖北省襄阳市下辖县级市，是湖北省在全国33个县（市、区）开展农村土地三项制度改革的唯一试点单位。2015年2月，国家批准宜城市开展宅基地制度改革试点。2015年3月，宜城市选定8个村小范围试点，取得经验后于2016上半年在全市铺开。宜城市的基本做法如下。

（一）全域展开宅基地确权颁证

通过逐户调查、测量，摸清了全市宅基地家底，全市共有10.66万农户，宅基地11.24万宗，其中一户一宅占86.96%，一户多宅占8.16%，有户无宅占4.87%；超占面积8.63万户，占81%；私下交易2.14万户，占20%。经过近3年的测量工作，符合颁证条件的农户都拿到了"房地一体"的不动产权证，这使农民的宅基地四至清楚，权属明晰，可以得到法律的全面保护，过去邻里之间的宅基地权属边界纠纷迎刃而解，农民吃了"定心丸"。到2018年底，宜城市共颁发宅基地不动产权证77459本，占总数的80%。

（二）落实宅基地抵押权

农民拿到"房地一体"的不动产权证后，可以到银行申请抵押贷款，这为抵押物不足的农民插上了致富腾飞的翅膀。根据中国人民银行宜城市支行相关贷款数据统计，首批5户申请了共计46万元的农房抵押贷款，主要用于流转土地、发展生态养殖等。为了鼓励农民用农房抵押贷款创业、增加财产性收入，市政府拿出500万元设立奖励基金，增强金融机构的放贷积极性。全市6家金融机构开办了农房贷，为691户农民办理农房抵押贷款共计15622万元。据估算，宜城全市农房总估值超过200亿元，经确权发证，如果都能将过去的"死资产"变成农民的"活资本"，将会极大地促进农民致富及农业、农村的发展。

（三）适度放活宅基地使用权

适度拓展农民住房和宅基地的使用功能，发放宅基地和农房使用权流转证50本，使农民住房和宅基地的财产权在更广范围得到实现。如高康村充分利用国道交通便利优势，引导农民将宅基地通过自营或出租、合作等方式打造美食长廊，发展农家乐30家，经营户每户每年平均增收8万元。

（四）全域推行超面积宅基地阶梯式有偿使用

宜城市以"明确基准、划定区间、有偿使用、村民自治"的方式推进宅基地超面积有偿使用。规定在城市规划区内建设的农民公寓和农民住宅小区，户均用地面积不超过90平方米。镇政府所在地、传统集镇、新型社区集中建设的，户均宅基地面积不超过140平方米。不宜集中统建的传统农区、丘陵山区，人均耕地面积小于等于1亩的，宅基地面积不超过160平方米；人均耕地面积大于1亩、小于等于2亩的，宅基地面积不超过180平方米；人均耕地面积大于2亩的，宅基地面积不超过200平方米。

同时，按主城区、副城区和工业园区、传统集镇、中心村、普通村庄将宅基地有偿使用费年基准价格分为五级，分别为每平方米21元、11元、6元、3元、1元。对超占部分实行"分段+调节"的阶梯式收费办法，倒逼农户腾退多超多占的宅基地。对法定面积与本村实际平均面积之间的一段超占面积，收费标准在基准价格的0.1—1倍之间调节；对超过本村实际平均面积以上的二段超占面积，收费标准在基准价格的1—2倍之间调节，逐年提高缴费标准。宅基地区间缴费系数由村民自治决定，并对困难户、残疾人等特殊群体给予照顾减免。如根据基准划定，刘猴镇胡坪村户均宅基地面积为243平方米，村民吴昌财家宅基地面积272平方米，超标29平方米。胡坪村基准地价为每平方米1元，村里确定200平方米以内不收费，超过200平方米的缴费系数为0.5，超过全村户均面积部分缴费系数为1。根据梯形计价原则，他家需要缴费50.5元/年［（243－200）×0.5 +（272－243）×1］。

截至 2018 年底，全市宅基地超面积有偿使用实现全覆盖，实收 77196 户 3 年的超面积使用费 1510 万元。全市各村普遍收取了 3 年宅基地超占费，一般为 10—20 万元。收取的有偿使用费依据村规民约由村统一收支，乡镇管理，主要用于宅基地回购、基础设施和公共事业建设、壮大集体经济、村民社保等。如流水镇黄冲村宅基地超标的有近 600 户，可以征收有偿使用费近 19.5 万元/年，超过 98% 的应收用户已经完成收缴，经过村民代表大会商议，其中 7 万元收入用于村庄路灯建设。

（五）鼓励农户自愿有偿退出宅基地

宜城市明确规定，村民退出农村宅基地使用权完全基于自愿选择，宅基地退出的回购主体和执行者是村委会，回购资金来源于宅基地超面积有偿使用缴费收入和城乡建设用地增减挂钩项目奖励补助资金。村民宅基地退出后的去向是复垦为耕地。改革之前，村民在宅基地建设过程中都喜欢贪大，邻里纠纷矛盾最多的就来源于宅基地地界划分。改革后，宅基地面积多占就要多缴费，觉得划不来的农户纷纷选择退出多占的宅基地。如在宜城市先行推广的 8 个试点村中，有 68 户农民自愿选择有偿退出宅基地，退出宅基地面积共计 61.7 亩。流水镇刘台村二组村民李成林建新房后退出了 300 多平方米的旧房宅基地，收到了 7700 元的退出补偿金。

据估测，如果宜城市在实施加强规范宅基地审批、退出等管理后，将所有农户多占宅基地全部自愿退出，再加上前坝、后院、通户道路等进行土地统筹整治，复垦成耕地，在保证村集体自身发展建设的情况下，预计可增加超过 5 万亩的耕地面积。

（六）着力推进宅基地制度改革"六结合"

一是与城乡建设用地增减挂钩政策相结合。打破城乡建设用地增减挂钩必须将拆旧区、还建区、建新区捆绑成项目区的硬性规定，宅基地腾退没有像其他县市那样整村成片推进、大拆大建，而是尊重农民意愿，可以零星腾退、零星复垦，农民和村集体只要将宅基地、集体所有的空闲地、废弃建设用地复垦为耕地，就可享受城乡建设用地增减挂钩政策。在坚持"一户一宅"的前提下，允许农户在市域范围内（除城关镇外）自由选择居住地购房或另选宅基地建房；迁出农户将土地承包经营权、集体收入分配权保留在原村集体，将宅基地退还给村集体，村集体按城乡建设用地增减挂钩政策兑现资金给农户；迁入农户要向新居住地的村集体缴纳购买宅基地的资金（一般每亩4—6万元），不享有迁入村的土地承包权和集体收入分配权。该做法受到了镇、村干部和群众的欢迎，大大降低了土地收储成本，土地收储的价格为2.3万元/亩，为湖北省全省最低价。到2018年底，宜城市共收储农村腾退建设用地10500亩，为城镇化建设提供了用地指标。

二是与美丽乡村建设相结合。通过宅基地确权颁证，农民明白了自己除宅基地的使用权外，宅基地的所有权、宅基地周边空地的所有权与使用权都是村集体的，占用村集体土地修建牛棚、猪圈、柴房、厕所等生产、生活辅助设施等不仅违建，不拆还要缴纳超占费，许多影响村居环境建设的"拦路虎"迎刃而解。全市农村在村居环境建设中，组织农户"拆畅通、码整齐、扫干净"，村居环境面貌焕然一新，先后涌现了4个省级美丽乡村、25个绿色示范乡村和5个湖北名村。

三是与农村新型社区建设相结合。宜城市将宅基地制度改革与新型城镇化试点相结合，通过完善村庄建设规划，将6603个自然村、居民点规划为50个左右的新型农村社区，100个左右的新农村居民点，激活人、地、钱等核心生产要素向这些新型农村社区和居民点聚集，推动城乡一体发展。首批规划建设了6个农民聚居区，全部建成后可容纳6300户、3万余人，节约土地5642亩。

四是与农业产业化发展相结合。为促进农村产业振兴，宜城市积极引导农民将宅基地自愿退出与农业产业化发展结合起来，不仅盘活了农村零星宅基地，而且促进了土地向农业产业化方向规模流转和节约集约利用。胡坪村葛根"产加销"融合发展、高康村美食长廊、莺河村休闲观光产业发展都是典型案例。

五是与项目引进相结合。为保障农户利益，宜城市对引进项目落地需要占用农民的宅基地及对农房进行拆迁的，由各村、镇统一回购农民宅基地，对拆迁农户提供最优惠的价格购置新房，统一安置到新农村聚居点，并安排农民在企业打工。如2016年，猛狮集团总投资8亿元的工业项目落户雷河镇七里村，第2组、第3组有44户共计52亩宅基地被征用退出，雷河镇从宜城市投资公司借支350万元垫付，迅速启动了七里聚居区项目建设。第2组农民贾强学家被征用的老宅基地占地400平方米，得到补偿款 118 万元。他在新建的聚居区置换了 400 平方米的复式楼房，按政策 300 平方米以内的，每平方米价格为 770 元，超出部分每平方米价格为 1067 元，总计 33.77 万元。不仅远远低于补偿款，他和老伴还可进该企业打工挣钱。

六是与"精准扶贫"相结合。重点对农村"三无"老人、孤寡老人、失独老人等贫困老人进行帮扶引导，只要这些老人愿意有偿退出宅基地，不仅统一安置，而且还可以得到户均约 5 万元的补偿。有的镇则与生活不能自理的老人签订合同，老人由镇村统一集中到福利院供养，老人去世后宅基地无偿退还给村集体。

二　武汉市黄陂区"三乡工程"中的宅基地试点

2017 年 8 月，国土资源部、住房和城乡建设部联合印发《利用集体建设用地建设租赁住房试点方案》，确定武汉市作为首批开展利用集体建设用地建设租赁住房试点的 13 个城市之一，增加租赁住房供应。武汉市确定在东湖高新区、江夏区、黄陂区、蔡甸区 4 个区先行开展试点。黄陂区"三乡工程"中的宅基地试点正是在这样的背景下展开的。

2017 年湖北省武汉市推行"三乡工程"，黄陂区以市民下乡、能人回乡、企业兴乡（简称"三乡工程"）为抓手，促进乡村振兴。通过实施"三乡工程"，黄陂区在实现"市民下乡"的同时，也为解决农村空心化导致的闲置宅基地带来了契机。

如王家河街胜天村是武汉市"三乡工程"推荐的首批乡村旅游型示范村，市民下乡活动开展以来，为尽快让村民生活好起来，村党支部主动作为，一是在村民中广泛宣传发动，拉网式清查村里空闲农房，逐家逐户上门做工作，最后确定有 46 户愿意出租，统一贴上标牌，公布房屋信息、租赁价格及联系人等。二是组织村里成立市民下乡工作服务队，对前来看房的市民发放联系服务卡，对确定租赁该村民房的市民，给予"荣誉村民"待遇——用水、用电、光纤、电视、电话等与村民同网同价，可免费进入村域范围内的 4A 级景区木兰胜天农庄、3A 级景区木兰玫瑰园，还可免费获得一块菜地用于耕种。三是组织市民与村委会、村民三方共同签约，村委会作保，化解市民与村民之间的不信任，确保充分沟通和契约的履行。四是组织村里党员为来村里居住的市民开展治安巡逻、代管宠物、代保管钥匙等诸多服务，积极探索市民下乡后乡村治理新模式。

王家河街胜天村龚家大湾7号，是村民熊爱华一栋三间两层的楼房，女儿考上区一中后，熊爱华搬到黄陂城区租住，楼房就闲置了下来。2017年4月，武汉实施市民下乡计划后，机关退休党员尤明浩在村委会的牵线搭桥下，以每年1万元的价格，将楼房租下，租期15年，并成为"荣誉村民"。尤明浩居住后，又在村书记的游说下，成为村里的党课老师，经常义务在村会议室、村里大树底下为村民上党课，很快与村民打成一片，已完全融入当地生活。

黄陂区政府通过"三乡工程"，强化情感融合，吸引市民下乡带活农民。仅2017年，先后组织5场市民下乡"看房团"和信息对接会，广泛宣传报道，提高知晓率，营造出浓厚的舆论氛围。以扶贫工作组为桥梁，建立"村委联居委，助推'三乡工程'促脱贫"机制，推进蔡店街20个村与江汉区20个社区深度对接。全区共签订空闲农房租赁协议2373套，实现年租金3770万元。截至目前，未发生一例市民下乡租赁住房引起的纠纷。

不仅如此，实施"三乡工程"，还使农民闲置的房屋、撂荒的土地等要素都被激活了，房屋、土地租金、股权等成为农民增收的新来源。如长轩岭街仙河店村引进的武汉市石桥集团，与仙河店村132户空闲农房户主签订协议，与418户村民签订土地流转协议，着力打造企业农场、职工花园、养老中心，该项目盘活仙河店村集体资产500万元，带动仙河店村民人均年增收1万元。

第五节　对湖北宅基地制度改革的建议

一　探索房地分离的价值评估机制

进一步提高对农房的第三方评估、贷款人评估和借贷双方协商评估的科学性和准确性，使农房能最大限度地发挥资金融通的作用。必要时可以通过公示等方式提高公允性。对宅基地使用权难以合理评估的情况，可探索房地分离模式，即只针对农房进行抵押转让评估，暂不对宅基地使用权进行评估，待农房所有权发生转移后，由符合条件的受让方与村集体签订集体土地租赁合同,以租赁方式享有宅基地使用权。为规范租赁行为,政府需制定办法指导交易行为。

二 充分利用农房,提高用益权收益

为解决农房难处置的问题,可通过发展乡村旅游业来消化使用农房。比如通过收购、租赁等方式,将闲置房屋、银行收储的房屋打包出租给外来投资者,把这一部分农房改造成特色民宿、乡村公寓等,也可由村集体统一回购闲置房屋、银行收储的房屋,然后通过村里交易平台统一出租给城里人,打造城里人"第二居所"。可结合目前流行的"候鸟式"休闲与养老产业,打造养老基地。

三 适当放宽贷款条件,同时加大金融产品开发

银行要做好贷款三查,推广"六看五老"法,即看房、粮、劳动力强不强,有没有读书郎,围绕什么产业忙,是否诚信和善良,多问老支书、老主任、老党员、老模范、老族长。同时,鉴于目前农房抵押物买受人的范围非常有限,可以考虑将抵押农房贷款的买受人范围扩大到整个市域内的农民甚至乡镇接合部的非农民身份人员。这既能提升抵押农房的变现速度和能力,有效降低农房的处置风险,也能推动特色小镇、旅游休闲乡村建设。在金融产品开发上,运用"农房+"信贷产品,将农房贷与保证保险贷、小额扶贫贷等农村资产抵押贷有机结合,综合授信、余额控制、随用随贷、动态管理。

四 加快配套机制建设,有效推进全面试点

对开展农房贷的银行,如满足一定的条件,可由政府予以奖励。同时加快建立农村产权交易平台,加快流转速度,提高变现能力,建立抵押农房收储平台。当出现到期无法偿还债务时,农房由银行或担保公司回收,并变更登记到位,再重新租给债务人,待其有能力偿还债务后可重新买回。进一步扩大农房贷风险补偿基金的规模。可考虑成立农房贷担保基金或者农房贷保证保险,对贷款风险予以缓释。全面推进贷款发放、确权发证、价值评估、抵押登记、交易流转、抵押物处置流程的系统机制建设。

第六章

湖北农村集体建设用地制度变迁

农村集体建设用地包括农村集体公益性建设用地、农村集体福利性建设用地（农民宅基地）和农村集体经营性建设用地三种形式。在2013年11月党的十八届三中全会召开以前，农村集体建设用地与农村集体经营性建设用地，在党的文件中并没有严格的区分。因此，本章研究的农村集体建设用地制度的变迁，虽然包含了这三种形式建设用地制度的变迁，但研究的主体是农村集体经营性建设用地制度的变迁。

第一节 农村集体建设用地制度在湖北变迁的阶段

一 1978—1986年：禁止流转，免费使用

1978年以前，我国农村集体建设用地制度主要依据的是1962年颁布的《农村人民公社工作条例修正案（草案）》（即现在俗称的《人民公社六十条》）。《人民公社六十条》中的第21条明确规定："生产队范围内的土地，都归生产队所有。生产队所有的土地，包括社员的自留地、自留山、宅基地等等，一律不准出租和买卖。"当时，还没有出现农村集体建设用地所有权的概念，但通过《人民公社六十条》全面建立起来的农村土地集体所有制，已经表明无论是建设用地还是非建设用地都属于农村集体所有。即使是宅基地，农民也只享有使用权。但宅基地上的"社员的房屋，永远归社员所有。社员有买卖或者租赁房屋的权利"，即房子的所有权是农民的，但房屋下面的宅基地的所有权则是生产队的。《人民公社六十条》的出台，奠定了我国1978年以前农村集体建设用地的基本制

度。在此期间，集体建设用地实行免费使用，即除了支付地上附着物的补偿费用外，使用集体建设用地，既不需要向土地所有者的农村集体支付土地使用费，也无须支付土地补偿费和劳力安置费。

1978 年后，我国农村开始实行家庭联产承包责任制，农村建设用地不准流转的禁令仍然没变，湖北省也是如此。1981 年，国务院出台的《关于制止农村建房侵占耕地的紧急通知》中明确指出："必须重申，农村社队的土地都归集体所有。分配给社员的宅基地、自留地（自留山）和承包的耕地，社员只有使用权，既不准出租、买卖和擅自转让，也不准在承包地和自留地上建房、葬坟、开矿、烧砖瓦等。有些人将责任田、包产田，误以为个人所有，随意占用，这是不对的。"1982 年，国务院颁布了《村镇建房用地管理条例》，"严禁买卖、出租和违法转让建房用地，社员对宅基地、自留地、自留山、饲料地和承包的耕地，只有按照规定用途使用的使用权，没有所有权"。同年，全国人大出台了《国家建设征用土地条例》，"禁止任何单位直接向农村社队征地、租地或变相购地、租地；农村社队不得以土地入股的形式参与任何企业、事业的经营"。还是在同年，我国出台的 1982 年《宪法》明确规定，"任何组织或个人不得侵占、买卖、出租或者以其他形式非法转让土地"，从《宪法》角度禁止流转建设用地。1983 年国务院颁布的《关于制止买卖、租赁土地的通知》要求："各地对买卖、租赁土地等非法活动进行一次认真的检查、清理。对干部，特别是领导干部带头违法和指使违法的典型案件，要严肃处理，决不迁就姑息。对那些一贯利用买卖、租赁土地进行贪污、受贿、非法牟取暴利的犯法分子，要依法追究刑事责任。"1986 年 4 月颁布的《民法通则》规定："土地不得买卖、出租、抵押或者以其他形式非法转让。"1986 年 6 月出台、1987 年 1 月 1 日生效的我国第一部《土地管理法》依据《宪法》明确禁止土地流转，并专门在第五章对乡（镇）建设用地的范围和使用程序进行了明确规定。

二 1987—1998 年：对使用集体建设用地实行部分补偿，流转有所松动

1987 年 1 月 1 日正式生效的《土地管理法》取代了原《村镇建房用地管理条例》和《国家建设征用土地条例》。《土地管理法》明确规定："乡（镇）村企业建设用地，必须严格控制。乡（镇）办企业建设使用

村农民集体所有的土地的，应当按照省、自治区、直辖市的规定，给被用地单位以适当补偿，并妥善安置农民的生产和生活。"（第39条）"城镇非农业户口居民建住宅，需要使用集体所有的土地的，必须经县级人民政府批准，其用地面积不得超过省、自治区、直辖市规定的标准，并参照国家建设征用土地的标准支付补偿费和安置补助费。"（第41条）

1987年9月，湖北省依据《土地管理法》出台了《湖北省土地管理实施办法》，该办法规定："乡（镇）村兴办企业，应首先利用现有设施和场地，严格控制占用土地。确需使用土地的，必须持县级以上主管部门批准的计划任务书或其他批准文件，向省辖市或县（市、区）人民政府土地管理部门提出申请，按本办法规定的审批权限办理用地审批手续。使用非本集体所有土地的，还应按本办法规定的各项补偿标准的下限支付补偿费，并妥善安置农民的生产和生活。乡（镇）村公共设施、公益事业建设需要使用集体土地的，经乡（镇）人民政府审核，按本办法规定的审批权限办理用地审批手续，对使用非本集体所有土地的，由主办单位给被用地单位调整土地或给予适当补偿。农民建房用地，由本人申请，经村民委员会同意，使用非耕地的，由乡（镇）人民政府批准；使用耕地的，经乡（镇）人民政府审查，报省辖市或县（市、区）人民政府批准，并按被占耕地年产值的二到四倍支付土地补偿费。农民新建、改建房屋的宅基地（含一切附属设施）总面积，使用耕地的每户不得超过140平方米，使用非耕地的每户不得超过200平方米。城镇非农业户口居民建住宅，需要使用集体土地的，由本人申请，所在单位或居民委员会同意，报省辖市或县（市、区）人民政府批准。并参照国家建设征用土地补偿标准，支付土地补偿费和安置补助费。"但到1993年，由于农民负担过重，农村宅基地有偿使用费和宅基地超占费被作为农民的不合理负担取消了。不过，乡办企业使用农村集体建设用地和城镇非农业户口居民使用集体土地建住宅的，仍然要支付补偿费。

1988年，我国对1982年《宪法》进行了修正，将《宪法》第10条第4款"任何组织或者个人不得侵占、买卖、出租或者以其他形式非法转让土地"，修改成"任何组织或者个人不得侵占、买卖或者以其他形式非法转让土地。土地的使用权可以依照法律的规定转让"。随后于当年修订的《土地管理法》增加了"国有土地和集体所有的土地的使用权可以依法转让。土地使用权转让的具体办法,由国务院另行规定"的条文。也就是从此时起,我国才正式在法律层面上允许土地流转。但法律上的允许并不表明现实中就可以转让,因为《土地管理法》写得很清楚,没有国务院出台的另行规定,一切土地流转都是不可能得到法律的承认和保护的。1990年5月,国务院专门出台了《城镇国有土地使用权出让和转让暂行条例》,为国有土地使用权的流转提供了可以依据的行政法规。但对集体土地使用权的转让特别是集体建设用地使用权的转让,即使到今天,那个可以依照法律规定转让的"法律",和国务院另行规定的转让的"具体办法"或"暂行条例",一直就没有出台,这导致农村集体建设用地由于无法可依,仍然不能转让。

应该说,1988年修正的《宪法》和《土地管理法》在法律上是没有歧视农村集体土地的,即并没有禁止集体土地流转,这表明以前禁止集体土地流转的法律事实上出现了松动。集体土地虽然因国务院一直没有出台具体办法而无法可依,但集体建设用地使用权私下转让现象却屡禁不止。因为私下转让虽然无法可依,不能得到法律的保护,但转让本身并没有违反法律。

针对集体建设用地使用权私下转让、无序流转带来的影响和冲击,1994年,全国人大颁布了《城市房地产管理法》,规定:"城市规划区内的集体所有的土地经依法征用转为国有土地后,该幅国有土地的使用权方可有偿出让。"1995年12月,国家土地管理局和国家体改委联合出台了《小城镇土地使用制度改革若干意见的通知》,强调:"加强集体土地和行政划拨土地进入市场的管理。小城镇内集体非农建设用地不得直接进入市场,对已发生的集体土地使用权转让、出租、联营、入股等用于非农业建设的,原则上应依法征为国有并办理出让手续。"即集体土地只有征收变性为国有土地后方可转让,这种转让是集体土地所有权的转让,而非使用权的转让。

三 1999—2006 年:禁止农村集体土地流转用于非农建设

从1999年1月1日起,1998年8月修订的《中华人民共和国土地管理法》正式实施,这次修订固化了我国农村集体建设用地与国有土地同地不同命的命运。虽然农村集体建设用地与国有建设用地一样,都纳入了规划管制、用途管制和年度计划管理，待遇同等，但不同命在于："农民集体所有的土地的使用权不得出让、转让或者出租用于非农业建设。""任何单位和个人进行建设，需要使用土地的，必须依法申请使用国有土地；但是，兴办乡镇企业和村民建设住宅经依法批准使用本集体经济组织农民集体所有的土地的，或者乡（镇）村公共设施和公益事业建设经依法批准使用农民集体所有的土地的除外。"同时，以前城镇非农业户口居民建住宅，可以使用集体所有土地的规定被取消。

1999年9月，湖北省依据1998年《土地管理法》，修订了《湖北省土地管理实施办法》，以地方立法的形式，对农村集体建设用地进行严格管理。此后，虽然该办法于2010年、2014年先后进行了两次修订，但在对集体建设用地的规定上，并没有发生实质性的变化。

这些规定的出台，直接将农村集体建设用地使用权流转限制在很小的狭窄范围内，保证了国家的垄断征地和垄断供地以及对建设用地市场的绝对垄断地位，农村集体和农民既不能进入建设用地供给市场，也不能分享城镇化进程中土地增值带来的收益。

虽然法律规定农村集体建设用地不能入市，但集体建设用地流转的巨大需求是无法压抑的。为缓解用地的供求矛盾，从1999年到2001年，国土资源部先后批准，允许安徽芜湖、江苏南京、江苏苏州、浙江湖州、广东南海等市开展集体建设用地流转的试点，甚至在2002年起草了《规范农民集体所有建设用地使用权流转若干意见（讨论稿）》，但该讨论稿不知因何缘故，最终没有出台。2004年修正的《宪法》和《土地管理法》继续沿用了以前对建设用地的规定，即使2007年实施的《物权法》对农村集体建设用地的表述，也是"依照土地管理法等法律规定办理"，但《土地管理法》等法律始终没有出台规定，农村集体建设用地流转在法律上并没有任何突破。

而在这段时间内，对集体建设用地的流转需求与法律提供的狭窄空间产生了强烈反差。为解决矛盾，国务院于2003年出台了《关于做好农业和农村工作的意见》，"各地要制定鼓励乡镇企业向小城镇集中的政策，通过集体建设用地流转、土地置换、分期缴纳土地出让金等形式，合理解决企业进镇的用地问题，降低企业搬迁的成本"。2004年10月出台了《关于深化改革严格土地管理的规定》，第一次提出："鼓励农村建设用地整理，城镇建设用地增加要与农村建设用地减少相挂钩。""在符合规划的前提下，村庄、集镇、建制镇中的农民集体所有建设用地使用权可以依法流转。"2005年10月，国土资源部出台《关于规范城镇建设用地增加与农村建设用地减少相挂钩试点工作的意见》，要求已经开展了城乡建设用地增减挂钩试点工作的天津、浙江、江苏、安徽、山东、湖北、广东、四川等省（市），尽快按照该意见的要求，年底前报部批准。2006年4月，国土资源部批准湖北作为第一批挂钩试点省市之一，对前期已经试点开展的"增减挂钩"项目和周转指标予以确认。

四 2007年：空转的湖北省农村集体建设用地流转政府令

由于国家在立法层面上对农村集体建设用地使用权的具体流转规定一直未明确，而实践中各地集体建设用地使用权普遍流转的现象又大量存在。虽然法律对农村集体建设用地使用权流转实行了严格的限制，但并没有完全禁止。不仅国土资源部允许一些地方开展集体建设用地流转试点，各地方政府也以地方性法规的形式，出台相关政策，引导和管理当地的集体建设用地流转。

2003年6月，广东省率先在我国出台了《关于试行农村集体建设用地使用权流转的通知》（粤府〔2003〕51号），允许集体建设用地使用权出让、出租、转让、转租和抵押。2005年又将其升格为以政府令的形式，颁布了《广东省集体建设用地使用权流转管理办法》（广东省人民政府令第100号），该办法的出台受到了农民的欢迎，也受到了其他省份的效仿。2006年3月，国土资源部出台《关于坚持依法依规管理节约集约用地支持社会主义新农村建设的通知》（国土资发〔2006〕52号），"要稳步推进城镇建设用地增加和农村建设用地减少相挂钩试点"和"集体非农建设用地使用权流转试点"。湖北省于2006年11月以湖北省人民政府令第294号出台了《湖北省农民集体所有建设用地使用权流转管理试行办法》（以下简称"第294号政府令"），以地方政府立法的方式，来规范和引导农村集体建设用地流转，该办法于2007年1月1日正式施行。

通观第294号政府令，主要内容可总结如下：一是农民集体所有建设用地使用权流转必须符合土地利用总体规划、村镇规划或城市规划、国家有关产业政策。"集体建设用地使用权流转（除转让、转租外），须经本集体经济组织成员的村民会议三分之二以上成员或者三分之二以上村民代表的同意。""集体建设用地使用权流转时,土地所有者和使用者应当签订合同。""集体建设用地出让、出租,应当在土地有形市场或土地交易场所挂牌交易。""土地使用者以转让方式转移集体建设用地使用权时,集体建设用地有偿使用合同和登记文件中所载明的权利义务随之转移。土地使用权转让人、转租人应当将转让、转租情况告知土地所有者。""集体建设用地使用者将该集体建设用地使用权以抵押的形式作为债权担保的,抵押人应当委托具有土地评估资质的评估机构进行地价评估,由抵押双方持集体建设用地使用权证或其他权属证明文件、抵押合同等材料,向市、县人民政府土地行政主管部门申请办理抵押登记。当债务人不履行债务时,抵押权人有权依法处分抵押的集体建设用地使用权。"二是"集体土地所有者取得的土地收益应当纳入农村集体财产统一管理,专项用于本集体经济组织成员的社会保障、被安置人员的生活补助、发展生产、偿还村集体债务等,不得挪作他用"。三是"集体建设用地使用权出让合同约定的土地使用年限届满,土地使用权由土地所有者无偿收回,其地上建筑物、其他附着物按照集体建设用地出让合同约定处理"。四是严禁使用集体建设用地用于房地产开发和住宅建设;严禁擅自将集体所有的农用地和未利用地转为建设用地进行流转;农户宅基地使用权不得向本集体经济组织以外的单位和个人转让,农村村民转让、出租房屋或宅基地的,不再批准新的宅基地等。

第294号政府令的出台,一是打破了继续按照土地所有制的不同来制定不同的土地管理政策的框架,土地产权改革的趋向是实现集体土地与国有土地同地同权同价,在保护农民土地权益的基础上,推动集体土地使用权的流转。二是依法确立了农村集体建设用地使用权的二级市场,将市场交易行为纳入法治的管理轨道上,有利于市场秩序的稳定。三是促进了土地资源合理流动,提高了土地资源的配置效率,促进了城乡统筹发展。四是盘活了农村建设用地存量,有利于闲置土地的有效利用等。

但遗憾的是,由于有关部门始终没有出台相关实施细则,导致第294号政府令在实际操作层面上得不到执行,其出台后一直处于空转状态。

五 2007年至今：稳步推进集体经营性建设用地流转多种试点

2007年至今，湖北省除了已经开展的城乡建设用地增减挂钩试点继续稳步推进之外，还开展了与集体经营性建设用地流转紧密相关的城中村、城郊村、园中村（以下简称"三村"）集体资产产权制度创新试点、城乡建设用地全乡（镇）域和宜城市全市域范围内增减挂钩试点，以及宜城集体经营性建设用地入市试点等。

在此期间，2008年党的十七届三中全会通过了《关于推进农村改革发展若干重大问题的决定》、2013年党的十八届三中全会通过了《关于全面深化改革若干重大问题的决定》，都明确提出要"建立城乡统一的建设用地市场，在符合规划和用途管制的前提下，允许农村集体经营性建设用地实行与国有土地同等入市，同权同价"。"要抓紧推动修订相关法律法规，规范推进农村土地制度改革。"2015年2月，《全国人民代表大会常务委员会关于授权国务院在北京市大兴区等33个试点县（市、区）行政区域暂时调整实施有关法律规定的决定》确定，在2017年12月31日之前，在试点区域暂停执行《城市房地产法》第9条，《土地管理法》第43条第1款、第44条第3—4款、第47条第1—4款及第6款、第62条第4款、第63条。将对集体建设用地的规定调整为："在符合规划、用途管制和依法取得的前提下，允许存量农村集体经营性建设用地使用权出让、租赁、入股，实行与国有建设用地使用权同等入市、同权同价。"但由于法律出台始终滞后于中央文件，湖北省稳步推进集体经营性建设用地流转试点一直处在不断探索中。

2006年底，湖北省在出台第294号政府令的同时，启动了在城中村、城郊村、园中村开展集体资产产权制度创新的试点工作，2007年4月确定第一批试点村8个，2008年8月湖北省委办公厅、省政府办公厅下发了《转发〈省农业厅关于扩大城中村、城郊村、园中村集体资产产权制度创新试点的实施意见〉的通知》（鄂办文〔2008〕47号），决定将试点范围扩大，2008年扩大到100—200个村。这些村在落实47号文件关于留地安置和自主开发政策时，在整合开发集体土地资源上普遍采取的做法是：一是在原集体企业用地上重建，或搬迁至规划的其他工商业用地新建工业园区、物流园区；二是通过迁村腾地，拆除农民旧的住房，在整合的宅基地上，新建商铺和新型住宅小区。经过整合，原来的闲置低值资产大幅升值，经营性资产大幅增加。应该说，湖北省在三村开展的集体资产产权创新是走在全国前列的，也为2016年12月出台的《中共中央国务院关于稳步推进农村集体产权制度改革的意见》提供了经验借鉴。

2013年湖北省在21个"四化同步"乡镇开展城乡建设用地全域增减挂钩试点，2016年在宜城市开展全域增减挂钩试点，2017年在全省38个贫困县开展增减挂钩节余指标省域范围有偿交易。这些试点将在本书第八章中详细介绍。

2016年9月，经中央改革办批准，湖北省宜城市除继续2015年就开展的宅基地制度改革试点外，同时增加征地制度改革和集体经营性建设用地入市改革两项试点。集体经营性建设用地入市试点内容主要有三点："一是完善农村集体经营性建设用地产权制度。农村集体经营性建设用地是指存量农村集体建设用地中，土地利用总体规划和城乡规划确定为工矿仓储、商服等经营性用途的土地。农村集体经营性建设用地与国有建设用地享有同等权利，履行相应义务，在符合规划、用途管制和依法取得的前提下，允许农村集体经营性建设用地使用权出让、租赁、入股，实行同等入市、同权同价。加快农村集体建设用地使用权确权登记颁证，建立不动产统一登记制度。落实用益物权，保障土地所有者和使用者的合法权益。二是明确农村集体经营性建设用地入市范围和途径。按照规范管理、有序运行、城乡互动、收益共享的要求，推进农村集体经营性建设用地入市。依法取得的农村集体经营性建设用地，可就地入市。对村庄内零星、分散的集体经营性建设用地，经试点地区上一级政府批准后，可按规划和计划调整到本县（市）域范围内的产业集中区入市。对历史形成的城中村集体建设用地，由政府主导，严格按照规划和用途管制的要求，依照规定完善用地手续，开展土地整治，对不予征收的，在保障城中村居民住房安置等用地后，集体经营性建设用地可以入市。三是建立健全市场交易规则和服务监管制度。统一国有建设用地与农村集体经营性建设用地市场交易规则，建立农村集体经营性建设用地公开交易的平台和制度。探索建立城乡统一的基准地价和土地税收制度。按照市场经济和乡村治理结构改革要求，健全完善集体土地资产处置决策程序，防止私相授受。完善规划、投资、金融、税收、审计等相关服务和监管制度。培育和规范土地市场中介组织。"目前，该项试点还在进行中。

第二节　湖北农村集体建设用地使用权流转的必然性

一　农村集体建设用地受到不合理的严格限制

按照《土地管理法》的规定，城市市区土地归国家所有，除法律规定的归国家所有的农村和城市郊区的土地外，宅基地、自留地、自留山归农民集体所有（第8条）。对土地利用实行用途管制（第20条）。所有建设用地必须严格执行土地利用总体规划和土地利用年度计划（第21条、第24条）。任何单位和个人进行建设都必须申请使用国有土地，但兴办乡镇企业、村民经依法批准建设住宅、乡村公共设施和公共事业建设需要使用本集体所有的土地除外（第43条）。以出让方式获得国有土地的，需要缴纳土地出让金等有偿使用费（第55条）。农民集体所有的土地的使用权不得出让、转让或出租用于非农业建设，但是符合土地利用总体规划并依法取得建设用地的企业，因破产、兼并等情形致使土地使用权依法发生转移的除外（第63条）。

从上述法条中可以看出，无论是使用国有土地还是集体土地，土地用途都必须符合土地利用总体规划和土地利用年度计划，它表明我国实行的是极为严格的土地管理制度。在这一点上，集体土地与国有土地是平等的。不平等的是，当土地使用者遵守规划与计划申请建设用地时，只要是在《土地管理法》第43条和第63条规定的四种情形之外，必须执行以下规定：(1) 只能使用国有土地，不得使用集体土地。(2) 非要使用集体土地，则集体土地必须要征收变性为国有土地才行。哪怕是农民集体使用本集体的建设用地，只要不是兴办乡镇企业、兴修公益与公共事业设施等，也必须要先经过政府征收变为国有土地，才能在自己的土地上从事非农建设。(3) 以招、拍、挂方式获得国有土地使用权的，必须按市场价格缴纳土地出让金，哪怕是农民集体使用征收前原本属于自己的土地也必须缴纳。(4) 农民集体土地使用权不得出让、转让或者出租用于非农业建设，不能向非农用途流转。因此，按现行《土地管理法》，农民集体和农民个人在使用集体土地时，受到了不合理的严格限制。只要不是农村公共设施用地、农民宅基地用地、村办企业用地以及获得抵押权的集体用地，农民是没有使用自己土地从事建设的权利的。同时，农民集体和个人也没有向工商企业出售自己土地使用权的权利，哪怕农民集体与工商企业达成了建设用地协议也是非法的，必须要经过国有征收程序才行。而此时农民只能得到较低的征地补偿金，无法获得土地的增值收益。即便农民集体遵守土地利用总体规划，在符合规划的自己的土地上从事建设，也必须先让政府以低价补偿的方式征收为国有土地，再以市场高价从政府手里买回，才能拥有合法的建设用地使用权。这就是说，仅仅由于土地的所有制性质不同，农民集体所有的建设用地与国家所有的建设用地在使用权上是不平等的，农民集体所有的建设用地受到了《土地管理法》的歧视，使用权受到了极其严格的限制。

如黄冈市黄州区汪家墩村地处城区，是典型的城中村。自2003年开始，政府先后以每亩1.5万元（2003年）、2万元（2004年）、2.98万元（2006年）的价格征收该村1300多亩土地，到2007年进行农村集体资产产权制度改革试点时，该村只剩下800亩土地。从当年对该村进行清产核资的情况看，虽然账面净资产有700多万元，但基本都是征地补偿款，真正的经营性收入不到5万元。为了防止土地被征完后，生产和生活无着落，村民们决定自己动手，通过招商引资来发展和壮大集体经济，却几次都因土地问题卡住而作罢。该村原党支部书记王德流曾经形象地讲："现在集体的土地不是集体的，集体想唱歌，有关部门把脖子卡住；集体想跳舞，有关部门把脚绑住。"政府要征收农民集体的土地易如反掌，但农村集体为了发展本村经济上项目，用地却难上加难。2007年4月，该村打算利用本村的60亩地，采取股份合作的方式，修建1个停车场和1个水果蔬菜批发市场，市规划局审查后认为符合规划，但市规划委员会不批，理由是没有建设用地年度计划指标。其实，就算有建设用地年度计划指标，可供该村选择的两条路也很难走：一是选择将集体土地变性为国有土地，再由政府将土地出让给该村。但土地征收变性为国有土地后，政府每亩地补偿给农户的只有2.98万元，村集体再要从国家手中将土地买回，每亩却要缴12万元以上，得到的仅仅是土地的使用权，所有权则永久丧失，村民觉得很不公，也不愿意这么做。二是选择享受乡镇企业用地的政策。但即便如此，办理集体土地使用证，每亩地也要缴4万多元，村民还是觉得难以接受。村民们认为，村里的土地大量被征，并不全是因为国家公共利益的需要，而是用于城市建设和工商业企业发展，村里为支持城市建设和经济发展断了经济来源，做出了巨大牺牲，现在失地后想自己找出路，利用集体剩下的土地搞些建设，用自己的地养活自己，不仅受到限制，还要交钱，这实在是太不合理了，很多村民根本想不通。①

二　农村集体用于兴办企业的建设用地政策没有得到较好的执行

依据《土地管理法》第43条，兴办乡镇企业、村民经依法批准建设住宅、乡村公共设施和公共事业建设，是可以使用本集体所有的土地的。应该说这一法律规定是没有任何歧义的，但该条款在实际执行过程中还是出现了争议和问题。如宜昌市夷陵区军田坝村位于宜陵区新型建材工业园区，1994年，村里为发展经济，以32亩土地入股合作，兴办了一家由江苏人投资115万元的乡镇企业——军田坝砖厂。后来国家政策变化，禁止生产红砖，该厂停产。2001年，村里花了3万元将砖厂接过来，自己经营生产页岩砖。2003年，由于村集体经营砖厂出现困难，于是以每年10万元的租金将砖厂租了出去。国土部门得知后认为：一是该厂已经不再是乡镇企业，按照1998修订后的《土地管理法》，不能再享受乡镇企业的用地政策。二是违背了《土地管理法》第63条农民集体土地不得出租用于非农建设的规定，村里将集体土地出租给砖厂使用是典型的"以租代征"行为，必须坚决制止；如果村里一定还要现有的承租人继续经营砖厂，就必须履行将砖厂的土地变性为国有土地的征地手续，再由村里划拨给砖厂使用。但该村认为，如果真的要履行土地变性手续的话，每亩地需要支付将近16万元，难以接受。同时该村也提出了一个具有挑战性的问题，自己经营和出租经营为什么在土地问题上会有这么大的差别？砖厂自己经营面临亏损，出租经营年年有收益，不管是由村集体经

---

① 参见高洁《基于农民权益保护的集体土地流转研究》，博士学位论文，中国地质大学，2012年，第50—51页。

营还是由承租人经营，都是村里的企业，不过就是经营者不同而已，不能享受乡镇企业的用地政策总觉得说不过去，总觉得不太对头。被逼得实在不行的话，村里就将砖厂的经营权收回来，继续享受乡镇企业可以使用本集体经济组织建设用地的政策，但招聘厂长来经营。聘人经营是用这块地，租赁经营还是用这块地，从使用土地的角度来说，聘人经营和租赁经营究竟在土地问题上有多大的区别呢？聘人经营可以享受乡镇企业的用地政策，租赁经营不能享受乡镇企业的用地政策，这个戏法究竟是怎么变的？[1]

三 城中村在改造中农村集体利益得不到合理的补偿[2]

城中村、城郊村是征地矛盾最为集中的地方，也是农民利益受损最多的地方。如武汉市蔡甸区齐联村地处蔡甸区的中心城区，到1991年，全村除少量的建设用地和村民的宅基地外，所有的农地都已全部被征收为国有土地，是一个典型的无地城中村。2004年，武汉市启动了城中村综合改造工作。按照武汉市的要求，2006年，该村地处旧城区的322亩土地纳入城中村改造范围，改造只要60%的村民签字同意就可实施。根据武汉市城中村分类改造政策（参见本书第四章第三节），该村属于人均农用占地面积小于0.1亩的A类村，可以由改制后的村集体经济组织依照城市规划自行进行改造。该村已经有一家由村集体所有、集体经营的具备房地产开发资质的公司，村里决定由自己的房地产公司承担城中村改造任务，除建设43万平方米的还建房用地和公共用地外，其余的土地全部用于商品房开发。由于城中村改造需要将集体建设用地变性为国有土地，该村既是土地被征方，又是土地使用方。作为土地被征方，可以获得征地补偿费；作为土地使用方，要缴纳土地出让金等费用，两者的差额就是该村应该缴纳的城中村拆迁安置补偿成本费，缴纳的拆迁安置补偿成本费中的60%左右还会返还给该村，用于基础设施建设和开发改造。蔡甸区在开始时，将该村的拆迁安置补偿成本费底价评估为每亩40

---

[1] 参见高洁《基于农民权益保护的集体土地流转研究》，博士学位论文，中国地质大学，2012年，第51页。

[2] 同上书，第51—53页。

万元，用于改造的 322 亩土地由该村以拍卖价购回。如果拍卖价格低于每亩 40 万元：村里必须缴够 40 万元；如果拍卖价格高于每亩 40 万元，村里必须按实际成交价格缴款，高出部分上缴财政，不作返还。该村虽然觉得不太合理，但还是认为，只要自己采取一些适当的手段，保证以不会比 40 万元高太多的拍卖价格拿到土地，实际用地成本不高出每亩 16 万元太多，应该是有利可图的。后来，蔡甸区提高了拆迁安置补偿成本费，将底价调到了每亩 80 万元。该村觉得实际用地成本提高了 1 倍，以这么高的拆迁安置补偿成本费再加上建房成本，改造成本太高，无法承受，村民的抵触情绪很大，都不愿意拆迁。

齐联村村民对城中村改造有抵触情绪，其实有自己最朴素的想法，他们认为，城中村改造的土地本来就是村集体的，用自己的土地建房子，只用对村民住宅进行还建就可以了，为什么还要缴纳所谓的拆迁安置补偿成本费啊？政府一分钱不出，还要收钱，是何道理啊？即便是改造后村民的住宅全部换成了国有土地产权证，也要不了那么多钱啊？

除此之外，最受城中村集体组织不满的还有三个问题：一是尽乎盘剥的门槛政策。如对 C 类村，是不能享受土地优惠政策的。不仅改造时只能采取统征储备的方式，而且所有建设用地包括还建房用地只能核发集体土地使用权证。如要享受土地优惠政策，就必须在改造中通过统征储备将人均农用占地面积降到 0.5 亩以下，才能按照"征十留一"的原则，在土地征收后再划拨一成的土地给村集体，用于第二、第三产业发展，并核发国有土地使用证。这实际上是逼着 C 类村主动要求政府尽快将这些村的土地征到人均农地 0.5 亩以下。二是留给城中村集体用于开发的土地太少。通过对城中村的综合改造，政府以统征储备的方式拿到的土地太多，类似于齐联村的无地城中村越来越多，城中村集体经济组织未来发展的空间越来越小。三是将城市公共用地欠账捆绑到城中村改造项目中。过去，政府在城市化建设过程中，建有大量的绿化、交通、学校等公共设施，这些公共用地一部分需要政府动用储备土地偿还土地欠账，还有一部分的征地补偿留有历史欠账，这些欠账都会转嫁和捆绑到城中村改造项目中，从而增加了改造成本。城中村集体普遍感觉到，政府在城中村改造中，虽然也关心对村民的改造还建任务，但似乎更关心土地收储和土地收益。

四 农村集体土地流转有着强烈的内在动力

从现实来看，农村集体土地流转实践探索的动力主要来自农村集体、用地企业和农民个人三个方面：对农村集体而言，作为集体土地的所有者，农地农用与非农利用之间存在巨大收益差。一般来说，工业用地收益至少是农用地的10倍，商业用地的收益则是农用地的20倍以上。收益差越大，农村集体发展农村工商业的动力就越大，将农用地转为非农建设用地的积极性就会越高。在正常途径难以走通的情况下，他们就会以变通甚至非法的方式来实现集体农用地的转用和流转。对用地企业而言，如果集体建设用地不需要经过"招拍挂"环节，使用集体土地的成本要远低于国有土地的成本，因而更倾向于使用集体建设用地。低廉的用地成本使这些用地企业获得了使用国有土地所不能获得的成本优势和价格，从而吸引更多的企业愿意使用集体建设用地。对农民个人而言，城乡接合部的农民早已不再以务农为主来获取收入，非农收入在其家庭收入中所占的比重已越来越大。这一变化使得这些农民早就发现并利用土地用途的不同转换差价来为自己谋利，只要自己的承包地和宅基地等不被政府征收，他们甚至希望农村集体将自己的土地转为建设用地。

虽然从我国现行的《土地管理法》来看，目前由这三方推动的集体土地流转一直处于不合法状态，但始终屡禁不绝。其实，从经济学的视角来看，虽然"在现有的《土地管理法》框架下，政府可以通过法律规定将农用地对农村集体的机会成本从法律上强制变为零，但实际上却是相当不容易的。因为只要兴办企业的建设用地收益大于农用地收益，农村集体将土地用于农业而非兴办企业的机会成本就会越高，农用地转为乡镇企业用地的要求就会越强烈。决定土地是用于农业用途还是非农用途，主要取决于土地不同用途所带来的经济收益比较，而绝不是法律规定，这是符合资源配置的市场法则的。如果抛开《土地管理法》的制度框架来看农用地对集体经济的机会成本，则会更高。特别是在城中村和城郊村，其优越的地理位置使土地升值空间巨大，工业化、城市化进程自然会使这些村的农村集体像现在的城市政府一样，将土地转入非农用途。这样一来，城中村和城郊村的土地无论是对农村集体还是对城市政府都有着很高的机会成本"。① 现在的问题是，由于土地在工业化和城市化进程中不断升值，土地转换用途的差价巨大。这种巨大差价既成了地方政府可以侵害的标的，也是地方政府与农村集体和农民个人进行博弈和争夺的对象。即双方关心的其实并不是土地本身，而是土地所能带来的巨大收益。而只要土地不断升值和导致用途转换后价差巨大的经济条件客观存在，地方政府就会有征地的激励，农村集体也会有流转土地的激励，通过法律来严格限制土地流转是限制不住的。既不能限制住地方政府对农民土地的征收流转，也不能限制住农村集体和农民个人要求流转土地的渴求。在此情形下，集体土地要求与国有土地同地、同权、同价，以及农民和农民集体要求保护土地权益的迫切需要，不断推动着全国各地尝试开展对集体土地流转制度改革的探索。

第三节 农村集体建设用地使用权流转在湖北的试点

湖北在农村集体建设用地使用权流转方面的探索有很多，除本章第一部分陈述的诸多探索外，这里主要介绍几个比较有典型意义的地方试点，以反映湖北对全国农村集体建设用地使用权流转探索所做的贡献。

一 沙洋县集体建设用地流转试点②

（一）流转模式

2003年8月，沙洋县被湖北省国土资源厅确定为农村集体建设用地流转试点单位。沙洋县农村集体建设用地流转引入国有土地市场管理方式，实现两种产权、一个市场，对集体建设用地也采取市场化的"招拍挂"出让模式。除了集体公益建设用地和农村集体自己兴办的独资企业

---

① 廖长林：《我国城市化进程中的农村集体土地产权制度创新研究》，《湖北经济学院学报》2008年第4期。

② 参见唐健、王庆日等《集体建设用地流转几种模式比较分析》，载郑凌志《中国土地政策蓝皮书》（2013），中国社会科学出版社2013年版，第166—168页；熊庆彪《市场运作显化流转效益——谈集体建设用地流转管理的做法》，《中国国土资源报》2009年12月1日第6版。

建设用地之外，其他所有农村集体建设用地的流转，都必须在政府设立的有形土地市场或土地交易所里挂牌交易。即只要是以经营性目的取得集体建设用地从事商业、旅游、娱乐等项目的，农村集体建设用地使用权的出让，都要参照国有土地使用权的出让程序进行，实行招标、拍卖、挂牌的方式出让。

（二）基本做法

沙洋县农村集体建设用地流转的基本做法主要表现在三个方面：

一是流转由农村集体经济组织主导。农村集体建设用地使用权流转（除转让、转租外），必须经本集体经济组织村民会议 2/3 以上成员或 2/3 以上村民代表同意，才能流转。

二是流转由国土管理部门全程提供服务和管理。提供的服务主要是，对村集体建设用地流转，进行权属登记、流转公告、组织拍卖、出具土地使用条件等。进行的管理主要是，审批集体建设用地流转是否符合土地利用总体规划、乡镇建设规划；是否依法批准；是否依法办理土地登记，土地所有权人是否同意流转；权属是否合法、界址是否清楚；流转的用途、规模、范围等是否符合相关规定等。

三是流转收益分配纳入农村集体财产统一管理。（1）村集体建设用地使用权流转的最终价格由市场决定，即最终价格就是"招拍挂"时的实际成交价。但成交价不得低于湖北省人民政府制定的当地国有土地出让的最低价格标准。（2）土地增值收益的 10% 作为土地有偿使用费，缴给国土部门，90% 归出让土地的农村集体经济组织。（3）农村集体经济组织获得的土地流转收益，要纳入农村集体财产统一管理，专户存储，专项用于本集体经济组织成员的社会保障、被安置人员的生活补助、发展生产、偿还村集体债务等，不得挪作他用。

（三）流转方式

一是转让，就是将本村闲置的集体建设用地，主要是闲置的农民宅基地、村办学校、村办企业的建设用地使用权，转让给本村的村民使用。如马良镇沙岭村将 14038 平方米闲置的村办小学土地，转让给本村村民建胶合板厂，该厂不仅每年向村里交纳土地转让收益 8 万元，还安置了 120 余人的农村剩余劳动力，年创产值 1200 万元。

二是出让，就是将地理位置较好、需求较旺的集体建设用地，通过

"招拍挂"出让。2007年,李市镇青年村对17宗地段较好的集体建设用地进行公开拍卖,参加竞价的有近30名竞争者,最后875.7平方米的集体建设用地以79.4万元成交,平均地价为每平方米900元。

三是出租,有的是直接出租集体建设用地的使用权,有的是在出租房产的同时,连带出租集体土地的使用权。

四是抵押,就是经集体土地所有者农村集体经济组织同意,集体土地的使用者可以将集体建设用地使用权,连同地面附属建筑物作为标的,向银行金融部门申请抵押贷款。

(四)流转概况

从2002年到2012年底,沙洋县总共流转了农村集体建设用地1124宗,面积达到129125平方米。其中,975宗共计100681平方米的农村集体建设用地,办理了流转手续并进行了登记颁证。特别是2010年到2012年3年间,农村集体建设用地流转更为集中,农村集体建设用地使用权流转的土地为708宗,占全部流转宗数的63%;面积99120平方米,占全部流转面积的76.76%;办理了流转手续并进行登记颁证的675宗,占全部办完流转手续的69.23%。

(五)典型案例

沙洋县李市镇青年村5组有一座500多平方米的仓库位于集镇中心,闲置多年。2005年,该仓库采取拍卖的方式出让集体建设用地使用权,出让期限50年。参加竞拍的有20多人,最后以每平方米789.2元的价格流转给了张琴等6人,主要用于居住和做生意。

与其他农村集体建设用地流转相比,该案例的最大特点是出让价格远高于该镇国有建设用地的价格,差不多是该镇国有土地价格(每平方米400元)的2倍。本来,根据评估公司的评估,这片集体建设用地流转前的评估价总计才3.96万元,但拍卖后的市场价不仅超出评估价的10倍,而且超出该镇国有地价的近2倍。

这表明:第一,建设用地使用权的价格不是由其是否是国有还是集体的土地所有制性质决定的,而是由其区位条件或者所处位置决定的。位置越好,市场价格越高。越具有升值潜力的,市场价格越高。第二,不是只有国有土地才能用于建设,集体土地照样也可以用于建设。只要位置条件好,集体建设用地甚至比国有建设用地更受市场欢迎。第三,任何一块土地，不管是国有的还是集体的，只要平等入市，由市场定价，完全可以做到同地同权、同权同价。

（六）流转障碍

由于担保法等法律限制，沙洋县的农村集体建设用地无论是流转前还是流转后，与国有建设用地相比，集体建设用地到银行抵押时还要打上较大的折扣，还无法做到与国有土地同地同权同价，一并抵押的集体建设用地上的附属物的评估价，也大大低于国有土地上的附属物的评估价，极大地影响了集体建设用地的融资功能。

二 檀溪村集体建设用地流转试点

檀溪村是一个典型的城中村，位于湖北省襄阳市古襄阳城的城西，整个村子环绕在襄阳市委、市政府的周围，面积为1.3平方公里，村里所有的土地均纳入了襄阳市城市规划区范围内。全村共有11个组，1900余人。到2007年被确定为全省首批城中村、城郊村、园中村集体资产产权制度创新试点村时，该村未征用土地仅剩276亩，人均只有0.15亩。试点中檀溪村成立了湖北省第一家社区股份合作社，为大力发展集体经济、利用好集体土地，檀溪村创造了后来被人称颂的"檀溪模式"。而"檀溪模式"的关键就是大力盘活以集体土地为核心的集体资产，集体建设用地流转试点则是檀溪村集体资产产权制度创新试点的重要内容。

（一）二十字的檀溪模式

檀溪模式在湖北省"三村"集体产权制度创新实践中被总结概括为二十个字，即"分权不分产，发展不征地，营运不经营，分红不分利"。

所谓分权不分产，就是"坚持以土地为核心使用价值形态的集体资产归集体所有、不得拆分，只是将其价值形态转换成股份，量化给全体集体经济组织成员（承包权的转换）"。[①] 农村以往改革是分产，注重使用价值形态的集体资产分割，即分财产、分实物。这次产权制度改革是

---

① 杨孔平：《土地"三权分置"与农村"二次飞跃"》，中国农业出版社2017年版，第11—12页。

分权,注重价值形态的集体资产分割,通过明晰产权主体,实现按份共有。①

所谓发展不征地,就是"将集体建设用地视同国有建设用地对待(同地同权同价),不经过征收变性,由集体经济组织统一组织开发建设"。②

所谓营运不经营,就是"汲取以前办乡镇企业的惨痛教训,参照现代企业组织制度,集体经济组织就像董事会(局)一样,只行使所有权、搞资本运作、出租或合作,不直接从事具体的经营活动"。③ 檀溪社区股份合作社成立后,认真总结了前几年村集体既兴办企业,又经营企业,经营不了几年就垮的教训,不再直接经营企业,而是通过发包、租赁、入股、合作等多种经营方式间接经营集体资产。④

所谓分红不分利,就是"参照现代企业分配制度,收益的一部分用于分红,大部分用于可持续发展"。⑤ 对集体当年实现的可分配利润,社区股份合作社章程明确规定,在集体提取公积金、公益金、福利费后,剩余部分按股分红。在分配上有效地改变了过去那种无论集体盈亏与否都分配,无论赚多赚少都等比例分配,无论集体是否发展都要增加分配额度的分光吃净分配陋习,既保证了股民的现实利益,又保证了集体经济的可持续发展。股民分红年年有提高,集体积累年年有增加。⑥

(二) 试点情况

檀溪村的试点是按照清产核资、清人分类、配置股份、建立合作、

---

① 牛震:《五年跃变——看湖北省襄阳市檀溪村如何盘活集体资产》,《农村工作通讯》2012年第6期。

② 杨孔平:《土地"三权分置"与农村"二次飞跃"》,中国农业出版社2017年版,第11—12页。

③ 同上书,第11—12页。

④ 牛震:《五年跃变——看湖北省襄阳市檀溪村如何盘活集体资产》,《农村工作通讯》2012年第6期。

⑤ 杨孔平:《土地"三权分置"与农村"二次飞跃"》,中国农业出版社2017年版,第11—12页。

⑥ 牛震:《五年跃变——看湖北省襄阳市檀溪村如何盘活集体资产》,《农村工作通讯》2012年第6期。

规范监管的步骤进行的,通过这些步骤,将全村全部集体资产7414万元中的6424万元经营性资产,按股东花名册和配股方案全部量化到人。而后这些经营性资产由社区股份合作社统一进行经营,广大股民参与管理,年底根据当年经营效益,按股分红。"10年后的2016年底,村集体资产已经由当初的7414万元增长到超过8.7亿元,增长近11倍。全体股东(村民)累计分红5266万元,每个股东平均分红29436元,全体股东(村民)都过上了小康生活,社会和谐稳定,社区城市面貌焕然一新。"①

(三) 集体建设用地开发与流转情况

在开展集体资产产权制度创新试点之前,襄阳市本来是想先对檀溪村进行城中村改造。但城中村改造就得拆迁,就得动土地,而动地就得遵照《土地管理法》,先将村集体土地低价征收变性为国有土地。村集体只有在土地交易市场上通过"招拍挂"的方式,把本来属于自己的土地再以市场高价买回来,才能再进行城中村改造。这样转一圈,村集体在本来就属于自己的土地上搞城中村改造,不仅要多支付2000多万元,而且土地所有权还搞丢了。不仅村里不同意,群众意见也非常大,城中村改造进行不下去。

开展集体资产产权制度创新试点后,檀溪村在省市支持下,对村集体建设用地采取"发展不征地、营运不经营"。股份合作社的所有酒店、商铺、厂房,都采取"发展不征地、营运不经营"的方式运作,这样的运作方式由于风险不大,收入稳定,干部省心,股民满意。到2012年底,檀溪村通过迁村腾地,5年间共整合腾出土地279亩,规划建房40万平方米。一部分住房还建给村民后,剩余的20多万平方米商品房或门面房,对外销售或出租。新增门面先后引进了25家企业,发展第三产业,增加租赁收入600多万元。同时,檀溪村还对集体闲置土地进行整理和开发,通过对原有企业旧厂房、场地和设备进行整合,投资700多万元,建设标准化厂房5000平方米,进一步扩大工业园区建设,搭建平台招商引

---

① 杨孔平:《土地"三权分置"与农村"二次飞跃"》,中国农业出版社2017年版,第11—12页。

资，大力发展第二产业，新引进多家企业，增收30多万元。①

最典型的案例是，该村的名人城市酒店试点前由村里直接经营，经常发生亏损，而通过将酒店资产和员工整体转包后，每年可获得180万元的稳定发包收入。后来，由于涉及集体土地抵押贷款难问题，该村又将名人城市酒店所在的土地由集体性质转变为国有出让性质，不仅解决了经营者的抵押融资难问题，而且使合作社的资产得到了大幅度的升值，仅土地增值就达1.5亿元，而资产的增值又拉动了股东股份的升值，增加了分红收入。②

（四）试点障碍

檀溪村的试点是按照湖北省对"三村"进行集体资产产权制度创新试点的要求来做的，特别是2008年8月湖北省委办公厅、省政府办公厅下发了《转发〈省农业厅关于扩大城中村、城郊村、园中村集体资产产权制度创新试点的实施意见〉的通知》（鄂办文〔2008〕47号），为"三村"试点提供了一系列政策支持。但檀溪村在试点中仍然存在着难以克服的障碍，主要还是来自法律对集体土地流转的限制。具体来说，就是檀溪村的试点，对鄂办文〔2008〕47号文件中关于改制的步骤、程序、操作办法的规定执行得较好，但是对集体土地使用制度改革方面的规定，如同地同价、留地安置、自主开发等，落实得还很不够，集体建设用地自主开发权，基本上都是采用争取有关领导和部门"特事特办"的办法争取来的，耗费时间和精力很多，不确定性很强。还有就是集体土地开发和其他经营收入能否享受税费优惠还没有出台更具操作性的配套政策。这些障碍不仅影响了檀溪村试点的深入，也导致湖北省"三村"集体产权制度创新试点进展缓慢。

从2007年试点开始到2012年，湖北省"三村"还有1823个，但开展集体产权制度创新的"三村"只有326个，仅占"三村"总数的17.9%，占建制村数的1.2%。与北京、江苏、广东、浙江等先进省市相比，差距很大。北京市的全部农村已经基本完成改制，而湖北省最好的

---

① 牛震：《五年跃变——看湖北省襄阳市檀溪村如何盘活集体资产》，《农村工作通讯》2012年第6期。

② 同上。

市也只完成"三村"数的 1/3。已完成改制的村主要集中在武汉、襄阳、宜昌、黄石、黄冈 5 个市的部分县（市、区）。

三 宜城市集体经营性建设用地入市

宜城市是湖北省在全国 33 个开展农村土地制度改革试点的县（市、区）之一，2015 年批准开展宅基地制度改革试点，2016 年 9 月批准增加征地制度改革和集体经营性建设用地入市试点。

（一）入市试点的第一槌

2017 年 4 月 12 日上午，在宜城市公共资源交易中心，宜城市流水镇刘台村两宗商业服务用地（一宗 4433.98 平方米，一宗 739.37 平方米，出让年限 40 年）共计 1.11 亩的集体经营性建设用地入市交易，湖北德润古今拍卖有限公司的拍卖师一锤定音，成功拍卖 45.2 万元，敲响了湖北省在全国 33 个县（市、区）开展农村土地制度改革试点后，农村集体经营性建设用地入市的"第一槌"。

当天，这两块集体经营性建设用地竞拍底价为 43 万元，3 个竞拍人经过 11 轮应价竞拍，最终由湖北京瑞通达生态农业科技有限公司竞得。该公司总经理王广春 4 年前从北京回乡创业，在流水镇流转了 3 万亩土地用于生态农业和观光旅游农业建设，但受《土地管理法》的限制，流转的土地只能用于农业开发，公司没有正式的办公楼和像样的农产品展示厅。此次成功拍下刘台村的集体经营性建设用地，因在试点中与国有建设用地同地同权，不仅解决了公司的经营用地和商业用地问题，而且还可以进行抵押融资。公司打算扩大经营范围，依托流水镇的西瓜产业，把生态农业和旅游观光农业做大做强。

（二）试点总体情况

为做好试点，宜城市组织 30 余人的专班，对全市集体经营性用地进行了摸底调查，经过两轮详查和一轮实地核实，掌握了全市集体建设用地存量和预期规模，筛选确定了重点入市区域和入市方向。从全市 667 宗存量集体建设用地中筛选出具备入市条件的地块 85 宗，面积 558.4 亩。截至 2017 年 12 月 31 日，宜城市共有 20106.85 平方米、合计 30.16 亩集体建设用地成功入市，总成交额 341.762 万元。

表6—1　　2017年宜城市集体经营性建设用地入市交易成功一览

成交时间	宗地编号	土地位置	土地面积（平方米）	土地用途	出让年限（年）	委托方	竞得方	成交价（万元）
2017年4月12日	yd2017-007	流水镇刘台村	4433.98	商服用地	40	刘台村委会	湖北京瑞通达生态农业科技有限公司	45.2
2017年4月12日	yd2017-008	流水镇刘台村	739.37	商服用地	40			
2017年7月15日	yd2016-014	小河镇高康村	2000	住宿餐饮	40	高康村委会	杨兵	60
2017年7月15日	yd2016-018	小河镇高康村	2411.66	住宿餐饮	40	高康村委会	邹氏餐饮服务有限公司	72.4
2017年7月22日	yd2017-027	王集镇方阁村	3341.99	教育机构用地	40	王集镇政府	宜城群利农业服务有限公司	50
2017年12月29日	yd2017-45	刘猴镇刘猴村	7179.85	工业用地	50	刘猴村委会	宜城市禾丰米业精米厂	114.162

资料来源：根据宜城市公共资源交易中心的公示公告整理。

（三）试点特色

试点中，宜城市坚持多方探索实践，分类施策，规范入市，探索了不同的入市途径、入市方式、入市用途、入市主体，彰显了宜城市集体经营性建设用地入市的地方特色。[①]

一是探索实践就地入市和调整入市两类入市途径。如流水镇刘台村1.11亩集体经营性建设用地，是以就地入市成功拍卖出让的，实现了全

---

① 周勤达、竺昌权：《宜城农村集体经营性建设用地入市稳步推进》，《襄阳日报》2017年8月4日。

省集体经营性建设用地首次入市拍卖；而小河镇高康村则是从外村购买建设用地指标面积6.62亩（4411.66平方米），以调整入市的方式，完成2宗地块的入市交易。

二是探索实践拍卖、挂牌及协议出让3种入市方式。如流水镇刘台村和刘猴镇刘猴村的3宗地是以拍卖的方式完成入市，小河镇高康村的2宗地是以挂牌的方式完成入市，王集镇方阁村的1宗地是以协议出让的方式完成入市。

三是探索实践多种入市用途，既有商业服务用地、科教用地，也有工业用地。

四是探索实践两种入市主体，一种以村委会为主体，另一种以镇政府为主体。

（四）试点保障

一是建章立制促规范。为保障集体经营性建设用地入市规范交易，宜城市政府在广泛征求市直部门、乡镇和村（社区）意见的基础上，组织法制办、国土局、财政局、司法局等相关部门经过充分讨论协商，在入市管理、交易规则、土地增值收益分配、开发利用及确权登记等方面，制定了11项配套核心政策办法，为规范集体经营性建设用地入市提供了强有力的制度支撑。入市范围有哪些、由谁入市、按什么方式和途径入市、调节金征收管理、入市后的增值收益分配等问题都按照成套制度来办。

二是完善程序保权益。宜城市在农村集体经营性建设用地入市过程中，始终把维护好、实现好、发展好农民权益作为农村土地制度改革的根本标准。为保障农民权益不受损害，宜城市充分发扬民主，尊重农民意愿，就集体经营性建设用地是否入市、怎样入市、入市后的增值收益分配等问题广泛听取农民的意见。在申请集体经营性建设用地入市前，严格按照入市民主决策程序，实行"四议两公开"制度（四议：即村党支部会议提议，村"两委"班子商议，村党员大会审议，村民会议决议；两公开：即会议决议公开，实施结果公开），然后再逐级报送镇（办、区）政府和宜城市政府审核批准后实施。特别是在土地拟入市价格确定、土地收益在集体内部如何分配等敏感事项上都交由村民表决，决议通过后再实施具体入市，充分保障农民自主处理土地资产的权利。出让所得的款项，在收取一定比例的调节金后，剩余部分全部返还给村集体，村集体与村民之间的分配比例则由村民代表大会决定。

（五）试点存在的问题

一是集体经营性建设用地市场需求不旺。受全国各行业经济下行压力加大等大环境的影响，宜城市经济发展也不例外，这对集体经营性建设用地市场需求产生了不利影响。反映在入市成功的土地成交价上，就是只有第一宗拍卖是溢价成交，表明土地需求方有多人竞价；其余几宗土地全部是底价成交，表明土地需求方无人竞价；还有一宗土地流拍。2017年12月28日至2018年1月8日在宜城市公共资源交易中心公开挂牌出让的，位于板桥店镇板桥村的一宗集体经营性建设用地使用权，因无人报价竞买，最终不得不流拍。

二是对改革试点到期后的制度衔接担忧问题。全国农村土地制度改革试点工作对《土地管理法》和《城市房地产管理法》的调整是在2017年12月31日前试行，试点到期后这些法律修改还没能如期完成。虽然试点时间延长一年，截至2018年12月31日，但试点时期的政策与现行法律法规之间如何衔接，集体经营性建设用地使用权受让人、农村集体、银行金融机构等利益相关方，在这方面还有一定的担忧。而国有土地使用权出让制度较为完善，土地利用和后期监管相对成熟，出让、转租、抵押等方面都有完善的制度规定，在贷款抵押方面，同面积、同区位地块因权属不同在抵押融资数额上还存在较大差异。因此，在土地受让方存诸多担忧的情况下，如果集体经营性建设用地与国有建设用地相比，价格不能足够低，土地受让人可能还是会更倾向于使用国有土地。

三是入市土地的成本与增值收益难以核算清楚。要核算清楚入市土地的增值收益，首先必须核算清楚入市地块的成本。国有建设用地成本包括土地补偿费、安置补助费、地上建（构）附着物和青苗补助费及土地开发支出等，内容相同，标准一致，容易核算。而集体经营性建设用地地上情况复杂，难以进行成本核算。不少集体经营性建设用地因其零散分布、不具规模的特点无法直接入市，政府需投入大量资金进行前期集中整治，方可达到入市条件，入市之后如果收取的调节金不足以平衡前期投入，"集中整治入市"的进展就会很缓慢。"就地入市"的土地现状如果符合直接入市的条件，但由于政府前期又没有多少成本投入，土地增值收益就很难核算。尤其是集体经营性建设用地入市过程中的一些隐性成本，以及由于入市得到的非直接性经济补偿，既没有明确的认定标准，又没有精确的统计数据，加大了入市土地成本与增值收益核算的难度和工作量。

四 武汉市利用集体建设用地建设租赁住房试点

2017年8月28日，国土资源部、住房城乡建设部联合印发《利用集体建设用地建设租赁住房试点方案》，根据地方自愿，确定第一批在杭州、北京、上海、南京、合肥、沈阳、厦门、郑州、武汉、广州、佛山、肇庆、成都13个城市开展利用集体建设用地建设租赁住房试点，增加租赁住房供应。2018年1月25日，国土资源部办公厅、住房城乡建设部办公厅联合发布《关于沈阳等11个城市利用集体建设用地建设租赁住房试点实施方案意见的函》，原则同意关于武汉、杭州、南京、成都、广州、郑州、沈阳、合肥、厦门、佛山、肇庆11个城市利用集体建设用地建设租赁住房试点的实施方案。

（一）试点目标

"通过试点，成功运营一批集体租赁住房项目，完善利用集体建设用地建设租赁住房规则，形成一批可复制、可推广的改革成果，为全国推进集体建设用地建设租赁住房提供经验借鉴，为构建武汉市城乡统一的建设用地市场提供支撑。"①

（二）试点区域与试点内容

试点区域选在武汉市的东湖高新区、江夏区、蔡甸区和黄陂区，不同的试点区域，试点的内容各有侧重。

"东湖高新区作为整村统征储备先行区和武汉住房租赁市场试点区域，兼顾政府、农民集体、企业和个人利益，理清权利义务关系，平衡项目收益与征地成本关系，探索集体租赁住房的监测监管机制。江夏区作为武汉市农村集体建设用地及地上房屋确权登记试点区域和农房抵押贷款试点区域，重点探索集体租赁住房产权登记，探索基于集体建设用地产权的收益分配机制、开发建设融资模式、运营模式等。蔡甸区、黄

---

① 引自《武汉市利用集体建设用地建设租赁住房试点实施方案》。

陂区与美丽乡村建设相结合,重点探索利用集体建设用地建设租赁住房来增加农村集体经济组织和农民收入渠道,探索利用集体建设用地建设租赁住房建设模式、融资模式、收益分配模式等,促进农村村庄整治和提高农村土地节约集约用地水平。"①

（三）试点的工作安排

按《武汉市利用集体建设用地建设租赁住房试点实施方案》要求,试点的工作安排分为六个阶段。2017年9月—2017年11月为试点工作的准备阶段,2017年12月—2018年6月为试点项目的报批阶段,2018年7月—2019年9月为试点项目的实施阶段,2019年10月—11月为试点项目的中期评估检查阶段,2019年12月—2020年11月为试点推广阶段,2020年12月为试点工作总结阶段。目前,试点工作正处在实施阶段。

（四）试点的进展情况

4个试点项目地块分别位于东湖高新区武汉未来科技城、江夏区小李村、蔡甸区玛瑙村和黄陂区濈口村,4个地块加起来总面积不到100亩,都还没有开工建设,但相关的前期工作均在进行中。下面介绍的是进度相对较快的两个项目。

江夏区小李村项目占地30亩,由小李村与武汉藏龙集团有限公司合作,成立合资公司共同开发。合资公司注册资本金为1000万元,村集体将经过评估后的30亩集体土地使用权作价入股,占合资公司股份的51%,武汉藏龙集团有限公司占49%。项目计划总投资1.8亿元,规划建设租赁房276套,主要为90平方米以下的房型,房子只租不售。房屋的所用权归合资公司,村集体和村民按入股的土地每年分成。

黄陂区濈口村项目占地6亩,由濈口村与武汉市地产集团所属武汉市保障性住房投资建设有限公司合作,成立合资公司,共同开发建设租赁房。规划建设一栋32层楼房,252套租赁房,全部为75平方米以下的房型。武汉市保障性住房投资建设有限公司承担租赁房项目建设的全部成本,占合资公司股份的85%,濈口村村集体以集体土地使用权作价入股,占合资公司股份的15%。按照双方签订的合作协议,合资公司由濈口村村集体监督管理、独立运营、独立核算。项目建成投入运营后,合

---

① 引自《武汉市利用集体建设用地建设租赁住房试点实施方案》。

资公司在前 3 年每年固定支付给村集体 30 万元；3 年后，项目利润按合作双方所占的股份分成。

（五）试点的困难

由于试点项目的规模不大，且大多远离中心城区，建成后能否收回成本乃至盈利，还需要时间观察。从目前来看，东湖高新区武汉未来科技城项目虽然周边地区交通便利，但该项目本身所在地离周边的公交站点和工业园区还是稍稍远了一点。江夏区小李村项目虽然在藏龙小学对面，但附近配套设施不足，周边没有公交，最近的工业园区在 2 千米之外，外来打工就业的人数不多。蔡甸区玛瑙村项目虽然附近有几个工业园区，租赁需求较旺，但园区的工人收入偏低，周边现在的住房租金不高。只有黄陂区滠口村项目位置较好，周边有汉口北国际商品交易中心等专业批发市场，交通便利，试点双方都对试点项目充满信心。

第四节 对湖北农村集体建设用地制度改革的建议

2008 年 10 月，党的十七届三中全会决定中明确指出："逐步建立城乡统一的建设用地市场，对依法取得的农村集体经营性建设用地，必须通过统一有形的土地市场、以公开规范的方式转让土地使用权，在符合规划的前提下与国有土地享有平等权益。"这一基本思想一直延续至今，并没有发生大的变动。为进一步促进湖北农村集体建设用地制度改革，落实中央文件精神，建议如下。

一 落实在符合规划和用途管制前提下平等入市、同地同权

（一）认真落实平等入市、同地同权

落实平等入市，即集体经营性建设用地可以与国有建设用地公平地在同一个市场平台上进行交易，国有建设用地怎么入市，集体经营性建设也可以这么入市；落实同地同权，即集体经营性建设用地可以与国有建设用地一样，出让、租赁、入股、抵押等，国有建设用地有哪些权利，集体经营性建设用地也有这些权利。

(二) 合理落实规划和用途管制

集体经营性建设用地与国有土地同等入市，同地同权，也必须像国有土地一样，符合规划和用途管制。不符合规划和用途管制的，是不能入市的。但由于现实中已有一些集体经营性建设用地早就入市了，且不符合规划和用途管制，处于法律监管的灰色地带，对于这些经营性建设用地，如何落实规划和用途管制，且不用规划和用途管制来损害集体建设用地的利益，需要审慎对待。

(三) 存量和增量集体经营性建设用地都可入市

农村集体建设用地包括集体公益性建设用地、集体福利性建设用地（宅基地）和集体经营性建设用地，享有与国有土地平等入市的是用地性质为经营性的集体建设用地，而不能是公益性或福利性的建设用地。过去，农村集体经营性建设用地主要是乡镇企业用地，而乡镇企业在20世纪90年代末的改制中已纷纷消亡，因此湖北农村集体经营性建设用地的存量并不多，试点中入市的主要是将宅基地和其他性质的用地调整为经营性建设用地的新增用地。因此，平等入市、同地同权的集体经营性建设用地，不仅要包括存量集体经营性建设用地，也要包括增量集体经营性建设用地。不能将新增的集体经营性建设用地排除在农村集体建设用地制度改革的范围之外。

二 地方政府放弃对经营性建设用地市场的独家垄断

(一) 经营性建设用地市场供应主体由地方政府一家变为"1+N"家

地方政府应主动放弃对建设用地市场的独家垄断供应，供应主体由地方政府一家变为地方政府和多个农村集体经济组织都可供应，地方政府与N家农村集体经济组织拥有平等的权利，在同一市场上公平竞争。

(二) 地方政府不能在经营性建设用地上与民争利

地方政府在经营性建设用地上既要放弃独家垄断，又不能利用政府权力刁难和打击与之竞争的农村集体经济组织。要建立约束地方政府与民争利的集体经营性建设用地入市的相关规则和相关程序，从平等保护的角度来保护农民集体经济组织的土地权益。

(三) 建立城乡统一的经营性建设用地市场

建立城乡统一的经营性建设用地市场，要充分发挥市场在配置经营性建设用地上的决定性作用。要按照"两种产权、同一市场"来建设城乡统一的经营性建设用地市场，由市场来配置城乡国有与集体经营性建设用地，由市场来反映经营性建设用地供求关系和稀缺程度，由市场来确定经营性建设用地的价格。

三 按同地同权抓紧修改相关法律制度

(一) 抓紧修订《土地管理法》

从2008年党的十七届三中全会后，我国即按三中全会精神启动了对《土地管理法》的修订工作，但迟至现在仍未完成。这既表明修法工作极其复杂，也反映出多方利益的持续博弈。但不管怎样，必须抓紧按同地同权修订《土地管理法》，否则很多地区进行的集体经营性建设用地入市的探索将始终处于法外状态，土地制度改革的相关政策力度将大打折扣。

(二) 抓紧修订《担保法》

修订《担保法》中对集体土地与国有土地在抵押担保时权利不对等的歧视，从法律上确保集体经营性建设用地与国有建设用地在抵押担保上同地同权。

第七章

湖北农村土地征收制度变迁

本章考察土地征收制度在湖北农村的变迁情况、湖北农村土地征收制度的现状与问题、农村土地征收制度改革在湖北的试点，并在此基础上，提出相应政策建议。

第一节 农村土地征收制度在湖北变迁的不同阶段

一 1978—1986 年：《土地管理法》出台前

(一) 提高1958年制定的征地补偿标准

1978年实施改革开放政策后，政府工作重心转向经济建设。由于扩大生产需要更多的土地资源，此时再沿用1958年颁布的《国家建设用地征收办法》已经无法解决建设用地使用中遇到的新问题，很多原有的体系无法正常运转，新形势下的征收工作没有指导依据。在这一背景下，为了顺应新时期的经济发展需求，提出了适当提高征地补偿标准的改进建议。耕地征收的补偿标准从1958年的2—4倍增加到3—6倍，还要求在制定补偿标准时考虑不同的种植类型。① 对于被征地农民，除征地补偿外，还应支付安置补助费，同时规定安置补助标准和使用方向。并且，规定征地工作的具体承办单位是各级人民政府的土地管理机关。

(二) 1982年《国家建设征用土地条例》的实施

1982年5月14日，《国家建设征用土地条例》(以下简称《条例》)

---

① 张元庆：《我国征地补偿制度变迁的路径依赖与路径创新研究（1949—2013）》，博士学位论文，辽宁大学，2014年。

开始实施。在《条例》中，第一次明确提出"节约土地是我国的国策"。与 1958 年《国家建设征用土地办法》相比，其政策深度和广度有了更大的提高。第 4 条规定，"国家建设征用土地，凡符合本条例规定的，被征用社队的干部和群众应当服从国家需要，不得阻挠和妨碍"，首次提出了强制征地的要求。第 5 条规定，"征用的土地，所有权属于国家，用地单位只有使用权"，它指出了所有权和使用权的分离，为未来的土地使用制度改革奠定了基础。《条例》规定的征地对象主要是农村集体土地。这些原则一直沿用至今。国务院 1980 年 201 号文《关于中外合营企业建设用地暂行规定》中规定，"中外企业建设用地，应由建设用地主管部门统一办理征地"，所以在《条例》中"兴办社会公共事业"的征地中，企业建设用地也被列入适用清单。① 企业建设用地可以征地得到了法律承认，实际上从那时起就一直被继承，已成为各方争议最大的问题之一。总的来说，《条例》在计划经济时代建立了征地制度，反映了计划经济条件下的征地特征，已成为经济转型期征地制度改革的基本参考点。

《条例》颁布后，湖北省也制定了自己的征地实施条例。为进一步落实《国家建设征用土地条例》，国务院同年颁布了《村镇建房用地管理条例》。1984 年 9 月，国务院颁布了《关于改革建筑业和基本建设管理体制若干问题的暂行规定》，农牧渔业部、国家计委等部门联合制定颁布了《关于征用土地费实行包干使用暂行办法》和《国家建设征用菜地缴纳新菜地开发建设基金暂行管理办法》等。这些规定在保障国家建设用地需求的同时，对一些土地浪费行为进行了一定程度的抑制，这一时期征地和经济建设之间的社会矛盾问题尚不突出。

（三）1986 年《土地管理法》的通过

为抑制土地浪费行为，改善耕地滥用现象，1986 年 3 月国家发布了《关于加强土地管理制止乱占滥用耕地的通知》，该通知要求尽快建立、健全我国土地管理法律法规，改变无法可依的现状。1986 年 6 月，我国将土地条例正式上升为法律，《土地管理法》正式出台，同时废止《条例》。从此，我国有了专门的土地管理法，征地也有正式的法律依据。1987 年 1 月 1 日，《土地管理法》正式实施。土地征收和管理由不同部门

---

① 柴涛修等：《新中国征地制度变迁评述与展望》，《中国土地科学》2008 年第 2 期。

分散管理转变为由国家土地管理局进行集中统一管理。国家土地管理局成为国务院的直属局,对中国土地征收进行专门管理。同时,还下设各级地方土地管理部门,以贯彻实施土地管理政策。①

1986年《土地管理法》第2条规定:"国家为了公共利益的需要,可以依法对集体所有的土地实行征用。"第24条规定:"国家建设所征用的集体所有的土地,所有权属于国家,用地单位只有使用权。"第27条规定:"国家建设征用土地,由用地单位支付土地补偿费。征用耕地的补偿费,为该耕地被征用前三年平均年产值的三至六倍。征用其他土地的补偿费标准,由省、自治区、直辖市参照征用耕地的补偿费标准规定。被征用土地上的附着物和青苗的补偿标准,由省、自治区、直辖市规定。"第28条规定:"国家建设征用土地,用地单位除支付补偿费外,还应当支付安置补助费。征用耕地的安置补助费,按照需要安置的农业人口数计算。需要安置的农业人口数,按照被征用的耕地数量除以征地前被征地单位平均每人占有耕地的数量计算。每一个需要安置的农业人口的安置补助费标准,为该耕地被征用前三年平均每亩年产值的二至三倍。但是,每亩被征用耕地的安置补助费,最高不得超过被征用前三年平均年产值的十倍。征用其他土地的安置补助费标准,由省、自治区、直辖市参照征用耕地的安置补助费标准规定。"第29条规定:"依照本法第27条、第28条的规定支付土地补偿费和安置补助费,尚不能使需要安置的农民保持原有生活水平的,经省、自治区、直辖市人民政府批准,可以增加安置补助费。但是,土地补偿费和安置补助费的总和不得超过土地被征用前三年平均年产值的二十倍。"第30条规定:"国家建设征用土地的各项补偿费和安置补助费,除被征用土地上属于个人的附着物和青苗的补偿费付给本人外,由被征地单位用于发展生产和安排因土地被征用而造成的多余劳动力的就业和不能就业人员的生活补助,不得移作他用,任何单位和个人不得占用。"第31条规定:"因国家建设征用土地造成的多余劳动力,由县级以上地方人民政府土地管理部门组织被征地单位、用地单位和有关单位,通过发展农副业生产和举办乡(镇)村企业等途

---

① 张元庆:《我国征地补偿制度变迁的路径依赖与路径创新研究(1949—2013)》,博士学位论文,辽宁大学,2014年。

径,加以安置;安置不完的,可以安排符合条件的人员到用地单位或者其他集体所有制单位、全民所有制单位就业,并将相应的安置补助费转拨给吸收劳动力的单位。"

由于征地造成的失地农民可以安排就业,因此当时的征地并没有造成严重的失地农民问题,征地补偿标准低也没有成为突出问题。不少农民甚至羡慕那些因土地被征后安排进工厂成为工人的失地农民。但《土地管理法》也为以后的征地冲突留下了伏笔。一是《土地管理法》规定,农村土地归农民集体所有。"已经属于乡镇农民集体经济组织所有的,可以属于乡镇农民集体所有。村农民集体所有的土地已经分别属于村内两个以上农业集体经济组织所有的,可以属于各该农业集体经济组织的农民集体所有。"镇、村、组都可以成为集体土地的所有者,虽然从法律上看好像是清晰的,但在实际工作中,集体土地产权关系实际上是不清晰的,责、权、利也不明确,这为后来的征地冲突埋下了隐患。二是土地补偿标准偏低,这在后来国企改革工人下岗、乡镇企业纷纷垮台,再也无法安置失地农民的情况下,引发了大量社会矛盾。而且,随着城市化进程不断加快,土地需求量不断增加,征地范围扩大导致失地农民利益受损,较低的补偿标准为政府低成本获取土地创造了便利,进一步造成了严重的土地浪费,即使后期的征地制度得到了修改和改善,但从长远发展的角度来看,并没有从根本上解决问题。

二 1987—1998 年:《土地管理法》出台后到修订前

(一) 城市土地扩张高峰和开发区热

以 1986 年《土地管理法》相关内容为核心的征地制度在国民经济建设中发挥了重要的作用。从建立以经济建设为中心的国家整体发展思路来看,征地制度更多地体现了经济发展职能,但是对于新阶段社会关系的协调作用却显得不足,造成了土地利用上的粗放使用。如 20 世纪 80 年代的城市土地扩张高峰和 1992 年的"开发区热",造成了土地大量浪费和耕地减少。1986 年至 1995 年,非农业建设用地侵占农业用地 2960 万亩,灾害和废弃物造成的耕地流失超过 7000 万亩。同时,由于征地收益分配不公,土地征收纠纷开始增多。随着国有土地使用权的改革,土地作为资源和资产的二元性逐渐体现,典型的表现是土地价格上涨,征地已成为新增国有土地的重要来源,引发土地投机行为。由于土地征用后缺乏开放、透明和有效的增值空间分配制度,出现了大量腐败和不公平现象。征地制度与市场经济发展的矛盾逐步凸显,与此同时,耕地面积的迅速下降导致了对粮食安全的广泛思考,耕地保护日益成为政策关注的焦点之一。

当时,相对较低的征地成本也成为吸引外资和发展当地经济的最有力支撑之一。但是随着经济的发展,要素的相对价格发生了巨大变化。一方面,地方官员的征地动机越来越强,征用的农地被用于所谓的"政治绩效项目"。或者将其用来建设各种经济开发区,以吸引投资,从土地中赚钱,导致土地资源的进一步浪费。另一方面,随着产业结构的变化,农产品的比较价格下降。基于被征用土地年产量的有限倍数,征用补偿与公平市场价格之间的差距正在扩大。这引起了农民的普遍失望和不满,增加了社会矛盾。面对相对价格的变化,如何建立公平的征地制度,协调征地过程中政府、企业、集体和个体农民的关系,在适应经济建设需要的同时,促进社会和谐,成为征地制度改革的主要考虑因素。[①]

(二)1988年《土地管理法》第一次修正后

1988年12月29日,我国对《土地管理法》进行了第一次修改。这次修改主要是对违反《土地管理法》的处罚行为进行修改,关于征地的规定并没有做任何修改,继续沿用。

由于该时期我国城镇化进程不断加快,导致建设用地需求增加,为了缓解耕地不断减少的状况,1997年4月15日,中共中央办公厅发布了《关于进一步加强土地管理切实保护耕地的通知》。该通知要求:"对农地和非农地实行严格的用途管制。自本通知下发之日起,冻结非农业建设项目占用耕地一年,确实需要占用耕地的,报国务院审批。"

三 1998—2004年:《土地管理法》修订后到第二次修正

(一)1998年《土地管理法》修订后

1998年8月29日,我国对《土地管理法》进行了修订暨第二次修改,经第九届全国人民代表大会常务委员会第四次会议修订通过,明确

[①] 柴涛修等:《新中国征地制度变迁评述与展望》,《中国土地科学》2008年第2期。

了"土地用途管制"和"耕地占补平衡"原则,再次强调了耕地保护问题。与1988年版相比,1998年版《土地管理法》在征地上的最大变化就是用途管制和从事建设必须使用国有土地的规定。这导致无论是否是公共利益,只要搞建设,要么就用存量的国有土地,要么就得征用农民的土地。其他的变化主要有:进一步加强控制农用地转用数量;进一步完善、透明征地程序,要求征地前事先告知、听证、报批、公告等程序,征求被征地农村集体组织和村民的意见,赋予村民知情权和参与权;进一步上收农用地征收权,将审批权全部收归省和国家,国有土地使用权的审批下放到县市级政府;调整提高了征地补偿标准,有关征用耕地的补偿标准是其被征收之前3年平均年产值的6—10倍。征收土地的安置补偿费标准,则按照需要安置的实际农业人口计算。"每一个需要安置的实际农业人口的补助费标准,按照该土地被征收之前三年平均年产值的4—6倍补助。但最高不得超过该被征收土地前三年平均年产值的15倍。在补偿实践中,如果征收耕地的安置补助费和土地补偿费不能保证被征地村民原来的生活水平,经过相关部门批准,其补助额度可适当提高,但补偿总额不能超过该被征收耕地被征收前三年平均年产值的30倍。"①

1998年《土地管理法》的出台,导致所有新增的建设用地几乎都要通过征收农民的土地实现,对保护耕地形成了巨大压力。为加强对耕地的保护,国土资源部1999年3月出台了《建设用地审查报批管理办法》,1999年12月下发了《关于加强征地管理工作的通知》,对"滥用征地权、征地补偿标准不合法、征地补偿安置不落实、侵犯农民权益等问题"进行了规范。

2003年10月召开的党的十六届三中全会提出:"按照保障农民权益、控制征地规模的原则,改革征地制度,完善征地程序。严格界定公益性和经营性建设用地,征地时必须符合土地利用总体规划和用途管制,及时给予农民合理补偿。"

2003年12月31日,中央发布《中共中央、国务院关于促进农民增加收入若干政策的意见》(2014年中央"一号文件"),该意见强调:"在

---

① 《1998年〈土地管理法〉与1986年〈土地管理法〉的比较》,豆丁网,http://www.docin.com/p-11765411.html。

征地实施过程中，各级地方政府必须控制征地规模，避免浪费土地资源；严格执行征地保护制度，确保征地过程妥善保护农民权益；严格遵守《土地管理法》，严格执行全国土地总体规划和相关审批程序及权限；各地方政府在征地过程中，明确征地目的，确定合理的征地补偿标准。"

2004年1月9日，国土资源部颁布了《国土资源听证规定》，对拟定或者修改基准地价、组织编制或者修改土地利用总体规划和矿产资源规划、拟定或者修改区域性征地补偿标准、拟定拟征地项目的补偿标准和安置方案、拟定非农业建设占用基本农田方案等进行了规定。这些规章、决定的出台，对于我国土地管理的完善与改革起到了良好的促进作用。①

（二）2004年《宪法》的修正

1998年版《土地管理法》的修订强调了对土地资源，特别是耕地的保护，但对于征地过程中出现的社会矛盾，并未起到显著的调节作用。征地补偿标准仍然偏低，征地后的增值收益分配不公，农民无法分享经济发展的成果，丧失了农地的发展权收益，社会贫富差距进一步拉大，社会矛盾进一步加剧。建立与市场经济条件相协调的征地制度，公平、公正、公开成为基本的改进方向。

2004年3月14日，第十届全国人大二次会议正式通过《宪法（修正案）》，其中，第10条第3款由原来的规定"国家为了公共利益的需要，可以依照法律规定对土地实行征用"修订为"国家为了公共利益的需要，可以依照法律规定对土地实行征收或者征用并给予补偿"。第13条新增第3款规定："国家为了公共利益的需要，可以依照法律规定对公民的私有财产实行征收或者征用并给予补偿。"

为尊重和保护公民财产权利，《宪法（修正案）》第13条："国家保护公民的合法的收入、储蓄、房屋和其他合法财产的所有权。""国家依照法律规定保护公民的私有财产的继承权。"修改为："公民的合法的私有财产不受侵犯。""国家依照法律规定保护公民的私有财产权和继承权。"同时在第33条新增第3款："国家尊重和保障人权。"

---

① 张元庆：《我国征地补偿制度变迁的路径依赖与路径创新研究（1949—2013）》，博士学位论文，辽宁大学，2014年。

（三）2004年《土地管理法》第二次修正

为与宪法相一致，2004年8月28日，全国人大通过了对《中华人民共和国土地管理法》的第二次修正（第三次修改）。这次修正的亮点是界定与区分了征收与征用的概念，将以前《土地管理法》中改变土地所有权关系的征用一词，修改为征收，将不改变土地所有权关系、只改变土地使用权关系的，称作征用。

其他修改没有实质性的变化，主要有：提高了我国土地征收补偿费用和安置补助费用的上限，根据地区实际情况，土地补偿费和安置补助费也可以突破年产值的30倍上限；在一些条件许可的地区，省级国土部门要协同相关部门制定区片内的综合地价，并按相关程序上报省级人民政府批准，之后公布实施；还要求禁止用地单位与被征收土地的集体组织私下协商地价，必须实行政府统一征地；用于城市发展的农地，必须缴纳"新增建设用地土地有偿使用费"；同时取消了对失地农民的用工安置等。

四　2004年至今：《土地管理法》第二次修正后

（一）2007年《物权法》出台前

第二次修正后的《土地管理法》于2004年8月28日公布实施后不久，2004年10月13日，国务院颁布《关于深化改革严格土地管理的决定》，为贯彻落实该决定，国土资源部于2004年11月3日发布了《关于完善征地补偿安置制度的指导意见》，就征地补偿标准、安置途径、征地程序和征地监管做出了新的调整。同时，国土资源部对土地供应、耕地保护和土地管理机构也进行了相应调整。[①]

2005年10月，党的十六届五中全会提出："加快征地制度改革，健全对被征地农民的合理补偿机制。"2006年，党的十六届六中全会《中共中央关于构建社会主义和谐社会若干重大问题的决定》也提出："从严控制征地规模，加快征地制度改革，提高补偿标准，探索确保农民现实利益和长期稳定收益的有效办法，解决好被征地农民的就业和社会保障。"2005年，党的中央"一号文件"《中共中央国务院关于推进社会主义新

---

① 柴涛修等：《新中国征地制度变迁评述与展望》，《中国土地科学》2008年第2期。

农村建设的若干意见》提出："推进征地、户籍等制度改革，逐步形成城乡统一的要素市场，增强农村经济发展活力。"2006年，中央"一号文件"明确提出："加快征地制度改革步伐，按照缩小征地范围、完善补偿办法、拓展安置途径、规范征地程序的要求，进一步探索改革经验。"2006年8月31日，国务院发布《关于加强土地调控有关问题的通知》，该通知也被称为31号文件，要求：为提高我国建设用地审批效率，按照权力和责任相统一原则，改变审批程序和方式，即有关农地转用审批程序不再由国务院直接审批，改为先由省级政府汇总申报，再由国土资源部审核，最后国务院批准，并由省级政府部门组织、市级政府部门具体执行。为了更好地执行31号文件，国土资源部于2006年12月31日发布了《关于调整报国务院批准城市建设用地审批方式有关问题的通知》，该通知对建设用地报批内容、程序、责任等做了更加详细的规定。同时规定："工业用地必须采用招标拍卖挂牌方式出让，其出让底价和成交价格均不得低于所在地土地等别相对应的最低价标准。"

（二）2007年《物权法》出台

2007年3月16日，十届全国人大五次会议通过了《物权法》。《物权法》规定，我国农村集体土地是农村集体所有的不动产和动产，从法理层面界定了农村集体土地所有权、使用权等具有资产和财产属性。《物权法》第58条规定，集体所有的不动产和动产包括法律规定属于集体所有的土地和森林、山岭、草原、荒地、滩涂等。第42条明确规定："征收集体所有的土地，应当依法足额支付土地补偿费、安置补助费、地上附着物和青苗的补偿费等费用，安排被征地农民的社会保障费用，保障被征地农民的生活，维护被征地农民的合法权益。"并对用于经营性土地的使用权挂牌出卖制度进行了明确规定："工业、商业、旅游、娱乐和商品住宅等经营性用地以及同一土地有两个以上意向用地者的，应当采取招标、拍卖等公开竞价的方式出让"；"建设用地使用权可以在土地的地表、地上或者地下分别设立"。

（三）开展征地制度改革试点

这一时期征地制度改革成为党中央、国务院文件的主要关注点。2008年中央"一号文件"指出："继续推进征地制度改革试点，规范征地程序，提高补偿标准，健全被征地农民的社会保障制度，建立征地纠纷调处裁决制度。"2008年1月7日，国务院发布了《关于促进节约集约用地的通知》，该通知对于土地有偿使用制度改革提出了更加明确的要求，在继续严格执行和落实工业及经营性用地的拍卖挂牌出让制度的同时，要不断健全集约用地机制，充分发挥市场在资源配置中的基础性作用。有关国家机关办公及水利、交通等基础设施建设等各类用地也应该积极探索有偿使用的原则。

2008年10月，党的十七届三中全会召开，会议对土地制度改革做出了重大安排，提出"在土地利用规划确定的城镇建设用地范围外，经批准占用农村集体土地建设非公益项目，允许农民依法通过多种方式参与开发经营并保障农民合法权益"。至此，缩小征地范围的口号正式提出，并开始安排试点。①

随着经济不断发展和社会结构的不断调整，集体土地的有偿使用有效提高了集体土地利用率，而土地资源的优化配置成为未来土地利用的必然趋势和客观要求。为了更好地推进这一制度，国土资源部于2009年3月21日发布《关于促进农业稳定发展农民持续增收推动城乡统筹发展的若干意见》，该意见规定：有流转需要的集体土地，在流转之前必须进行土地所有权和使用权登记，特别是集体经营性土地，流转为建设用地之前必须进行所有权认定和确权。没有经过确权的集体土地不许进行流转和有偿使用，也不许进入市场进行交易。为了有效利用土地资源，国土资源部于2010年1月21日又发布《国土资源部关于改进国务院批准城市建设用地申报与实施工作的通知》。② 该通知要求：申报廉租房、经济适用房及中低价位商品房等的用地占住宅用建设用地比例不得低于70%。为了防止违规建设造成土地资源浪费，2010年3月12日，国土部还要求在全国范围内对房地产违规用地和违规建设等情况进行专项检查，坚决禁止囤地炒地、擅自改变土地原有用途和违规供地建设别墅等行为。

2010年，国土资源部启动新一轮征地制度改革，确定了国家综合改革试验区，选取11个城市开展征地制度改革试点。试点的主要内容包括

---

① 唐健：《征地制度改革的回顾与思考》，《中国土地科学》2011年第11期。
② 张元庆：《我国征地补偿制度变迁的路径依赖与路径创新研究（1949—2013）》，博士学位论文，辽宁大学，2014年。

三方面：一是区分公益性和非公益性土地使用，缩小征地范围；二是完善征地补偿安置机制；三是改进农用地转用与征地的审批方式。在天津、重庆、沈阳、武汉、长沙、成都开展了缩小征地范围的试点尝试，探索更加明晰的征地范围界定和非公益性用地取得方式，尝试维护农民土地财产权和发展权。其中，天津、重庆、成都同时开展农用地转为建设用地的"征转分离"审批制度改革试点；唐山、杭州、佛山等地开展征地拆迁补偿安置及房屋拆迁补偿试点。①

为了完善土地征收的法规条款，2011年1月20日，国务院常务会议原则通过《国有土地上房屋征收与补偿条例（草案）》，该草案进一步修改后取消行政强拆，对集体土地征收补偿法规进行修订。

2011年4月10日，经过国土部的调研，31个省（区、市）均报告用地计划指标不足，多数反映下达指标只能满足1/3的用地需求。2011年6月25日国土资源部正式印发《国土资源"十二五"规划纲要》，确定"十二五"期间，全国耕地保有量保持在18.18亿亩，新增建设用地总量控制在3450万亩。② 为进一步强化对土地调控，2011年7月20日，国务院常务会议要求：（一）坚决保护我国耕地现有数量不减少，同时提高耕地质量；（二）严格执行《土地管理法》，依法处理与土地相关事务，杜绝违法违规使用土地现象重现；（三）实现农村集体土地建设用地的科学、规范管理，严格执行《国有土地上房屋征收与补偿条例》；（四）加大保障性住房的供应工作；（五）加快我国土地结构调整和方式转变，进一步完善我国土地调控机制。这就是我国土地市场所谓的"国五条"。同时，国土部提出，为了适应新形势的需要，防止我国耕地过快流失，同时保障农民合法权益，应尽快修订现行的《土地管理法》，保护农民的土地权利。

2012年2月17日，国土部再次重申，《土地管理法》要修订到位，"必须让集体土地入市"。2012年11月29日，国务院通过《中华人民共和国土地管理法修正案（草案）》，该修正案草案坚持"先补偿安置，后

---

① 唐健：《征地制度改革的历程回顾和路线设计》，《国土资源导刊》2012年第8期。
② 张元庆：《我国征地补偿制度变迁的路径依赖与路径创新研究（1949—2013）》，博士学位论文，辽宁大学，2014年。

实施征地"原则；建立健全违规征地行政问责制度，保障失地农民行政复议和提起行政诉讼的权力。并且规定：应当按照公开、公正和合法原则，给予被征地村民公平补偿。还删除了有关征地补偿上限30倍的说法，同时增加了"补偿资金不落实的，不得批准和实施征地"等内容。2012年12月24日，该修正案草案提请全国人大常委会审议，提议未通过，且两年内未提请审议，按照立法法规定，已终止审议。国土资源部办公厅于2013年5月发布《关于严格管理防止违法违规征地的紧急通知》，该通知要求：征地活动不得强制执行，避免暴力征地行为；对于违反征地合法程序，拖欠征地补偿费用，不实施征地安置的地区，必须进行整改；严肃查处违规征地和强制征地行为等，处理好"保发展、保红线、保权益"的关系。2013年4月22日，国土资源部印发《保发展保红线工程2013年行动方案》，并落实633万套保障性安居工程建设用地供给，严格执行目标责任考核。国务院第31次常务会议要求，进一步完善不动产统一登记制度，由国土资源部具体负责监督不动产登记执行情况，要求实现登记簿册、登记机构、登记依据和信息平台的统一。

2014年12月，中共中央办公厅、国务院办公厅印发《关于农村土地征收、集体经营性建设用地入市、宅基地制度改革试点工作的意见》的通知，要求试点从"缩小土地征收范围""规范土地征收程序"和"完善对被征地农民合理、规范、多元保障机制"三个方面"完善农村土地征收制度"。2015年2月27日，全国人民代表大会常务委员会授权国务院在33个县（市、区）开展试点，湖北省宜城市纳入宅基地制度试点市。2016年9月，经中央改革办批准，宜城市追加为农村土地征收改革试点和集体经营性建设用地入市试点市。

第二节　湖北农村土地征收制度现状与存在的问题

一　湖北农村土地征收制度的现状

征地补偿标准不同地区之间差异较大。在2004年《国务院关于深化改革严格土地管理的决定》（国发〔2004〕28号文）发布前，湖北省征地补偿按《土地管理法》执行。后期湖北省结合现状制定了相应文件，将全省分为六类区。并且，于2009年10月4日下发《湖北省征地统一年产值标准和区片综合地价的通知》，其中，区片综合地价最高30万元/亩；征地统一年产值标准最高4.9万元/亩；新征地补偿标准统一了征地区片价和年产值标准，但征地区综合地价只涉及武汉、襄樊、荆州、黄石四地的主城区，其余地市均按统一年产值标准，不同城市之间补偿差别较大，不同片区的差异也很明显。①

表7—1   2005年和2010年湖北省各市征地补偿标准对比

地市	2005年补偿（元/亩）				2010年补偿（元/亩）			
	最少	最多	均值	排名	最少	最多	均值	排名
武汉	7000	16000	12000	3	10000	26800	20000	3
孝感	11500	11500	11500	4	10600	10600	10000	5
咸宁	11000	11000	11000	5	22000	22000	22000	2
仙桃	15000	15000	15000	2	12500	17500	17000	4
黄冈	20000	20000	20000	1	29000	54000	30000	1

补偿方式从单一走向多元。武汉城市圈内征地补偿主要采用货币安置补偿方式，鄂州、黄冈、咸宁、孝感等城市逐步采取社会保障安置方式，弥补了单一货币补偿方式的弊端。国务院2006年29号文《关于做好被征地农民就业培训和社会保障工作指导意见的通知》，明确要求落实被征地农民的就业培训和社会保障资金，以保障被征地农民失地后的基本生活。湖北省国土资源厅开始落实社会保障补偿，并以此为后续的补偿安置重点。一是部分地区尝试了多元化的补偿方式，如武汉市东湖高新区的"和谐征用补偿"做法。二是积极加强对被征地农民的技能培训和创业培训，鼓励村集体经济实行土地补偿费入股。如孝感市根据被征地农民意愿将18岁以下人员纳入低保范围，将男55岁以上，女50岁以上的人员纳入基本养老保障。18岁以上，55岁以下男性，50岁以下女性，通过培训，推荐就业，发放安置补助，办理社会保障等方式进行安

---

① 郭玲霞：《农地城市流转对失地农户福利影响及征地补偿研究——以武汉城市圈为实证》，博士学位论文，华中农业大学，2012年。

置。云梦县的留地安置计划以村庄为基础，城市规划区发展留用地面积40—60亩，主要用于第三产业发展；城市规划区以外发展留用地70—100亩，主要用于发展第二、第三产业，以促进村集体经济的健康持续发展。提高公共福利水平，确保被征地农民特别是弱势群体的生产和生活。①

补偿标准逐步提高。1987年《湖北省土地管理实施办法》第6条规定："国家建设征用土地，由用地单位按下列标准支付征地费。（一）土地补偿费和地面附着物补偿费。1. 征用省辖市郊区耕地的，按其年产值的五到六倍补偿；征用县级市和县辖镇郊区耕地的，按其年产值的四到五倍补偿；征用其他地方耕地的，按其年产值的三到四倍补偿。年产值的计算：国家牌价和市场价的平均数，乘以同类土地前三年平均年产量（下同）。2. 征用有收益的非耕地，按其年产值的二到三倍补偿。3. 征用宅基地，按邻近土地的补偿标准补偿。4. 被征土地上的青苗、树木，能计算产值的，按产值补偿；不能计算产值的，合理计价补偿。征地协议签订后抢种的作物、树木，不予补偿。5. 被征土地上的建（构）筑物等的补偿标准，由省辖市或县（市、区）人民政府规定。违章建筑，不予补偿。（二）安置补助费。1. 征用耕地的，每一个需要安置的农业人口的安置补助标准，为被征用耕地每亩年产值的二至三倍。但是，每亩被征用耕地的安置补助费，最高不得超过被征用耕地年产值的十倍。需要安置的农业人口数，按《土地管理法》第二十八条规定的方法计算。2. 征用有收益的非耕地的安置补助费，按其年产值的二至三倍支付。3. 征用无收益的土地，不付安置补助费。（三）上述土地补偿费和安置补助费，尚不能使需要安置的农民保持原有生活水平的，经省人民政府批准，可以增加安置补助费。但土地补偿费和安置补助费的总和不得超过被征地年产值的二十倍。（四）征用城市郊区的菜地，用地单位应当按照国家有关规定缴纳新菜地开发建设基金。收费标准为：武汉市每亩7000元至1万元；其他省辖市每亩5000元至7000元；县级市每亩3000元至5000元。"

1999年修订的《湖北省土地管理实施办法》第26条规定提高了原来

---

① 秦尊文、汤鹏飞：《武汉城市圈集体土地征用补偿方式创新研究——以黄金山"两型"社会先行区为例》，《当代经济》2011年第13期。

的补偿标准:"征用土地按照下列标准支付土地补偿费,安置补助费和地上附着物、青苗等补偿费:(一)征用耕地的,土地补偿费为该耕地被征用前三年平均年产值的6倍以上10倍以下;征用其他土地的,土地补偿费为邻近耕地前三年平均年产值的5倍至6倍;被征用土地上的青苗,能计算产值的,按产值补偿,不能计算产值的给予合理补偿;被征用土地上的建筑物、构筑物等地上附着物的补偿标准参照市场价格予以合理补偿。在征用土地方案公告后抢种、抢建的不予补偿。(二)征用耕地的,每一个需要安置的农业人口的安置补助费标准,为该耕地被征用前三年平均年产值的4倍至6倍,但每公顷被征用耕地的安置补助费,最高不超过该耕地被征用前三年平均年产值的15倍。征用有收益的其他土地,安置补助费标准为邻近耕地前三年平均年产值的4倍至6倍。征用无收益的土地,不支付安置补助费。(三)依照本条第(一)项、第(二)项规定支付土地补偿费和安置补助费,尚不能使需要安置的农民保持原有生活水平的,经省人民政府批准,可以增加安置补助费。但土地补偿费、安置补助费总和不得超过该土地被征用前三年平均年产值的30倍。(四)征用城市郊区的菜地,应当按照国家和省有关规定缴纳新菜地开发建设基金。新菜地开发建设基金的收取、使用、管理按蔬菜基地建设保护的有关法规、规章执行。"

2005年2月,湖北省人民政府下发《关于进一步加强征地管理切实保护被征地农民合法权益的通知》(鄂政发〔2005〕11号),"综合考虑全省各地经济社会发展水平、区位条件和土地价值,决定将全省划分为六类地区,分类制定全省统一的最低年产值标准和安置补助费最低标准,各类非农业建设项目征地补偿不得低于相应的征地补偿标准"。"征收耕地的土地补偿费为该耕地被征收前三年平均年产值的8倍至10倍。一、二、三、四、五、六类地区耕地被征收前三年平均年产值的最低标准分别为每亩1800元、1200元、1000元、900元、800元、700元。征收耕地的安置补助费,按照需要安置的被征地农业人口数计算。需要安置的被征地农业人口数,按照被征收的耕地数量除以被征地的农村集体经济组织征地前平均每人占有耕地的数量计算。一、二、三、四、五、六类地区每一名需要安置的被征地农业人口的安置补助费最低标准分别为18000元、10000元、8500元、7600元、6800元、6000元。征收其他无收益土地的土地补偿费，征收其他有收益的土地的土地补偿费、安置补助费的最低标准，参照上述标准执行。"

2009年10月湖北省下发《湖北省征地统一年产值标准和区片综合地价的通知》（鄂政发〔2009〕46号），实施新的征地补偿标准，主要是为了"进一步加强征地补偿安置工作，解决当前征地工作中存在的补偿标准偏低、区域不平衡等突出问题"，其中，区片综合地价最高30万元/亩；征地统一年产值标准最高4.9万元/亩。

二 湖北农村土地征收制度存在的问题

（一）"公共利益"界定模糊

公共利益的界定是由目前有关征地的法律规定而引起的对政府征地权行使范围的探讨。从各试点城市的实践看，没有一个试点能够结合地方实际给出一个一般定义。"公共利益"征地已被普及和扩大，但是在实际执行过程中容易被滥用，使"公共利益"成为一些地区政府不合理征地的手段，导致任何以"公共利益"为借口都能获得土地的使用权，但对被征地对象的补偿却非常低，从而导致农民的权益屡屡受到侵害，不仅无法分享征地后的土地发展权收益，还由于失地使得生活和生产都缺乏保障。

（二）补偿标准制定不合理

无论是以年产值倍数进行补偿，还是按《国务院关于深化改革严格土地管理的决定》（2004年10月21日国发〔2004〕28号）规定的以统一年产值标准或区片综合地价进行补偿，本质上都是政府定价，而且对宅基地和农民住房没有完整、明确的补偿规定。① 从过去几十年的变化来看，征地补偿标准逐年增加，但按被征土地原用途，即农业用途的产值倍数进行补偿的基本思路一直未变。这种做法使得农民只能按照农地的现有用途计算补偿，从而丧失了分享发展权收益的权利。

在地方政府普遍采用低价谈判的情况下，通过引入省级区域的征地区片价格和统一年产值很难取得良好效果。在征地过程中，实际补偿价格远远超过按照统一年产值和区域综合地价确定的补偿标准。各地征地

---

① 唐健：《征地制度改革的回顾与思考》，《中国土地科学》2011年第11期。

报批案卷中上报的往往并非实际的征地补偿，这一点在发达地区表现得尤其突出。征地区片价及统一产值引入的初衷是为了解决"同地同价"问题，但是统一年产值将县域范围划分为若干个区域，在同一区域内的土地，不论是耕地还是菜地，水田还是旱地，都不做区分，按照统一年产值倍数补偿，导致了"不同地同价"问题，引起农民不满。并且按照规定，每2—3年对区片价和统一年产值进行调整，又给当地政府带来很大麻烦。大众普遍认同征地标准应该逐步提高，但是规定补偿标准的调整期限会产生新的问题：原有被征地农民经常需要按照新的补偿标准给予追加；而准备开始实施征地的地区，农民对新的提高后的补偿标准有期待，影响征地正常进行。[1]

（三）对农村土地管理设置严格限制

《土地管理法》仅仅许可"农村集体经济组织使用乡（镇）土地利用总体规划确定的建设用地兴办企业或者与其他单位、个人以土地使用权入股、联营等形式共同举办企业"，使用权流转也被限定在"所兴办或共同举办的企业因破产、兼并等情形而导致的土地使用权转移"，其他"任何单位和个人进行建设、需要使用土地，必须依法申请国有土地"。农村建设用地由当地农村居民集体所有，不能违反有关土地规划和用途自行开发，更不能无规则地盲目进入土地市场进行使用权流转。并且，国家对宅基地这种农村集体建设用地有针对性地出台了相关规定，即"农村村民一户只能拥有一处宅基地""禁止城镇居民在农村购置宅基地"。[2] 由于农民进城务工导致的宅基地闲置也没有进入市场的渠道和机会，宅基地的市场价格没有形成法律制度安排。

（四）集体土地所有权界定模糊

产权通常分为所有权、使用权、处分权和收益权等，所有权归属理论上将决定使用权、处分权和收益权情况，有法律强制规定的除外。使用权、处分权和收益权是附属于所有权的，所有权的归属将直接决定着其他权利的归属，因此，明确产权界定有助于降低交易费用，实现资源的优化配置。而通过科学合理的制度安排，能够使产权所有人的责权利

---

[1] 唐健：《征地制度改革的历程回顾和路线设计》，《国土资源导刊》2012年第8期。
[2] 杨继瑞、汪锐：《征地制度的来龙去脉及其变革路径找寻》，《改革》2013年第4期。

实现法律意义上的统一。目前城镇化进程中大部分征地纠纷和冲突是由于征收集体所有土地引发，主要原因就在于对农村集体所有制土地中的产权所有者"集体"界定模糊，形成土地所有权陷阱。其一，我国《土地管理法》第 10 条关于集体土地的内容为："农民集体所有的土地依法属于村农民集体所有的，由村集体经济组织或者村民委员会经营、管理；已经分别属于村内两个以上农村集体经济组织的农民集体所有的，由村内各该农村集体经济组织或者村民小组经营、管理；已经属于乡（镇）农民集体所有的，由乡（镇）农村集体经济组织经营、管理。"条款中有"农民集体"和"集体经济组织"所有两个版本，集体界定为乡（镇）、村和村民小组三级，没有对集体的准确表达，导致集体组织这一概念成为一种虚指，致使产权不明，责任不清。其二，在实践中，村集体组织的负责人，在缺少监督的环境中自然成了集体组织的实际代表，肩负多重代理身份，在征地过程中为了自身利益最大化，往往会损害村民的利益。其三，土地归集体组织所有，即村民个人不具有土地所有权，在仅仅拥有土地使用权的权责范围内，当征地过程中村民自身权益受到侵害时，无法获得法律层面的保护。正是由于我国农地所有权主体的缺失，产权被割裂，当征地侵害农民的合理权益时，无法得到法律的有效保护。[1]

（五）失地农民社会保障制度不完善

城镇化进程的顺利进行依托大量的土地资源。为了获得足够的土地资源，就必须对被征地农民合理进行补偿和安置。从被征地农民的长远生计考虑，改革现有的征地补偿办法，提高征地成本，将被征地农民纳入社会保障，是保证我国城镇化进程顺利发展的前提条件，也是城市化良好发展的重要保障。失去土地的农民不仅失去了经济来源，而且失去了生活保障，面临更高的社会风险和就业成本。即使在征地过程中实施就业培训和就业安置，由于农户自身的教育水平和工作能力较低，开始新工作和新生活的难度较大，安置政策的效果并不显著。

---

[1] 张元庆：《中国城镇化与征地困局——基于农地产权视角的思考》，《西北农林科技大学学报》（社会科学版）2014 年第 4 期。

第三节 农村土地征收制度改革在湖北的试点

一 沙洋县的试点

沙洋县的征地制度改革试点是我国在2011年取消政府行政强制拆迁的背景下进行的。2011年1月国务院公布了《国有土地上房屋征收与补偿条例》，该条例在附则中明确规定，"政府不得责成有关部门强制拆迁"。沙洋县将取消行政强拆引入农村土地征收制度改革中进行试点。

（一）征收改革试点模式

1. 征收实施的一般性程序

沙洋县的土地及地上房屋征收与传统的政府征收没有明显的区别。

征地主要包括三个步骤，具体程序如下：第一步是立项，依照法律法规，用地单位或个人提出申请，政府根据相关用地指标进行审核后批准；第二步是立项批准后，开群众会议并进行公告，主要告知征地面积、地点和补偿方式及分配方式，其中补偿方式和分配方式是重点；第三步就是社区干部去做农户工作。

房屋征收主要包括六个步骤，具体程序如下：第一步是明确房屋征收实施单位。根据项目建设情况，由房屋征收补偿管理办公室委托房屋征收实施单位。2012年8月之前是由乡镇一级政府和社区干部直接去做拆迁动员工作，但在2012年8月后乡镇一级政府与县房屋征收和补偿办公室签订委托书后，再和一家拆迁公司签订拆迁具体动员和实施委托书，由拆迁公司具体实施拆迁动员和拆迁实施工作。第二步是入户调查登记公示结果。公布调查登记相关情况，被征收房屋调查登记具体包括：房屋权属、房屋所在区位、房屋性质、用途、建筑面积、房屋装饰装修及其附属设施等。第三步是拟定征收补偿安置方案。拟定相应项目建设房屋征收补偿安置实施方案并报县人民政府，县人民政府组织相关部门进行论证并予以公布，征求公众意见。第四步是及时发布房屋征收公告。公告内容包括征收的目的、征收的范围、征收方案实施时间，以及被征收房屋的补偿标准等。第五步是签订征收补偿安置协议。进行入户宣传，分户送达评估结果，签订补偿安置协议。第六步是依法征收和特殊情况处置。如若达不成征收协议，由县人民政府做出征收补偿决定，并申请县级人民法院采取司法程序进行征收。

2. 征地拆迁补偿安置政策

沙洋县2011年制定了《县人民政府办公室关于征地补偿中地类认定等有关事项的通知》，对土地的认定依据、认定方法、各类型土地与各片区土地的补偿标准和其他相关事项做出了细致的规定。征地补偿费包括三部分。第一部分是土地补偿费，按照标准年产值的9倍进行补偿，其中的30%留给村集体，其他70%直接补偿给农户。具体而言，土地补偿费的42%以货币形式发放到被征地农户，28%则是强制性缴纳社会保险，剩下的30%则归村集体所有和支配。第二部分是安置补偿费，按照标准年产值的10倍进行补偿的，其中28%用于社会保障费用，其他的72%则直接补偿到农户。第三部分是青苗费，按标准年产值补偿，这部分是全部直接补偿到农户。综合起来，每户得到的补偿为每亩2万元左右，但如果把地上附属物（如林木等）的补偿加进去则可能远大于这个数目。

房屋补偿方面，沙洋县房屋征收与补偿办公室2011年4月22日公布了《沙洋城区重点公益和社会发展项目建设房屋征收补偿安置方案》，将沙洋县房屋按地段分为四类区域，一类区域执行最高补偿标准为2450元/平方米，二类区域最高补偿标准为2250元/平方米，三类区域执行最高补偿标准为2000元/平方米，四类区域执行最高补偿标准为1400元/平方米。在实际操作中，则直接按照建筑结构来补偿：砖混结构2450元/平方米，砖木结构2250元/平方米，土木结构2000元/平方米（一般执行的都是最高的标准）。如果采用住宅安置的方式补偿，砖混结构按1∶1比例进行置换，砖木结构按1∶0.8比例进行置换，其他则按照1∶0.6进行置换。在附属物方面，固定居民附属物（包括数目、除屋主以外的其他建筑物、构筑物、鱼池等）及其相关配套设施，由中介评估机构根据相关规定进行评估后以货币支付的方式给予补偿。

3. "一户一策"的实施方案

值得注意的是，政府动员拆迁户时采用的政策是"一户一策"。所谓"一户一策"，就是根据不同拆迁户的具体情况而制定不同的拆迁对策。具体的做法是深入了解拆迁户的家庭情况，尤其是涉及的各方面社会关系情况，再根据这些情况制定相应的对策。最普遍的做法就是在摸清楚其家庭情况和社会关系的基础上，找到被拆迁户最信赖的亲戚或者朋友作为中间人，让他出面协调拆迁。这位中间人甚至可以带着额外的优惠条件去做工作，让被拆迁人觉得中间人是帮着自己在协调拆迁，这样的中间人可以不止一个。

除了中间人，政府作为拆迁方还有一个办法就是通过直接解决拆迁户的一些实际困难，如帮助找工作，补助孩子上学，帮办低保，办贫困补助，或者给些另外的补偿等，解决何种问题根据拆迁户的具体情况来定。如果处理得当，也会事半功倍，甚至让被拆迁户在情感上认可政府的征收行为。而且，这种解决实际困难的办法很多时候是和找中间人的方法一起采用。

但"一户一策"的征地拆迁是一种"黑箱式"的协商谈判，无法消除利益主体之间的信息不对称，使拆迁户产生了一种相对剥夺感——无论自己的要求是否得到满足，都会觉得自己吃亏了，甚至协议补偿最高的一家，也总担心自己将来还会吃亏，这最终造成所有的拆迁户都不愿意先签协议。

4. 引入拆迁公司

如果上面的办法还不能起作用的话，政府还会寻求一种新的方式，即借用社会势力来协助。近年来，国家禁止行政强拆而法院又不愿意介入强拆，如果地方政府无法应对"钉子户"而又缺乏正规合法的渠道进行强拆，通过成立所谓的"拆迁公司"来协助就是一个办法。

在2012年8月之前的征收工作中，进行入户宣传，分户送达评估结果，签订补偿安置协议等，是由乡镇干部和社区干部完成的。而在2012年8月后这些工作开始委托拆迁公司进行，乡镇干部和社区干部主要是作为"引路人"和"监督人"，带领拆迁公司的人入户和对具体的拆迁工作进行监督。

2012年8月前政府拆迁做工作的时候，补偿标准一般允许浮动15%左右（实际浮动情况比这个还要高），主要是政府认为房屋差异性很大，如果没有一定的灵活性拆迁工作不好做，而且这种不成文的规定也可以应对一些"钉子户"的特殊要求。然而，这样做的结果却往往事与愿违，这种弹性的补偿标准使大家产生互相攀比的心理。并且都是和最高的那一家进行比较，都觉得自己吃亏了，即使签协议最高的那一家也总担心后面签协议的会补偿更高，最后大家都不愿意也不敢先签协议，做工作时每个人都说你和他们签协议了我再签，而且每一户都层层加码，或者同时都约好没有100万元大家都不拆，这样房屋征收工作就无法做下去了。

拆迁公司介入拆迁动员和拆迁实施工作后效果明显。2012年1月到8月由政府实施拆迁，拆迁价格很高，全县只拆了8户，进展缓慢，大家都在观望，每拆一户都非常难。2012年8月拆迁公司介入拆迁后，4个月不到就拆了136户，只剩下6户没有拆，而且拆迁的补偿价都是按照评估公司的评估进行补偿的，比起政府拆迁至少节约了一半的钱。

拆迁公司介入拆迁后，弹性很少，基本上就是按照评估公司的评估价进行补偿，而且是公开化的，按照沙洋县2012年5月成立的征收办统一制定的标准执行。

（二）征收改革试点的困境

征地和房屋征收涉及政府、企业和农户等利益主体。在这一过程中，由于各个利益主体的相互博弈，沙洋县遇到了不少棘手的问题。这些利益主体行为的动机和各种问题的根源在于征收后土地增值收益的分配。①

1. 农户间的纠纷

第一种是因土地权属模糊导致的补偿款分配的纠纷，这种纠纷主要发生在农户与农户之间。湖北省在1997年左右对农村集体土地实行第二轮延包政策时，恰逢当地种地效益低，农民税费负担严重，很多农民选择了外出打工，他们的承包地或者抛荒或者流转给他人耕种。因此，二轮延包政策并没有得到切实的执行，而在国家进行税费改革后，很多农民又回来想要回土地，这种纠纷在湖北省极为普遍。在这种形势下，湖北省出台了《关于依法完善农村土地二轮延包工作的若干意见》，通过完善二轮承包政策，解决了大量的土地纠纷。然而，当征地使得土地的价值显化后，围绕土地补偿款的分配的矛盾再次被激化。按照政策，征地补偿本来是以二轮延包后土地承包证为准，但是由于土地经营权的变化在过去的三十年间极为频繁，单纯依靠政府干预缺乏可行性且成本高。

第二种是外来户土地权利及补偿纠纷。沙洋县地势平坦，土壤肥沃，

---

① 唐健等：《新型城镇化战略下农村土地政策改革试验》，中国社会科学出版社2014年版，第209页。

对于临近山区的农民很有吸引力，因此20世纪90年代以来村里的外来户越来越多。这些外来户有的在村里分到了土地，有的则是靠承包其他农户或者村集体的土地，久而久之部分农户认为自己应该享有和原住居民同样的权利。特别是随着征地的规模越来越大，这部分村民看到征地可以获得较大补偿时，便提出自己的土地权利。由于外来户较多且变化频繁，加之有些地方的实际情况存在着较大的差异性，在外来户土地权利及征地补偿纠纷中，政府难以准确合理地确定土地增值收益的分配对象，由此产生了较高的决策成本和失误成本。因此，在土地权属复杂、变动频繁的条件下，政府干预模式并不能有效地应对"分配给谁"的难题。

如何缓解纠纷和矛盾，沙洋县通过尝试适当放权，依靠村民自治内部协商出一条村民都能接受的办法。当时老百姓提出了三种方案：第一个方案是1983年承包给谁就补偿给谁，但因后来土地变动太多，很多人认为这个方案不合理，所以没有采纳。第二个方案是现在谁耕种就补偿谁，这个方案也存在问题，因为2004年前后很多人把地交由别人种，前面由他一直在交农业税费，现耕种的人只交了几年或者根本没有交农业税费却要享受征地补偿，这很不公平。第三种方案是从1983年算起，按照耕种年限分配征地补偿款，这种方案得到了大多数人的拥护，虽然也有一些人不同意，但后来因为绝大多数人的同意，慢慢形成分配习惯，补偿分配的纠纷较少，即使有点意见也基本上在村组一级就解决了。虽然按照耕种年限分配征地补偿款增加了很多工作，但老百姓觉得这种分配方案相对公平。

2. 农民与集体、政府间的纠纷

征收是完全的政府"定价"，实际上就是政府决定了征收增值收益的分配。农民往往会因为对征收补偿不满意但又没有充分的话语权而采取一些特殊的行动。[①]

第一种就是农民会"抢种"。按照湖北省的文件规定，青苗和地上附着物的补偿范围应以征地调查确认结果为依据，依法告知后，凡被征地农村集体经济组织和农户在拟征土地上抢栽、抢种青苗和抢建的地上附

---

① 唐健等：《新型城镇化战略下农村土地政策改革试验》，中国社会科学出版社2014年版，第210页。

着物，征地时一律不予赔偿。现实中这个规定却难以得到执行。在沙洋的城郊农村，村民都预期自己的土地很快将被政府征走，而且也熟知政府的征地补偿政策包含地上附着物。因此，为了获得更多补偿，征地前村民会在田里栽树，镇和社区的干部去管也没用，而赔偿这些树木的费用每亩就达一两万元。甚至有些人直接在地里插上树枝进行"抢种"，或者村民本来只插了5000棵树，但却说有8000棵。如果负责征地拆迁的工作人员较真，村民就故意让工作人员一遍遍地数，否则就不签补偿协议。另外，有的人即使没有"抢种"，也会要求赔偿，现在政府既然赔偿了不符合要求抢种的人，他们按照政府的要求没有抢种，也要弥补一些他们的"损失"，否则有失公平。在强制征地受到限制的情况，工作人员只能和村民讨价还价，最终得出一个村民满意但又不是太离谱的价格。

第二种是借征地拆迁要求解决其他的历史遗留问题。这些历史遗留问题各种各样，有的是被征地农户原来与乡村干部有矛盾，有的是村庄精英之间长期存在的政治竞争，有的是存在一些老问题希望政府能够解决，有的村民甚至提出一些完全无理的要求，政府要是不答应他的条件就不同意拆迁诸如此类问题，有些政府可以解决的，有些则是政府在现有条件下根本无法办到的。因此，政府征地拆迁时碰到这类村民时，工作往往难以开展。

"抢种"现象、借拆迁让政府来帮助解决一些历史遗留问题、"钉子户"现象等都是农户为了获得更多的土地增值收益讨价还价的具体体现。这说明，在政府主导的模式下，由政府单方面制定的分配规则可能存在效率损失，既不能实现征地的效率，也不能有效回应农户的利益诉求，进而导致征收的执行成本升高和决策失误成本较大。

3. 拆迁公司的困境

拆迁公司介入拆迁，虽然效果很明显，但是由于其本身参与拆迁的合法性受到质疑，以及对其拆迁方式缺乏必要的监督，造成拆迁过程出现了很多问题，尤其是潜在的冲突和对其合法性的质疑。虽然政府已经委托给拆迁公司，但产生的后果最终是要由政府来"埋单"的。[1]

---

[1] 唐健等：《新型城镇化战略下农村土地政策改革试验》，中国社会科学出版社2014年版，第211页。

通常来讲，拆迁公司为了顺利地完成任务，一般会采取"死缠烂打"的办法迫使对方签字同意，或为了提高效率，获得更多收益，在拆迁过程中采用"灰色"拆迁手段，甚至借用一些"社会势力"来对付拆迁中的"钉子户"。很多农民对此极为反感，并不断地向相关部门反映问题。

可以说，在行政强拆受到限制的情况下，私人公司的介入只能在有限的范围内弥补政府干预模式的缺陷，节约部分交易费用。拆迁公司只是一种"第三方"，在执行具体的拆迁任务时也并非一帆风顺，不一定必然能够解决"钉子户"的问题。

拆迁公司介入拆迁虽然短期内效果明显，但是由于其本身拆迁的合法性受到质疑、其拆迁方式不被认可及其缺乏监管而使拆迁公司介入拆迁产生不少问题。拆迁公司参与拆迁实际上就是参与土地增值利益的分配，与民、与政府争夺利益。

总体来看，在拆迁公司的模式下，土地增值收益的分配仍由政府确定，它们无法节约政府干预下的决策成本和失误成本。尽管私人公司的介入可能节约了执行成本，但也带来了社会成本。同时，拆迁公司模式将政府、第三方与拆迁户对立起来，各个利益团体为了实现自身利益的最大化而相互博弈，不但降低了"征收"的效率，更使得利益共享难以实现。因此，这种模式的困境也是比较明显的。

二　武汉市的试点

武汉市的试点是在我国现行征地制度由于"征地范围过宽"引发大量矛盾的背景下开展的。2001年，我国在上海、南京、苏州等9个城市开展了征地制度改革试点，对征地程序不规范、征地补偿安置不到位、征地补偿标准偏低等问题进行了有益探索，但对"征地范围过宽"问题没有进行实质性的试点。2010年6月，国土资源部再次选取11个城市开展新一轮征地制度改革试点，确定武汉与天津、重庆、成都、长沙、沈阳和随后纳入的佛山一共7个城市，开展"缩小征地范围"改革试点。2011年6月，武汉市将江夏区、黄陂区作为"缩小征地范围"试点区，试点方案报国土资源部批准后，于2011年8月正式启动。

（一）试点的主要内容

按照国土资源部的要求，试点应该是在土地利用规划确定的城镇建设用地范围之外，经批准占用农村集体土地建设非公益性项目。试点的主要内容有：

一是探索界定公益性用地与非公益性用地的内涵。对建设项目用地不属于公益用地性质的，不得动用土地征收权，逐步缩小对集体土地的征收范围。

二是探索确定非公益性用地目录。对公益性用地与非公益性用地的认定应广泛听取各方意见，对建设项目用地是否属于公共利益存在异议的，要召开听证会予以确定。

三是探索协调征收土地补偿与非征收土地收益分配之间的关系。探索相关税费调节政策，保障农民土地权益，让农民得到更多实惠。

四是探索集体土地取得及有关争议的协调裁决机制。

（二）试点延迟实施的原因

从国土资源部将武汉市纳入试点到武汉市出台方案正式实施，其间用了一年多时间，主要有以下三个原因。

一是单独开展"缩小征地范围"试点的难度很大。开展"缩小征地范围"试点，意味着在建设项目用地占地面积一定的情况下，缩小征地面积，退出征地范围的农村集体土地面积必然会增加。农民集体可以将退出征地范围的土地流转给项目建设单位。因此，"缩小征地范围"试点改革必然会与集体经营性建设用地入市改革并存，两者紧密相关，无法拆分，单独开展试点的难度很大。

二是寻找合适的试点项目用地难度很大。由于新一轮土地利用总体规划出台时，武汉市已将规划的建设用地确定在城镇建设用地规划区范围以内，城镇建设用地规划区以外的建设用地很少，非公益性建设用地更是不到所有建设用地面积的2%，且主要在规划区附近，寻找合适的可供试点项目选择的建设用地面临着很多困难。

三是确定非公益性用地目录难度很大。确定非公益性用地目录，是为了让非公益性用地退出征收来缩小征地范围。但要确定什么是非公益性用地，首先必须要确定什么是公益用地。但如何确定公共利益是一个世界性难题。特别是随着社会经济的发展，公共利益的内涵也会发生变化，不同时期内涵不同，这对武汉市试点的实施带来了很大的难度。武汉市光是为了确定非公益性用地目录，就花了一年多时间，最后才将非公益性用地目录限定为4大类17小类。

（三）试点的案例

由于试点本身存在很大难度，武汉市开展"缩小征地范围"试点的项目为数很少，下面介绍的2个试点案例，共同的特点就是不征地。

一是2011年确定的江夏区怡山湾工业园项目。该项目位于江夏区法泗镇大路村，参与试点的建设单位为当地发展起来的民营企业武汉怡山湾农业生态有限公司（又称武汉银河生态农业发展有限公司）。项目拟占用耕地200亩，期限50年，用于发展莲子、净菜加工、畜禽、饮料等农产品深加工产业。项目的集体农用地需要转为建设用地，必须办理农用地转用手续，但不必经过国家征收环节。项目建设所需的建设用地年度计划指标，由所在地开展的城乡建设用地增减挂钩指标解决。村民同意一次性以每亩3万元的价格将土地流转给该公司，所得资金少部分用于修建门面房，发展集体经济，余下部分全部分给村民。

二是2013年确定的江夏区墨子岛湖光山色旅游度假项目。该项目位于武汉市江夏区乌龙泉街友爱村，参与试点的建设单位为江夏藏龙岛股份有限公司。项目拟占用农地面积200亩，其中120亩农用地通过土地承包经营权流转的方式流转给该公司。另外80亩需要转为非农建设用地的，由友爱村集体制定集体建设用地流转方案，经村民同意后，不用经过国家征收环节，流转给该公司。

（四）试点进展缓慢

按理说，"缩小征地范围"改革试点有很多好处。对农民而言，可以获得土地的增值收益。对用地单位而言，可以更容易取得建设用地，用地成本相对较低。对地方政府而言，可以更快捷地获得建设用地，免去了报送国家和省级批准的麻烦。但试点中各方都发现，事情好像并非如此，这导致各方的积极性并不高，试点进展缓慢。

具体来讲，对农民而言，一是农民并未完全获得农用地转用的增值收益。武汉市怡山湾工业园项目，如果按当地的征地补偿标准，农民每亩应该获得3.23万元补偿，但试点中流转的价格仅为每亩3万元，比征地标准还低。更为夸张的是，该项目所在地的城乡建设用地增减挂钩周转指标价格为每亩15万元，指标价格远远高于实地价格。二是试点项目企业受自身经营条件、管理能力、经济发展状况等因素的影响，经营业绩预期并不稳定,农民担心企业发展状况不好时,自己的利益会受到影响。

对项目用地单位而言,一是按照目前的管理要求,通过试点获得的集体建设用地使用权,除不再办理征地手续外,其他如用地预审、农用地转用审批、占补平衡、土地"招拍挂"、土地登记等制度继续沿用,原有征地过程中的相关补偿、税费等费用不减,最终取得的只是农村集体土地使用权,却与通过征收、出让获得国有建设用地使用权的成本几乎相当。二是目前集体建设用地使用权的法律规定还不是很明晰,集体建设用地如何签订用地协议,村民集体出现违约时如何从法律上有效排除所有权人的干扰,切实保障使用权,用地单位颇为担心,不愿承担改革试点风险。三是在集体建设用地使用权的转让、抵押等方面有诸多限制,多数银行都不接受集体建设用地使用权抵押。企业获取土地使用权后,无法以此作为资产进行融资,大大降低了企业试点的积极性。[①]

对地方政府而言,一是本来在征地制度下,地方政府可以通过土地出让金取得土地收益。现在缩小征地范围,退出征地范围的土地流转收益主要归集体和农民,地方政府的土地出让收益必然会受到影响。试点的规模越大,地方政府的土地收益损失就会越大。二是试点可能会引起一些纠纷和矛盾,如征地补偿与非征地收益分配之间的矛盾处理、试点企业与农民之间可能产生的利益纠纷协调等,加大了地方政府的管理难度。地方政府推进试点改革的动力不足,积极性不高。

三 宜城市的试点

2016年9月,经中央改革办批准,宜城市成为农村土地征收制度改革试点市,同时开展农村土地征收制度改革、集体经营性建设用地入市与农村宅基地制度改革三项试点。宜城市的征地制度改革试点内容包括三个方面:一是缩小土地征收范围;二是规范土地征收程序;三是完善对被征地农民合理、规范、多元保障机制;三是建立兼顾国家、集体、个人的土地增值收益分配机制。

---

① 李珍贵:《缩小征地范围改革难点与建议》,《中国土地》2012年第8期。

（一）试点案例

因宜城市开展该项试点时间不长，案例不多。主要有市经济开发区污水处理厂项目、雷河镇七里村项目等。其中七里村项目地处城市规划区内，由于产业项目（项目用地单位为金利豪水晶产业园、猛狮科技等）征地原因，全村160户因整体搬迁成为失地农民。

（二）试点做法

一是制定土地征收目录，缩小征地范围。通过界定公共利益的内涵和外延，严格限定宜城市土地征收目录为6大类25小类。与以前相比，可缩小25%的征地范围。

二是规范土地征收程序，保障被征地农民知情权。规范征前风险评估、征中民主协商、征后信息公开，形成了一整套完整的土地征收程序规范体系，试点中着重从征前、征中、征后环节进行比对分析，切实保障被征地农民的知情权。

三是因地制宜制定征地区片综合地价，完善土地征收补偿标准。综合考虑地类、产值、区位、经济发展水平、人均耕地数量等情况，改进了土地征收补偿按年产值倍数计算的方法，以各行政村为单位，将全市划定为4级征地区片，制定了征地区片综合地价。与现行实施的2014年公布的征地统一年产值标准相比，4级征地区片综合地价提高了25%—29.3%。如试点中的七里村，征地补偿标准为每亩34320元，村集体留用的30%资金主要用于村内群众的公益福利事业，对因征地搬迁暂时租房的农户，给予每户5000元的补偿安置费。

四是建立被征地农民多元保障机制，保障被征地农民利益。除一次性货币补偿和住房安置外，宜城市采取了多元化的补偿安置方式。一是探索留地安置，对在城市规划范围外，一次性征地超过100亩以上的村，预留征收土地面积的5%，用于被征地村增加农民收入和发展村公益性事业。二是制定《宜城市被征地农民社会保障实施办法》，将被征地农民纳入养老、医疗等城镇社会保障体系。以被征地后家庭人均剩余耕地面积低于0.3亩作为参保标准，发放养老保险补贴，征地多的先补，年龄大的多补，60岁以上老人免费参保，人均参保补贴达到33749元。同时严格执行养老保险金预缴存制度，并将生活困难的被征地农民纳入城镇低保范围。三是建立失地农民再就业培训机制，为被征地农民免费提供就业咨询、指导、培训、职业介绍等服务。如试点中对被征地农民较多的七里村，在推进七里聚居区建设的同时，专门搭建就业平台，与附近产业园企业积极对接，签订用人协议，帮助500多名本村失地农民完成了从务农到务工的转变，实现"居住在楼房，工作在家旁"，保障了被征地农民的安居乐业。

第四节 对湖北农村土地征收制度改革试点的建议

一 统一公益性和非公益性征地补偿标准

根据国家政策，结合全省土地年产值和社会经济条件，制定统一的征地补偿标准，并在同一地点以同等价格进行补偿。对于非公益性的征收，应完善相关法律法规和配套政策，逐步建立统一的城乡建设用地市场。同时，根据失地农民的不同受损程度，既要考虑横向公平，又要考虑纵向公平，注意政策之间的统一和协调，给予失地农民公平合理的补偿。

二 公平公开分配补偿费

一方面，加强对征地补偿资金的支付管理，逐步取消单一的征地补偿资金支付方式，可以尝试直接将征地资金转移到被征用的村庄。积极探索直接申请向被征地农民和村民小组支付征地补偿费的方式，以期有效避免征地补偿资金支付和层层拦截与挪用的现象。

另一方面，土地补偿的分配应贯彻村民自治和协商民主的原则，严格规范资金的使用。征地补偿费的分配方式可以根据村的情况选择，但是村集体有必要保留一定的征地补偿费。一是村集体作为农村最基层的组织，需要为村庄建立一定的福利事业，如生活设施和基础设施建设，道路建设和园林绿化；二是为了保证农民的可持续性生活，村集体需要为村里的农民支付一定的保险费，如社会保险和农村合作医疗；三是为了发展本村的集体经济，为解决农民就业提供一定保障；四是补偿以前的征地问题；五是维持一定的行政开支。保留的比例可以通过村民代表大会商定，可建立一个特别账户来保管。征地基金的使用和管理，应当受到村民的监督,其财政收支应当按照村级财政信息披露的有关规定定期公布。

三 逐步完善失地农民社会保障制度

积极推进社会保障安置,防止失地农民用完征地补偿费后生活无着落,实施"货币补偿+社会保障"分配模式,尽快建立被征地农民社会保障制度。一是建立征地补偿专用账户,加强监管,切实保障失地农民利益。二是制定出合乎实际情况的征地货币补偿标准和社会保障标准,与制定征地区片价结合起来制定征地补偿标准,尽量做到公平合理,做到同地同价。三是对失地农民保障标准实施动态化管理,逐步改善保障水平,实现梯度式推进。应根据征地年份的不同,制定不同补偿标准。

四 出台集体建设用地流转管理办法

我国《宪法》规定:"土地的使用权可以依照法律的规定转让。"《土地管理法》规定:"土地使用权可以依法转让。"但查遍所有法律,只能找到国有土地可以依法转让的"法",即1990年国务院出台的《城镇国有土地使用权出让和转让暂行条例》,根本就找不到集体土地可以依法转让的"法"。虽然湖北省在2006年以第294号政府令的形式出台了《湖北省农民集体所有建设用地使用权流转管理试行办法》,但由于受到《土地管理法》第63条"农民集体所有的土地的使用权不得出让、转让或者出租用于非农业建设"的限制,无法出台相应的实施细则,集体建设用地流转无"法"操作。建议国家出台集体建设用地流转管理办法,或湖北省在试点地区依据第294号政府令,出台实施细则,明确集体建设用地流转的程序,对集体建设用地使用权的取得、出让、转让、出租、抵押、收益分配等与国有土地一样,同地同权,保护集体土地权利人的合法权益。

第八章

城乡建设用地增减挂钩试点与实践

城乡建设用地增减挂钩试点是我国在现行土地管理制度框架内的重大制度创新。这项重大制度创新自开展试点以来，无论是在学术界还是在实践中，就一直伴随着不同的认识和争议。本章客观分析湖北省在城乡建设用地增减挂钩试点实践中的基本做法、问题与得失，并依据作者对城乡建设用地增减挂钩政策的认识，提出了完善增减挂钩试点工作的政策建议。

第一节 城乡建设用地增减挂钩试点的背景与政策设计

城乡建设用地增减挂钩政策是我国在解决保发展与守红线的矛盾过程中出台的。

一 城乡建设用地增减挂钩试点的出台背景

（一）城乡建设用地增减挂钩实际上是耕地"占补平衡"制度的具体体现

1986年3月，中共中央、国务院在《关于加强土地管理制止乱占耕地的通知》中，将1982年2月国务院《村镇建房用地管理条例》中提出的"珍惜和合理利用每寸土地是我们的国策"，上升为"十分珍惜和合理利用每寸土地，切实保护耕地，是我国必须长期坚持的一项基本国策"。为贯彻这一基本国策，我国制定了1986年《土地管理法》并于1987年实施，1998年又对《土地管理法》进行修订，对土地实行用途管制和对耕地占用实行"占补平衡"制度。开展城乡建设用地增减挂钩试点，实际上就是耕地"占补平衡"制度的具体体现。

（二）从土地整理到土地整治

从20世纪90年代后期开始，由于工业化和城镇化进程加速，我国沿海一些地方在面临城镇化和工业园区发展建设用地矛盾突出的情况下，采取建设用地置换和土地整理折抵等办法，来解决建设用地不足问题。1998年《土地管理法》修改后，《土地管理法实施条例》第18条第2款规定，"土地整理新增耕地面积60%可以用作折抵建设占用耕地的补偿指标"；1999年9月，国土资源部在关于贯彻执行《中华人民共和国土地管理法》和《中华人民共和国土地管理法实施条例》若干问题的意见中，明确将折抵指标解释为，"是指土地整理单位新增加的耕地面积，其60%可以作为占补平衡指标有偿转让给其他需要履行占补平衡义务的用地单位"。这样，只要通过土地整理，新增了耕地面积，就可以获得新增耕地面积60%的建设用地指标。但随着时间的推移，通过土地整理获取建设用地指标的难度越来越大，问题越来越多。原因是随着土地整理的推进，一方面是用于土地整理的后备土地资源逐渐枯竭，另一方面是一些建设用地矛盾突出的地方，为了解决建设用地指标，不惜采取填湖造田、毁林造田、破坏生态的办法来新增耕地，有的地方甚至引发了生态灾难。到了2009年，土地整理折抵政策取消，土地整理也让位于以城乡建设用地增减挂钩为主的土地整治。

（三）首次提出建设用地周转指标

2000年6月，《中共中央国务院关于促进小城镇健康发展的若干意见》（中发〔2000〕11号）提出："要通过挖潜，改造旧镇区，积极开展迁村并点，土地整理，开发利用荒地和废弃地，解决小城镇的建设用地。""对以迁村并点和土地整理等方式进行小城镇建设的，可在建设用地计划中予以适当支持。要严格限制分散建房的宅基地审批，鼓励农民进镇购房或按规划集中建房，节约的宅基地可用于小城镇建设用地。"2000年11月，国土资源部出台《关于加强土地管理促进小城镇健康发展的通知》（国土资发〔2000〕337号），首次明确提出了建设用地周转指标的概念。小城镇建设"用地指标主要通过农村居民点向中心村和集镇集中、乡镇企业向工业小区集中和村庄整理等途径解决，做到在小城镇建设中镇域或县域范围内建设用地总量不增加"。"依法批准的试点小城镇，可以给予一定数量的新增建设用地占用耕地的周转指标，用于实施建新拆旧，促进建设用地的集中。周转指标由省级国土资源部门单列，坚持'总量控制，封闭运行，台账管理，统计单列，年度检查，到期归还'。"该通知已蕴含了城乡建设用地增减挂钩政策的思想萌芽。

（四）城乡建设用地"同步双扩"的倒逼

随着工业化和城市化快速推进，我国出现了城乡建设用地的"同步双扩"难题。即在城市化扩张需要大量占用土地的同时，农村建设用地规模不仅没有随着农民大量进城而减少，相反还在继续扩张。"据统计，1996年到2008年，中国城镇用地总面积从2.64万平方公里增至4.03万平方公里，农村居民点用地总面积由16.36万平方公里增至16.53万平方公里。农村人口密度已从55.87人/公顷降到42.60人/公顷，但农村人均居住用地却从193平方米增至229平方米。截至2008年，全国农村居民点用地是城市用地面积的8倍，是城镇用地（城市用地加建制镇用地）面积的4.2倍。同时，各地农村存在人均建设用地超标、空心村普遍、用地粗放等问题。这种反常的现象，不仅有违城市化集约利用土地的国际经验，而且与中国人多地少、更需节约用地的要求不符。"① 湖北省在1997年修编上一轮《土地利用总体规划》时测算，湖北省农民人均建设用地面积为173平方米，规划到2010年，应减少到150平方米。但实际是，由于对空心村、废弃地没有及时整理，集体经济发展及新的宅基地占地，农村的建设用地不仅没有减少，相反人均建设用地没几年就达到了200平方米。

（五）增减挂钩政策正式出台

为解决这一难题，2004年10月21日，《国务院关于深化改革严格土地管理的决定》（国发〔2004〕28号）出台，第一次以国务院文件的形式，正式提出"鼓励农村建设用地整理，城镇建设用地增加要与农村建设用地减少相挂钩"。这标志着城乡建设用地增减挂钩政策正式出台。

2005年10月，国土资源部出台《关于规范城镇建设用地增加与农

---

① 刘守英：《博弈"增减挂钩"》，《中国改革》2011年第6期。

村建设用地减少相挂钩试点工作的意见》，要求"已经申请开展试点工作的天津、浙江、江苏、安徽、山东、湖北、广东、四川等省（市），应尽快按照《规范意见》的要求，严格筛选试点项目区，认真编制试点工作总体方案，年底前报部批准"。2006年3月，十届全国人大四次会议上通过的《国民经济和社会发展第十一个五年规划纲要》，将"耕地保有量保持1.2亿公顷"（18亿亩）列为"十一五"经济社会发展主要目标之一，耕地红线成为经济社会发展的约束性指标。2006年4月，国土资源部《关于天津等五省市城镇建设用地增加与农村建设用地减少相挂钩第一批试点的批复》（国土资发〔2006〕269号），批准天津、四川、山东、江苏、湖北作为第一批挂钩试点省市，开展增减挂钩试点工作，并对这些省市前期已经开展的增减挂钩试点项目和增减挂钩周转指标予以确认。2009年全国开始推行这项政策，只有新疆和西藏两地没有开展。

由此可见，城乡建设用地"增减挂钩"政策的出台，大的背景就是要解决中国城市化进程中城镇和农村建设用地同时都在扩张的难题，本意是通过减少农村建设用地、增加城镇建设用地，来控制建设用地面积不增加。减少的农村建设用地复垦成耕地，有利于保障18亿亩耕地红线；增加的城镇建设用地，有利于保障城镇化用地供给。湖北省正是在这种情况下率先成为全国首批城乡建设用地增减挂钩试点省份的。

二 城乡建设用地增减挂钩试点的政策设计与操作规范

（一）城乡建设用地增减挂钩的政策设计

为规范2009年在全国推开的增减挂钩试点工作，2008年6月27日，国土资源部出台了《城乡建设用地增减挂钩试点管理办法》（以下简称《管理办法》），对增减挂钩的目标、原则、实施的条件和具体操作办法进行了明确和规定。2010年12月，国务院针对增减挂钩中出现的违背农民意愿、侵害农民土地权益的现象，出台了《国务院关于严格规范城乡建设用地增减挂钩试点切实做好农村土地整治工作的通知》；2011年12月，国土资源部出台了《国土资源部关于严格规范城乡建设用地增减挂钩试点工作的通知》，严格规范增减挂钩试点工作。

按照《管理办法》的政策设计,"挂钩试点工作应以落实科学发展观为统领,以保护耕地、保障农民土地权益为出发点,以改善农村生产生活条件,统筹城乡发展为目标,以优化用地结构和节约集约用地为重点"。所谓"增减挂钩","是指依据土地利用总体规划,将若干拟整理复垦为耕地的农村建设用地地块(即拆旧地块)和拟用于城镇建设的地块(即建新地块)等面积共同组成建新拆旧项目区(简称项目区),通过建新拆旧和土地整理复垦等措施,在保证项目区内各类土地面积平衡的基础上,最终实现增加耕地有效面积,提高耕地质量,节约集约利用建设用地,城乡用地布局更合理"。简单地说,就是只要项目区内拆旧建新后能够保证增加的耕地面积大于或等于建设用地面积,规模上能够自求平衡就行了。而自求平衡的政策手段,则是由国土资源部下达一定数量的周转计划指标,"专项用于控制项目区内建新地块的规模,同时作为拆旧地块整理复垦耕地面积的标准"。通过周转计划指标来实现城乡土地的置换。这样一来,既能确保耕地总量动态平衡,又能确保城乡建设用地总量动态平衡,还能解决城镇发展的用地需求,既保了耕地红线,又保了发展用地。因此,"增减挂钩"实际上是国土资源部用来实现保红线与保发展目标的一项政策工具。

但该项政策并不仅仅是一项单一的为解决城镇建设用地供需矛盾的政策,而是在政策设计一开始就预见到可能对农民利益的侵害,因而《管理办法》和国务院以及国土资源部的通知都明确要求,增减挂钩"整治腾出的农村建设用地,首先要复垦为耕地,在优先满足农村各种发展建设用地后,经批准将节约的指标少量调剂给城镇使用的,其土地增值收益必须及时全部返还农村,切实做到农民自愿、农民参与、农民满意"。"坚决扭转片面追求增加城镇建设用地指标的倾向。"试点要量力而行,做到项目区内收益平衡,不得增加农民负担。要让农民真正享受到增减挂钩试点带来的实惠。凡是集体组织和农民不同意的,不得强行开展试点。

因此,对国土部门而言,增减挂钩政策主要是实现"双保"目标;但对地方政府而言,为了实现增减挂钩,地方政府要做的并不仅仅只是土地的城乡置换,可能还要面临应对保农民土地权益、保经济社会稳定的双重巨大压力。

（二）城乡建设用地增减挂钩政策的操作要点

依据《管理办法》，"增减挂钩"政策操作要点主要有四个方面：

第一，统筹规划。"挂钩试点市、县应当依据土地利用总体规划和专项调查，编制挂钩试点专项规划，统筹安排挂钩试点项目区规模布局，做好与城市、村镇规划等的衔接。挂钩试点县（区、市）应依据专项调查和挂钩试点专项规划，编制项目区实施规划，统筹确定城镇建设用地增加和农村建设用地撤并的规模、范围和布局，合理安排建新区城镇村建设用地的比例，优先保证被拆迁农民安置和农村公共设施建设用地，并为当地农村集体经济发展预留空间。"

第二，政府主导。挂钩项目必须由政府主导，"挂钩试点工作实行行政区域和项目区双层管理，以项目区为主体组织实施"。"试点市、县国土资源部门负责本行政区域内试点工作的具体组织实施。""对项目区实施规划和建新拆旧进行整体审批，不单独办理农用地转用审批手续。""确需征收的集体土地，应依法办理土地征收手续。""制定建立挂钩周转指标管理台账，对挂钩周转指标的下达、使用和归还进行全程监管。""确保项目区实施后，增加耕地有效面积，提高耕地质量，建设用地总量不突破原有规模。"

第三，计划控制。计划控制的核心是增减挂钩周转指标。增减挂钩周转指标是纳入土地利用年度计划专项指标的，实行"总量控制、封闭运行、定期考核、到期归还"。之所以要由国土资源部专门给试点县市下达周转指标，原因是建新地块在建新时，一定要征用一定数量的耕地用于建设，但它又没有建设用地计划指标，因此必须要借助拆旧地块复垦的耕地提供等量面积的建设用地指标进行周转才行。而拆旧地块也只有把等量的原本用于农村建设用地的这部分地块复垦为耕地，周转给建新区使用的周转指标才算是归还了。即通过周转指标实现建新区（城镇）与拆旧区（乡村）之间建设用地的空间置换。因此，周转指标实际上是城乡建设用地进行空间腾挪的置换指标或借用指标，必须归还。"项目区要制定分年度指标归还计划"，"周转指标从项目区整体审批实施至指标归还的期限一般不超过三年"。节余的周转指标可以调剂给城镇使用，但不得跨县域范围。通过下发周转指标，国土部门直接组织和控制着试点的开展、年度考核和最终验收。

第四，封闭运行。试点由国土资源部门审批、封闭运行。地方不经国土资源部同意，不得自行实施"增减挂钩"试点。"严禁跨县级行政区域设置挂钩项目区。各地开展增减挂钩试点的范围和规模，必须严格控制在部下达的年度增减挂钩指标规模之内，严禁擅自扩大增减挂钩指标规模或循环使用计划指标。"

（三）城乡建设用地增减挂钩政策操作的三块区域

在《城乡建设用地增减挂钩试点管理办法》和《国土资源部关于严格规范城乡建设用地增减挂钩试点工作的通知》中，增减挂钩由拆旧地块和建新地块两大地块共同组成项目区，但在现实操作中，拆旧和建新两大地块事实上是由拆旧区、还建区和建新区这三个区域组成的。

拆旧区：既有与建新区完全分开的，位于不同的乡镇；也有部分重合的，位于同一乡镇；还有的是星星点点散落于乡村的农民住房所在地。拆旧区内可能有多个不同的农村集体，它们是增减挂钩周转指标的实际提供方。拆旧区的主要任务是拆旧和复垦，没有还建任务的地块要全部复垦为耕地，复垦时最好与实施以田、水、路、林、村综合整治为内容的农村土地整治相结合，尽可能地与周边耕地集中连片，确保复垦的耕地在数量和质量上，不低于建新占用的耕地。有条件的，还可与建设高标准基本农田相结合，稳步提高粮食综合生产能力。复垦完的耕地除依法及时确权颁证之外，不少地方是与土地流转结合在一起，推动耕地的集约经营和农业现代化的发展。

还建区：既有落在拆旧区的，也有落在建新区的，还有部分落在拆旧区、部分落在建新区的。落在拆旧区的既有旧房改造，又有新居建设，还有与拆旧区一同实施的农村基础设施和公共服务配套设施建设以及预留农村非农建设用地等，这些都属于新农村建设范畴，只涉及土地用途的转用，不涉及土地变性，无须办理征地审批手续。落在建新区的属于城镇化建设，既可能涉及土地转用，又肯定涉及土地变性，需要办理征地手续。

建新区：既有全部是占用农地的，也有需要拆旧并承担还建任务的。拆旧区可能会相对分散，但建新区一定是相对集中。建新区如果与拆旧区的土地有部分重合，且拆旧面积大于还建面积，则建新区里提供拆旧的一个或多个农村集体就也能为建新区提供周转指标；如果建新区与拆旧区的土地没有重合，则建新区里农地被占用的一个或多个农村集体就不仅不能提供周转指标，相反其农地还要成为周转指标的落地处。因此，处于拆旧区和处于建新区的农村集体和农民个人所面临的利益是不一样的。但不管怎样，建新区主要是工业化和城镇化建设，是全部周转指标的接受方。所有工商企业的建设用地落地包括部分还建房的落地，如果没有年度新增建设用地计划指标，都需要使用增减挂钩周转指标，占用农地的既需要办理土地转用手续又需要办理征收手续。

在实际操作中，无论上述三块区域怎么变，拆旧区的主要任务就是拆旧和复垦，还建区的主要任务就是安置搬迁的农民，建新区的主要任务就是工业化和城镇化，增减挂钩要求项目区的建设必须符合下列公式：建新区面积必须≤拆旧区面积－还建区面积。即周转指标必须小于等于拆旧区净增耕地面积，从而保证城乡建设用地在结构调整中总量不变，并实现"产业向优势区域集中（建新区）、人口向新型社区集中（还建区）、土地向适度规模经营集中（拆旧区）"。这"三个集中"的区域实际上就是增减挂钩的三块区域。

（四）城乡建设用地增减挂钩政策操作的资金运作

从资金运作上看，项目区建设的资金主要来源于以建新区土地进行的融资和招商，并以此来平衡建新区、拆旧区和还建区建设所需的资金。可以说，用建新区的土地来以地融资、以地招商是增减挂钩得以真正能够运作起来的最大特点和关键。

实际操作中，由于建新区的农村集体是属于土地需要办理征收手续的主体，不可能以此土地进行融资和招商，因此，主导建新区开发和建设的要么是地方政府，要么是工商企业，要么是政企合作，还没有出现建新区由农村集体开发来平衡三块区域所需的建设资金的。

但无论是政、企主导还是政企合作，都必须对建新区的生地进行一级开发，即由政府或其委托授权的企业，对建新区内的尚未达到有偿出让或转让条件的所谓生地，统一负责办理征收、拆迁、安置、补偿等手续，并进行适当的市政基础设施配套建设，实现"三通一平""五通一平"或"七通一平"，变成可供出让的熟地。然后在土地进入二级市场出让时，或由政府收回土地出让金，或由企业拿出相当于土地出让金的资金，或由政企按一定比例分享的该部分收入，再投入到三块区域的建设中。不管项目区的资金由谁主导筹集，最终主要都是由建新区的土地出让金或相当于土地出让金的资金支付的，即主要由建新区的土地出让金来平衡拆旧区、还建区、建新区的建设支出。建新区的土地出让金在支出上主要有两大块：一块是成本性支出，主要用于建新区的征地拆迁补偿、土地出让前的基础设施建设和对被征地农民的补助等，这块支出是先期垫付的成本，需要从土地出让金中予以扣除，不能再另作他用。另一块是非成本性支出，必须从扣除了成本性支出后的土地出让金剩余收益中开支，依照法律规定提取相应的比例，用于城市建设、保障性安居工程、教育支出、农村基础设施建设、农业土地开发、基本农田建设与保护、农田水利建设等支出，这部分支出主要用在建新区、还建区和拆旧区。

当然，如果建新区由地方政府主导，一般来说，地方政府既有组建投融资公司来实施建新区、拆旧区和还建区的建设，也有采取用政府购买方式将三区的各自建设项目发标给不同的工商企业或当地的农村集体。如果建新区是由工商企业主导，则拆旧区和还建区的建设也可由政府或企业或农村集体来完成，所不同的是工商企业是在所需使用的建设用地还没有办理农用地转用和征收手续之前就已介入土地的获取过程，所获土地不用"招拍挂"，还可能直接获得节余的指标收益。但无论增减挂钩项目区的资金整体上是由地方政府主导还是由工商企业主导，都要支付相当于土地出让金所包含的支出用途，并努力收回投资，以实现资金的收支平衡。

需要特别提出的是，由于拆旧区需要复垦为耕地，并与农村土地整治甚至高标准农田建设相结合，其资金来源除部分来自土地出让金中用于农业土地开发的出让收入外，还有来自建新区的土地使用方缴纳的新增建设用地土地有偿使用费、耕地开垦费、土地复垦费等资金，以及与水田路林村土地整治和高标准农田建设相关的涉农资金，资金保持渠道和用途不变，实行专账管理，统筹集中使用，"共炒一盘菜"。中央分成部分的新增建设用地土地有偿使用费则重点支持农村土地整治重大工程和示范工程建设。

（五）城乡建设用地增减挂钩实施的步骤

从增减挂钩政策在试点地区的实际执行情况来看，无论项目区如何划分、资金如何筹措，增减挂钩在实施中的步骤，以下"六步法"必不可少[①]：

"——编制并审批与土地利用总体规划一致的规划，保证项目实施的合法性；

——组建投融资公司，筹措与运作资金，解决基础设施投资和农民新居建设的资金来源；

——国土系统下达土地挂钩周转指标，解决新区建设用地指标；

——村民、村委会、镇政府、投融资公司分别签订"宅基地换房"协议；

——村委会制定村民分房和还迁办法，组织村民入住新区；

——原宅基地整理复耕，用复耕的土地归还土地挂钩周转指标。"

第二节 湖北省城乡建设用地 增减挂钩试点实践

一 试点实践的不同阶段

（一）2005年湖北省列入全国第一批试点

1. 列入试点

2005年7月，湖北省被列入国土资源部全国第一批城乡建设用地增减挂钩试点省市之一。试点的实施是在湖北省国土资源厅统一部署下进行的，按照国土资源部颁布的《关于规范城镇建设用地增加与农村建设用地减少相挂钩试点工作的意见》的通知（〔2005〕207号）精神，制定了《湖北省城镇建设用地增加与农村建设用地减少挂钩试点管理办法》《湖北省城镇建设用地增加与农村建设用地减少挂钩试点工作总体方案》等，在各试点市、县稳步推进。

2. 试点情况

第一批试点共获得国土资源部批复城乡建设用地周转指标562.7公

[①] 参考引用自刘守英《博弈"增减挂钩"》，《中国改革》2011年第6期。

顷，分别在武汉、孝感、荆州、枝江等 8 个项目区实施。项目区涉及搬迁农户较少，选择的拆旧区绝大多数是空心村、废弃砖场等，只有武汉市东西湖牧业农场项目区涉及 20 个自然村 1268 户农民需要搬迁安置。经过近 3 年的实施，共使用周转指标 312.4 公顷，归还周转指标 169.3 公顷，分别占国土资源部下达周转指标的 55.5% 和 30.1%。①

表 8—1　　　湖北省第一批城乡建设用地增减挂钩试点项目区实施情况

单位：公顷

第一批试点项目区名称	周转指标	拆旧复垦面积	已经使用周转指标数量
武汉市东西湖牧业园项目区	39.5	5	12.62
黄陂武湖上海嘉定农业发展有限公司项目区	58.2	40.7	48.6
黄陂武湖武汉中正房地产开发有限公司项目区	73.3	51.5	
黄陂武湖上武汉华宇软件工业园项目区	33.4	23.4	
黄陂武湖湖北华银数字生态城项目区	6.5	4.3	
黄陂谦森岛项目区	27.3	19.11	5.286
黄陂李集镇项目区	10.4	7.28	2.6
荆州（一）项目区	17	82.9235	75.2
荆州（二）项目区	8.8		
荆州（三）项目区	23.1		
荆州（四）项目区	26.3		
孝感市孝南区毛陈镇焦湖村项目区	2.3		
孝感市孝南区毛陈镇鲁铺村项目区	6.5	25.037	25.037
孝感市孝南区毛陈镇春云村、群生村项目区	11.7		
孝感市孝南区朋兴乡挂口村项目区	4.6		
枝江市问安镇、马家店镇项目区	213.8	53.12	0
合计	562.7	312.3705	169.343

资料来源：乔润令、顾惠芳、王大伟等：《城乡建设用地增减挂钩与土地整治：政策和实践》，中国发展出版社 2013 年版，第 132—133 页。

---

① 参考引用乔润令、顾惠芳、王大伟等《城乡建设用地增减挂钩与土地整治：政策和实践》，中国发展出版社 2013 年版，第 132—133 页。

到2012年底，国土资源部累计给湖北省下达增减挂钩周转指标11640公顷，湖北省国土资源厅为提高挂钩指标使用效率，在国家下达指标的基础上，多预下达指标2946公顷，使累计下达指标达到14586公顷。到2013年6月30日，全省累计批准挂钩实施方案331个，使用挂钩周转指标14134公顷。

（二）2013年湖北省21个"四化同步"乡镇全域增减挂钩试点

1. 试点背景

2013年，湖北省委、省政府根据党的十八大明确提出的"促进工业化、信息化、城镇化和农业现代化同步发展""城乡发展一体化是解决三农问题的根本途径"的精神要求，于7月14日以中共湖北省委办公厅文件（鄂办发〔2013〕21号）下发《省委办公厅 省政府办公厅关于开展全省"四化同步"示范乡镇试点的指导意见》，在全省选择21个乡镇（街道）开展"四化同步"示范试点。

2. 试点乡镇

这21个示范乡镇是：武汉市黄陂区武湖街、江夏区五里界街、蔡甸区奓山街；黄石市大冶市陈贵镇；十堰市郧县茶店镇；襄阳市襄城区尹集乡、襄州区双沟镇；宜昌市夷陵区龙泉镇、枝江市安福寺镇；荆州市监利县新沟镇、沙洋县官垱镇；鄂州市鄂城区汀祖镇；孝感市汉川市沉湖镇；黄冈市黄梅县小池镇；咸宁市嘉鱼县潘家湾镇；随州市广水市杨寨镇；恩施州恩施市龙凤镇；仙桃市彭场镇；潜江市熊口镇；天门市岳口镇；神农架林区松柏镇。

3. 试点的亮点

湖北省在21个"四化同步"示范试点乡镇开展城乡建设用地增减挂钩的最大亮点是，在21个示范乡镇范围内实施全域增减挂钩。所谓全域增减挂钩，就是要按增减挂钩试点要求编制全域规划，以全域规划管地，以全域规划自求城乡建设用地增减平衡，而不再以建设用地计划指标和增减挂钩周转指标管地。全省21个试点示范乡镇的建设用地只要符合全域规划，就可以突破增减挂钩指标的限制，在各自乡镇全域范围内自行实施城乡建设用地增减挂钩平衡。

为此，全省按照"城乡统筹、多规协调、产城融合、特色鲜明"的理念高起点编制乡镇全域规划。全省安排了1亿元的示范试点乡镇规划编制专项补助资金,平均每个乡镇400万元以上。规划编制面向全国具有甲级资质的规划设计单位招标,为全国首创。规划编制时做到"镇村总体规划、土地利用总体规划、产业发展规划和新型农村社区建设规划紧密衔接,多规协调,建设用地控制性详细规划覆盖率达到100%"。"严禁在没有规划的地方建房子,严禁建设没有经过设计的房子。"

该项试点在实践中的最大创新,就是突破性地改变了我国现行土地管理制度上令人诟病的继续延用高度计划经济模式下按行政指令性计划配置土地资源的做法,为向市场配置资源的改革方向迈出了关键性的第一步,是全国第一个吃螃蟹的创新。它不仅改变了僵硬的用地计划指标不能适应经济发展变化、用地计划指标制定和分配不切实际、指标富余和短缺并存的状况,而且可以有效缓解示范乡镇用地指标、耕地占补平衡、免缴新增建设用地有偿使用费和开发资金不足问题,释放了土地管理制度创新的改革红利。

4. 试点的困境

试点实践中,湖北省只批准了21个试点示范乡镇中16个乡镇的国土管理机制创新实施工作方案,并将武汉市蔡甸区奓山街和黄陂区武湖街、鄂州市鄂城区汀祖镇、黄石市大冶市陈贵镇、神农架林区松柏镇5个乡镇调整出示范试点乡镇的名单范围。原因主要是这些示范乡镇没有增减挂钩的实施空间,这些镇有些是在前几年的增减挂钩项目中,挂钩潜力较大的区域已上报申报实施,现有住房大多为近几年新建的2—3层楼房,占地面积本身不大,房屋造价至少在20万元以上,拆迁成本高,现有的挂钩潜力基本没有;有的是地处生态环境脆弱敏感区,实施全域增减挂钩的现实意义不大。

当然,湖北省在"四化同步"21个示范试点乡镇开展全域城乡建设用地增减挂钩试点的做法,遭到了国家土地督察武汉局的约谈,但由于湖北省的做法代表了土地管理制度创新以规划管地的思路和方向,且21个试点乡镇只占全省上千个乡镇的2%多一点,完全属于"局部试验、封闭运行、结果可控",最终得到了国土资源部的默许。

(三)2015年宜城市全域增减挂钩试点

1. 试点依据

2014年12月31日,中共中央办公厅、国务院办公厅印发《关于农村土地征收、集体经营性建设用地入市、宅基地制度改革试点工作的意见》,决定在全国33个县(市)开展农村土地制度改革三项试点,湖北省宜城市被列为15个宅基地制度改革试点县(市)之一,2015年开始探索宅基地改革试点。

由于在城乡接合部和乡村旅游发展快的地方,宅基地功能趋向于经营性建设用地,造成在城中村改造征地、集体经营性建设用地入市和宅基地改革实际存在交叉,三项试点内容存在你中有我、我中有你的情况。2016年9月,经中央改革办批准,将征地制度改革和集体经营性建设用地入市扩大到所有33个试点地区,宅基地制度改革仍然在原有的15个试点县(市)进行。这样,宜城市在2016年就成为推行农村土地制度改革全部三项试点的县(市)。

正是在这样的背景下,宜城市于2015年开展了全市范围的城乡建设用地增减挂钩试点工作。其政策依据是,中共中央办公厅、国务院办公厅印发的《关于农村土地征收、集体经营性建设用地入市、宅基地制度改革试点工作的意见》中明确提出:"探索在县域范围内通过土地整治统筹利用农村闲置宅基地的制度安排。""对村庄内零星、分散的集体经营性建设用地,经试点地区上一级政府批准后,可按规划和计划调整到本县(市)域范围内的产业集中区入市。"

2. 试点概况

宜城市城乡建设用地全域增减挂钩是与三项改革试点和土地整治结合在一起共同实施的。按照"政府引导、公众参与、先易后难,逐步实施"的原则,优先选择基础较好的乡村实施增减挂钩。

在集体经营性建设用地入市上:按照《宜城市农村集体经营性建设用地入市管理办法(试行)》,一是集中入市。对"符合规划和环保要求,具备开发建设所需的基础设施条件,能就地直接使用的土地,可就地入市"。二是调整入市。对刘猴镇、流水镇这类远郊地区,村庄内零星、分散的土地,经襄阳市人民政府批准且先行复垦后,可将用地指标调整到适宜地段入市。三是整治入市。对类似鄢城办事处等"已形成了城(集镇)中村土地,经批准的可开展整治复垦、基础设施配套,重新划分宗地和确定产权归属。对保障居民住房安置用地后,属于经营性用途的集体建设用地,由农村集体入市"。

在宅基地制度改革上：宜城市首先是摸清家底。根据宜城市2015年土地变更调查成果资料，全市农村居民点总面积10418.18公顷，占全市土地总面积的4.93%，占全市城乡建设用地总面积的76.09%。具有整理潜力的农村居民点面积为10295.19公顷。全市农村人口35.07万人，人均用地293.60平方米，大大超过了国家规定的人均140平方米的最高标准；全市总户数173337户，户均用地593.94平方米，增减挂钩潜力巨大。其次是将宅基地划分为四种不同的类型。第一类是城镇化引领型（如鄢城办事处、雷河镇等），主要适用处于经济基础、区位优势较好的城中村、城郊接合部及乡镇周边区域，主要任务是通过整治改造，变城中村为农民社区。第二类是建设中心村型（如郑集镇、小河镇、南营街道办事处等），主要适用虽与市区或城镇有一定距离但村落分布较为集中的村庄，主要任务是归并和建设现有的中心村。第三类是内部整治型（如孔湾镇、王集镇、流水镇等），主要适用远离市区、城镇、中心村的，但改善生产、生活条件意愿较强的村庄，主要任务是在现有宅基地上重新规划，对村庄废弃的宅基地、危旧房进行改造或整治。第四类是整村搬迁型（如刘猴镇、板桥店镇等），主要适用交通不便、人口稀少、相对落后的边远村庄。再次是规范操作。各镇政府（含办事处、上大雁工业园区）负责宅基地整治工作的管理和指导，村级集体经济组织是整治项目的实施主体。城乡建设用地增减挂钩项目立项后，宅基地的拆旧、还建及土地复垦工程由拥有该土地所有权的村集体作为责任主体，村集体可以自行或委托有资质的机构按照有关规定组织实施。项目严格执行公告、法人、招投标、监理、合同、审计等相关制度。整治项目资金来源主要是该村实施的城乡建设用地增减挂钩项目所产生的指标交易收益、危房改造资金、宅基地有偿使用费、农村生活垃圾治理资金及其他农村项目资金。同时，允许村集体经济组织在经市政府和有关部门批准后，吸纳社会资金及企业参与项目实施。财政部门负责统筹整合各项涉农资金，全程监管项目资金使用情况；国土资源部门负责增减挂钩项目的立项、土地整治规划编制、工程实施技术指导、验收、备案；规划部门负责乡镇人民政府编制村庄规划；建设部门负责农村危房改造项目的实施；农业部门负责对复垦后的耕地质量进行鉴定；新城办负责新农村建设项目的实施；其他部门按照各自的职责做好工作。

(四) 2017 年 38 个贫困县增减挂钩节余指标省域范围有偿交易①

1. 试点依据

2011 年 12 月《中国农村扶贫开发纲要 (2011—2020 年)》规定, "11 个连片特困地区以及纳入国家相关规划的生态移民搬迁地区, 新增建设用地指标要优先满足贫困地区易地扶贫搬迁建房需求"。2015 年 10 月党的十八届五中全会提出"实施脱贫攻坚工程, 实施精准扶贫、精准脱贫", 农村贫困人口实现脱贫, 贫困县全部摘帽。2015 年 10 月国土资源部印发《关于下达 2015 年城乡建设用地增减挂钩指标的通知》, 明确全国安排增减挂钩指标 90 万亩, 要求地方落实好增减挂钩支持扶贫开发的政策措施, 允许将城乡建设用地增减挂钩指标在省域范围内使用, 支持贫困地区通过增减挂钩推动扶贫开发工作。2015 年 11 月 2 日, 中共中央办公厅、国务院办公厅《深化农村改革综合性实施方案》提出, 健全耕地保护和补偿制度, "完善和拓展城乡建设用地增减挂钩、'地票'等试点, 推动利用城乡建设用地增减挂钩政策支持易地扶贫搬迁"。2015 年 11 月 29 日,《中共中央国务院关于打赢脱贫攻坚战的决定》出台, 明确提出"利用城乡建设用地增减挂钩政策支持易地扶贫搬迁", "在连片特困地区好国家扶贫开发工作重点县开展易地扶贫搬迁, 允许将城乡建设用地增减挂钩指标在省域范围内使用"。2015 年 11 月国家发改委、扶贫办、财政部、国土资源部、人民银行联合印发《关于印发"十三五"时期易地扶贫搬迁工作方案的通知》, 提出"特别是要用好城乡建设用地增减挂钩政策, 土地出让形成的纯收益优先用于向投融资主体及项目实施主体购买易地扶贫搬迁服务"。这些政策用一句话概括, 就是允许扶贫可以突破现行增减挂钩指标不得跨县使用的限制, 挂钩指标可以在全省范围内跨县使用。

2. 试点贫困县 (市、区)

湖北省有 38 个重点贫困县 (市、区), 其中, 国家级贫困县 25 个 (阳新县、郧县、郧西县、竹山县、竹溪县、房县、丹江口市、秭归县、长阳县、孝昌县、大悟县、红安县、罗田县、英山县、蕲春县、麻城市、

---

① 本部分参考引用了方路、李荆荆、洪艳华《土地指标交易改革——开辟我省精准扶贫新路径》,《湖北日报》2017 年 10 月 31 日第 1、2 版。

恩施市、利川市、建始县、巴东县、宣恩县、咸丰县、来凤县、鹤峰县、神农架林区），省级贫困县 4 个（五峰县、保康县、团风县、通山县），片区政策重点贫困县 8 个（南漳县、谷城县、兴山县、远安县、张湾区、茅箭区、通城县、崇阳县），生态移民搬迁县 1 个（夷陵区）。按照国家扶贫政策，这 38 个贫困县产生的原本只能在县域范围内交易的城乡建设用地增减挂钩指标，现在可以在整个湖北省全省范围内跨市县交易。

3. 试点首次交易及影响

2017 年 10 月 27 日，湖北省首次突破县域交易的城乡建设用地增减挂钩指标，在省公共资源交易中心拍卖。这些指标由英山、保康、蕲春、郧西、竹山、孝昌 6 个贫困县提供，共计 3275 亩，由武汉市汉南区、武汉经济技术开发区管委会、武汉东湖新技术开发区管委会竞得，总交易资金 13.66 亿元，平均每亩为 41.73 万元。

这一交易对经济发达地区和贫困地区产生了双赢结果。对指标提供方来说，增加了资金收益。贫困地区增减挂钩指标若在当地使用，成本价一般不高于 10 万元/亩，以本次交易转让大户英山县为例，交易的 1875 亩指标以 10 万元/亩标准计算资金收益最多不超过 2 亿元，而本次交易收益达到 8 亿元，通过交易产生的资金收益是在当地使用收益的 4 倍。对指标的竞买方而言，节约了用地成本。以武汉东湖新技术开发区管委会为例，新增建设用地土地有偿使用费为 5.3 万元/亩，比指标转让方郧西县新增建设用地土地有偿使用费高出 4.63 万元/亩，通过本次购买 612 亩挂钩指标，仅新增建设用地土地有偿使用费就节省了 2844 万元，更何况还有耕地开垦费的节省，减少了用地成本。

不仅如此，根据相关政策，实施增减挂钩指标交易的地区，可享受六大红利。还是以武汉（指标竞得方）和英山（指标转让方）交易 1875 亩地为例，武汉市增加了 1875 亩建设用地规划空间；这 1875 亩地直接可作武汉市土地计划使用；英山县已经复垦了耕地，武汉市不必再复垦；武汉市可以免交新增建设用地有偿使用费和耕地开垦费；英山县获得的收益可以用于易地扶贫搬迁和扶贫贷款还款；武汉市和英山县的用地结构都得到了优化。

4. 试点潜力

为利用城乡建设用地增减挂钩政策支持易地扶贫搬迁，湖北省制定了交易资金管理暂行办法，设立了交易资金专项账户，在省公共资源交易中心建立了交易平台，将使用增减挂钩指标免缴新增建设用地有偿使用费和耕地开垦费的范围，从县域扩大到全省范围，吸引各市县参与竞买。据估算，根据全省38个贫困县（市、区）的搬迁规模和安置标准，全省可供纳入交易的指标潜力约为6.2万亩，对指标的需求完全超过了指标的供给，仅武汉、鄂州两市的购买需求就将近6万亩。虽然目前投入交易的指标还较少，但通过加大拆旧复垦力度，未来可供交易的指标将会越来越多。

从全省看，据省扶贫办的资料显示，"截至2017年9月30日，全省易地扶贫搬迁规模锁定数为32.8万户、90.1万人，涉及13个市州69个县"。如果参照此次交易的指标均价每亩41.73万元的标准，乐观估计，通过加大易地扶贫搬迁拆旧复垦，只要每年产生1万亩指标用于交易，未来三年就能解决120亿元的扶贫搬迁资金。按平均每户搬迁成本20万元计算，仅挂钩指标交易获得的资金一项，就可解决全省6万贫困户的搬迁。目前，湖北省为支持易地扶贫搬迁，并没有限制贫困地区增减挂钩指标的下达规模，而是鼓励贫困地区优先申报增减挂钩项目，应保尽保。已批准贫困地区增减挂钩项目18个，涉及13个贫困县，指标规模3.5万亩，为指标交易奠定了良好的基础。

5. 对试点的规范

按省政府要求，省发改委、省财政厅、省国土资源厅、省审计厅、省政府扶贫办、省公共资源交易监督管理局等部门，将联合完善交易资金管理、拨付及使用的相关配套政策，建立切实可行交易工作机制，确保资金安全，使用规范、方便，推进交易工作取得实效。省国土资源厅将研究出台挂钩指标交易后的使用管理政策，确保依法依规用好交易指标。省发改委、省政府扶贫办、省国土资源厅联合督导地方加快易地扶贫搬迁拆旧复垦，严守"建新房必须拆旧复垦"红线，尽快产生更多的增减挂钩交易指标。切实做好易地扶贫搬迁验收工作，严格将增减挂钩拆旧复垦验收作为易地扶贫搬迁整体验收内容，确保复垦到位。确保易地扶贫搬迁对象搬得出、稳得住、能发展、可致富。

二 试点实践的基本做法

从湖北省开展城乡增减挂钩不同阶段的实践可以看出，湖北省的增减挂钩有正常开展的增减挂钩、21个"四化同步"示范乡镇的全域增减挂钩、宜城市的全域增减挂钩、38个贫困县的增减挂钩节余指标省域范围有偿交易四种形式，这四种形式在湖北的实践中并存。四种形式虽有所不同，但基本做法大致相同。

(一) 资金运转模式

1. 政府主导型

就是由政府主导整个项目的拆旧建新、复垦安置和资金运作，也是大多数乡镇采取的模式。如黄梅县小池镇利用省级战略和跨江合作机遇，在省国土部门的支持下，大力推进增减挂钩力度，成立了全国唯一一家乡镇土地收储中心和小池城投、小池联投等投融资平台，同时积极引进省发投、省长投、省交投等战略投资者，以土地一级开发、土地回购等方式推动开发。从2012年6月到2014年8月，共投入资金100多亿元，拆迁房屋1800户，征地1.8万亩。2014年第一期第一批拆旧1574.46亩，增加增减挂钩指标572.43亩，拆除房屋1499户，补偿金额12.5亿元，亩均约80万元。同时兴建小池家园水月庵、河桥两个安置区安置房3530套，涂咀、朱楼、代营三个新的安置区6210套安置房正在规划中，建设改造道路31条，兴建产业引进企业30多家以及其他事关民生和发展的公共基础设施等，成为湖北省"四化同步"示范乡镇的引领者。

2. 市场主导型

就是通过引入社会资金，采取"企业支撑+项目扶持"的方式来推动增减挂钩项目。如荆门市沙洋县官垱镇王坪村项目由重庆湖北商会执行副会长郑中先生（王坪籍）投资成立的正中现代田园生态农民专业合作社作为投资主体，并依托涉农项目和资金扶持进行建设。项目涉及农户308户、1264人。项目拆旧区为零散农村居民点，涉及自然村湾43个，每个自然村湾户均用地面积在3亩以上，最大的近10亩。拆旧区面积731.7亩，通过拆旧可净增加耕地673.2亩，项目完成后可增加建设用地周转指标731.7亩。全村308户村民户均一套145平方米的新建住宅，由郑中先生个人出资建成后无偿分配给农户。同时，将农民承包地、原农户宅基地拆旧复垦后的农用地、村集体所有机动地及"四荒地"等土地按不同主体股份制的形式入股合作社,由合作社统一规划、统一平整、规模经营。入股土地每年分红1500元/亩,村民在合作社工作,每月发放工资1000元,逐年递增,受到了村民的欢迎。

(二)还建模式

1. 就地还建型

如官垱镇王坪村建造五层楼,一栋两单元。户均建筑面积145平方米,户均实际成本10万元,户均占地164.05平方米(含居住、广场、小区道路等面积分摊)。

2. 集镇还建型

如沙洋县纪山镇金牛村拆旧区距离纪山集镇2公里,还建点位于纪山镇集镇,还建住宅多层住宅楼。

3. 购房货币补偿型

如嘉鱼县潘家湾镇拆旧区选在房屋较少的空心村复兴村,共有5户、23人,户均占地5052平方米,人均1098.26平方米,拆除后全部复垦为耕地,补偿全部采取货币补偿安置的方式。

(三)开展增减挂钩节余指标交易

开展试点的各市县都建立了增减挂钩节余指标的交易平台,节余指标可以在乡镇之外的县域范围内交易,交易价格不低于湖北省规定的10万元/亩。如鄂州市成立了鄂州农村综合产权交易中心,出台了《鄂州市城乡建设用地增减挂钩指标交易管理暂行办法》,并将挂钩指标基准价格确定为16万元/亩,截至2015年5月,共挂牌交易指标152宗,面积4763.46亩,收取指标价款7.6亿元。

(四)将增减挂钩试点与土地整治相结合

湖北各地利用增减挂钩试点政策优势和土地整治资金优势,按照"各炒一盘菜,共办一桌席"的方式整合各部门惠农资金,促进了村容村貌的改变、现代农业的发展和农民生产生活质量的提高。实践中湖北省采取了以下3种模式。

1. 以政府财政投入为主推进土地整治

如宜昌市的安福寿镇:宜昌市下达的2013年度和2014年度的高标准基本农田土地整治项目建设任务分别为6万亩和5.5万亩,全面安排在安福寺镇及周边区域，这11.5万亩分为6个项目，共计投入资金2.275亿元，亩均约2000元，主要来自政府各级部门的财政投入。土地整治结合村庄改造，改变了过去乱、脏、差的状况，初步形成了田块规整、灌溉方便、道路通畅、环境整洁、村庄秀美的现代农业和农村示范园区。

2. 以龙头企业为主体推进土地整治

如监利县的新沟镇：以福娃集团为主体开展土地整治工作，争取资金4500万元，在新沟镇新建现代生态农业示范基地3万亩。远期目标则是结合土地整治项目建设，把以现有基地为核心的10个村打造成为具有鱼米之乡风情的美丽乡村。汉川市沉湖镇：以福星集团为主体，将周边5个村近3万亩耕地（占全镇耕地的30%），以每亩每年800元标准流转过来后，按规模化、标准化、集约化的要求，采取"公司+农场"的经营模式，将流转农田建设成现代农业示范区，使农民每年每亩土地净收益有望达到1200元。

3. 以农民自建来推动土地整治

如恩施市的龙凤镇：拆旧建新工作走出了一条适合本地山区的独特的道路，具有"财政激励、农民自建、分散推进"的特点。龙凤镇绝大部分家庭居住在山区，零星分散，为了吸引农户搬迁到基础设施较好的区域居住，政府结合扶贫搬迁政策出台了激励措施。具体做法是，贫困户退出原有的宅基地，每人可享受1万元的补贴（特困户每人享受1.2万元），房屋拆迁按150元/平方米补偿，如果按时搬迁还可获得1万元的奖励，宅基地复垦按21元/平方米补偿。以贫困户一家3口人和200平方米的宅基地面积计算，每户可获得8万元补偿金。非贫困户一般可获得4万元的补偿。只要农户自愿退出宅基地，政府奖励搬迁但并不强迫，部分收入水平较高、主要在外打工或经商、搬迁意愿强烈的家庭积极响应，部分收入水平较低、主要在本村务农、搬迁意愿不大的家庭，仍然可以选择原地居住。对于新的居住点，政府设立了多个集中居住区域，包括新建的农村居住区和集镇居住区，建筑样式也提供了4套标准，既可以农民自建，也可政府代建，农户可按自己的需要来选择新的居住点、房屋外观和建筑方式。龙凤镇的宅基地有偿退出和拆旧建新工作受当地农民的热烈欢迎，宅基地供应指标供不应求。截至2014年7月底，龙凤镇已完成扶贫搬迁411户，占到贫困户总数的20%左右。从客观效果看，中高收入农户从退出旧宅搬迁新居后，一般不会再从事农业活动，原有村庄土地即纳入土地整治，并流转给继续从事农业的农户，当地人把这种现象形象地称为"富人给穷人腾地"，从而起到节约集体建设用地、扶贫搬迁、土地整治的三重效果。

第三节　对城乡建设用地增减挂钩政策的认识

一　对增减挂钩周转指标的认识

（一）增减挂钩周转指标与年度新增建设用地计划指标的区别

1. 是否为年度计划指标

1998年修订1999年1月1日执行的《土地管理法》对土地实行用途管制，为配合用途管制，1999年2月，国土资源部出台了《土地利用年度计划管理办法》，对农用地转为建设用地实行年度计划指标管理，2004年增减挂钩政策出台后，该办法于当年进行了第一次修订，在土地利用年度计划管理应当遵循的原则中增加了"城镇用地增加与农村建设用地减少相挂钩"这一条，实际上是将增减挂钩周转指标纳入年度计划进行管理。2006年国土资源部在批复第一批增减挂钩试点省市后，随即对该办法进行了第二次修订，土地利用年度计划指标中的农用地转用计划指标，被修改为新增建设用地计划指标（包括新增建设用地总量和新增建设占用农用地及耕地指标），实行指令性计划管理。由于增减挂钩通过城乡建设用地一增一减，建设用地数量并未增加，周转指标并不属于新增建设用地计划指标，因此，《城乡建设用地增减挂钩试点管理办法》明确规定，增减挂钩周转指标"不得作为年度新增建设用地指标使用"，但在国家层面，每年下达的周转指标还是有计划的，并实行总量控制。地方上获得的挂钩周转指标则是一次下达，分期归还，归还期一般不超过三年，每年要制定分年度归还计划。也就是说从指标的下达上看，两项指标都有年度计划，都控制规模。但从指标的使用上看，年度新增建设用地计划指标是当年下达，当年使用，使用性质属年度计划指标；增减挂钩周转指标则是当年一次下达，三年内使用，使用性质不属年度计划指标。

2. 取得指标是否缴费

年度新增建设用地计划指标由国土资源部按年度计划下达给地方，地方政府及用地企业获得年度计划指标无须缴费，免费获得。增减挂钩周转指标虽然也是由国土资源部下达计划，但该指标的取得不能免费，必须向指标的实际提供方——农村集体按地方政府规定的最低价或市场招拍挂价格支付价款。

3. 指标使用是否归还

年度新增建设用地计划指标使用后无须归还；增减挂钩周转指标只是借用指标，期满后必须归还，且是用拆旧复垦后的耕地面积（大于还建区和建新区的建设用地）来归还的。

4. 指标使用是否征地

年度新增建设用地计划指标并不都是属于征地性质的指标，农村集体新增建设用地年度计划指标就不需要征地，但如果该指标使用的落地点是在建新区的，就必须要征地或已经完成了征地。增减挂钩周转指标实际上城乡建设用地增减挂钩周转的置换指标，是城乡之间的土地置换行为，落在建新区不属于征地性质，不能强征强拆，但由于《土地管理法》关于建设用地必须使用国有土地的确定，实际操作中需要办理征地手续。

5. 用地是否缴纳土地出让金

使用年度新增建设用地计划指标在建新区落地时，需要根据建设用地的不同性质和使用年限缴纳土地出让金。使用增减挂钩周转指标时，如果资金运作是由政府主导的，由于用地是需要办理征地手续的国有土地，用地企业必须缴纳土地出让金；如果资金运作是由工商企业主导的，则不需要缴纳土地出让金，但可能需要支付相当于土地出让金的对价。

6. 用地是否缴纳新增建设用地土地有偿使用费和耕地开垦费

年度新增建设用地计划指标是通过占用农用地及耕地而来的，需要缴纳新增建设用地土地有偿使用费和保障耕地占补平衡的耕地开垦费。增减挂钩周转指标是建设用地在城乡之间的置换，没有增加新的建设用地，无须缴纳新增建设用地土地有偿使用费；拆旧地块由地方自行复垦为耕地，无须缴纳耕地开垦费。但在实际操作中，用地企业如果已经支付了相当于土地出让金的对价成本，则不需要支付以上两项费用。但如果用地企业没有支付相当于土地出让金的对价成本，则仍需支付以上两项费用。

7. 用地是生地还是净地

按《国土资源部 住房和城乡建设部关于进一步加强房地产用地和建设管理调控的通知》（国土资发〔2010〕151号）要求，土地不得毛地出让，因此，使用年度新增建设用地计划指标的用地应该是净地，不应是毛地甚至生地。增减挂钩用于建新区的周转指标，如果是政府主导的，则用地企业应该通过招、拍、挂程序拿地，用地的供给应为净地；如果是工商企业主导的，则工商企业是在所需使用的新增工商业建设用地还没有完成农用地转用及报征手续之前就已介入，所获土地实为生地，不是毛地，更不是净地。

表8—2　年度新增建设用地计划指标与增减挂钩周转指标的区别

指标	是否为年度计划指标	指标取得是否免费	指标使用是否归还	在建新区落地是否征地	建新区用地是生地还是净地	用地是否交土地出让金	用地是否交两费
新增建设用地指标	是	免费	不用归还	属征地性质，需要征地	净地（熟地）	交	交
增减挂钩周转指标	否，当年下达，三年内使用	向指标提供方支付对价	以复垦后的耕地面积归还	不属征地性质，但办征地手续	净地或生地	政府主导要交，企业主导不交，但或要支付相当于土地出让金的对价成本	不交，但或要支付相当于两费的对价成本

（二）增减挂钩周转指标与年度新增建设用地计划指标差异带来的影响

1. 对用地企业的影响

主要是对用地成本的影响。企业用地成本主要包括指标成本和使用税费成本。从上述比较可以看出，工商企业使用增减挂钩周转指标的用地成本比使用年度计划指标的用地成本要高，除了要向指标提供方支付对价以及相当于土地出让金或是两费（新增建设用地土地有偿使用费和耕地开垦费）的对价成本这两项成本其中之一以外（如果是房产开发企业就交土地出让金或是相当于土地出让金的对价，但不交两费；如果是工商企业自己用地，则不用交土地出让金和两费，但必须交相当于土地出让金或是两费的对价，实际操作中工商企业支付的是两费的对价，因为增减挂钩要求将土地增值收益全部返还农村，湖北省规定的是将不低于新增建设用地土地有偿使用费和耕地开垦费两费之和的资金返还给拆旧区的农村），还可能因为是在土地还未报征之前介入拿地、拿到的是生地或毛地而必须另外支付对土地的"三通"（或"五通""七通"）或"一平"费用。即此时企业的用地成本支出，除了要支付用于相当于城镇征地范围内的各种支出，还要支付用于拆旧区和还建区的各种支出。

2. 对地方政府的影响

主要是对土地财政的影响。对地方政府而言，虽然新增建设用地计划指标和增减挂钩指标在建新区落地时都要办理征地手续，但新增建设用地计划指标可以收取新增建设用地土地有偿使用费和耕地开垦费，而增减挂钩指标则不能。因此，在由政府主导的增减挂钩试点中，地方政府或可得到土地出让金，或无法得到土地出让金，但一定得不到新增建设用地土地有偿使用费和耕地开垦费。而新增建设用地有偿使用费的收取标准是由国土资源部按照全国城市土地分等和城镇土地级别、基准地价水平等情况确定的，标准越高，收取的费用越多。增减挂钩试点越是在大城市周边开展，地方政府的损失就会越大。如果不是建设用地的需求压力，地方政府更倾向于使用年度新增建设用地计划指标而不是增减挂钩指标。

二 对增减挂钩政策的认识

（一）变相的征地制度？

由于增减挂钩试点是将农村减少的建设用地置换为城镇的建设用地，而城镇建设占用的农用地又以农村减少的建设用地复垦为耕地予以置换，因此，从本质上讲，增减挂钩周转指标属于城乡建设用地置换指标，本身并不涉及征地问题，与土地征收无关，根本就不具有征地性质。

透过对《城乡建设用地增减挂钩试点管理办法》的仔细研读，通篇既没有说增减挂钩指标是征地性质的指标，也没有说使用该指标时一定要征地，只是在第16条和第17条中提到，"确需征收的集体土地，应依法办理土地征收手续"。"涉及集体土地征收的，要实行告知、听证和确认，对集体和农民妥善给予补偿和安置。"这就是说，从逻辑上理解，该办法是一个中立的管理办法，既适用于征地框架，也适用于集体土地与国有土地同地同权框架。但无论是在哪个框架下，如果建设用地使用的是年度新增建设用地计划指标，涉及征地，是需要办理征地手续的，但如果使用的不是年度新增建设用地计划指标，而是增减挂钩周转指标，不涉及征地，就不应该办理征地手续。

我国目前实施的增减挂钩试点是在现有的《土地管理法》的框架下实施的，按理说使用增减挂钩周转指标是不具有征地性质的指标，不涉及征地，但由于现行的《土地管理法》第43条规定，使用建设用地必须是国有土地，这导致增减挂钩中城镇建新区占用的农用地必须按《土地管理法》第45条的规定，同时办理农用地转用和征地审批手续，从而产生了使用不具有征地性质的建设用地却需要办理征收手续的奇特现象，试点中也正是这么操作的。虽然试点中湖北省进行了征（土地变性）、转（用途变更）分离或只转不征的探索，但由于受《土地管理法》的硬性约束，国土资源部并没有松口。由此一来，本来完全跟征地完全没有关系的增减挂钩指标只要落在建新区，就必须要办理征地审批手续，而且是征、转合一，原因是增减挂钩项目区是整体审批，整体办理农用地转用审批手续的。增减挂钩试点本意是以保护耕地、保障农民土地权益为出发点，但在实际操作中却有可能演变成变相的征地制度。

在湖北省的试点中，不少试点乡镇以政府为主体实施挂钩项目，他们将挂钩产生的节余指标全部或按一定比例交给乡镇，乡镇可以使用这些指标，也可以自由交易，交易不出去的，由县政府兜底收购，并认为这种模式极大地调动了乡镇工作的积极性，是促使乡镇主动作为的好办法。但这种做法产生的节余指标越多，用于建新区的征地指标就会越多，变相征地的范围就会越大。

(二) 变通的土地发展权制度？

按照党的十七届三中全会和十八届三中全会精神，集体建设用地可以与国有土地同地同权，增减挂钩试点应该不用办理征地手续。如果不具有征地性质的建设用地在使用增减挂钩指标时再也不用办理征地手续了，那么，此时的增减挂钩试点就可以看作是变通的土地发展权制度在我国的运用。

土地发展权就是对土地进行开发的权利。拥有土地开发权，意味着权利人可以改变土地用途或提高土地使用强度，获取开发收益。在发达国家，出于农地保护、生态保护与修复、建筑遗迹保护、避免土地相邻权冲突等，已经建立了土地发展权制度。土地发展权已成为发达国家在实行土地用途管制下由市场来配置城乡土地资源和统筹城乡发展的工具。其基本原理是，农村作为开发受限地区，土地用途长期受到管制，为了弥补因用途管制带来的机会成本损失，允许将开发受限的农地发展权指标以市场价卖出，城市规划区内作为可开发区，所需的开发权（即发展权）指标必须由工商企业或业主到土地发展权交易市场购买，整个配置过程完全由市场交易主体自愿完成。由于交易方受到土地整治成本、开发权指标成本和用地成本的制约，三方都很珍视土地，所以无论是城镇还是农村，土地的利用效率和集约化程度都较高，很少出现我国"摊大饼"式的工业化和城镇化。

我国还没有建立土地发展权制度，现行的法律制度安排都是将土地开发收益划归国有。但这并不是说我国土地制度管理的实践操作中就不存在土地发展权制度的痕迹，其实，我国征地制度下实施的留地安置中的"征一留十"和增减挂钩试点等做法，实际上已经承认了集体土地的部分发展权。如增减挂钩管理办法中明确提出："建新地块实行有偿供地所得收益，要用于项目区内农村和基础设施建设，并按照城市反哺农村、工业反哺农业的要求，优先用于支持农村集体发展生产和农民改善生活条件。"国发〔2010〕47号文件也明确要求，"整治腾出的农村建设用地，首先要复垦为耕地，在优先满足农村各种发展建设用地后，经批准将节约的指标少量调剂给城镇使用的，其土地增值收益必须及时全部返还农村"。也就是说，在我国已经试点多年的城乡建设用地增减挂钩试点，早已让土地发展权（开发权）受到管制的农民集体和农民个人从土地城镇化的增值中受益。因此，增减挂钩政策实际上在我国就是一种变通的土地发展权制度。我国完全可以将引入土地发展权作为农村土地产权改革的方向之一。这样一来，增减挂钩管理办法就也适用于同地同权框架，周转指标在建新区落地就再也不用办理征收审批手续了，此时的增减挂钩政策就不仅是一种解决保发展与保红线的良策，而且还是保权益、保稳定的极佳政策工具。

鉴于上述认识，我们认为，如果增减挂钩试点工作做得好，增减挂钩就会成为变通的土地发展权制度，符合政策制定的初衷；如果做得不好，就会沦为变相的征地制度，与缩小征地范围的政策要求不符，偏离政策的初衷。

第四节 湖北省城乡建设用地增减挂钩试点存在的问题与得失

一 湖北省城乡建设用地增减挂钩试点存在的主要问题

(一) 规划问题

1. 规划的行政性和计划性色彩较浓

试点实践中，几乎所有地方的规划都是从上向下进行编制的，所有的下级规划都不得违反上级规划要求，体现了一级控制一级的高度行政化和高度计划化的色彩，依据经济本身发展的规律和要求来突破行政区划和层层控制的规划还很少。一旦经济发展本身要求突破规划限制时，规划就不得不每隔几年甚至不到一年就要重新修订一次，导致大量人力、物力、财力浪费。同时由于规划一般是由上级部门要求做的，且认为规划是专业规划人士的事，农户普遍既不能参与也不太关心，因此规划往往是政府意志的规划而不是市场经济意志更不是农民意志的规划，常常出错。

2. 所有的城镇化规划都重视"化地"而忽视了"化人"

规划"见物不见人"是湖北省试点实践中的常态。如襄阳市尹集乡规划建设7平方公里的乡所在地主城区，占全乡面积（49.72平方公里）的1/7，人口规模6万人，为现有常住人口（2.1万人）的3倍，仅此就需要城镇化用地10500亩，重点产业、农民新型社区和城镇基础设施建设还需建设用地7220亩。据测算，全乡增减挂钩腾出的建设用地潜力为

4760.45亩，存量集体建设用地1021.6亩，低丘缓坡地中的宜建部分1500亩，合计全乡建设用地总潜力为7282.05亩。即使用地供给潜力全部转化为现实供给，仍不能满足建设用地需求，缺口高达近万亩。尹集乡未来的经济发展是否真的需要这么多的建设用地？即使需要这么多，这近万亩的建设用地缺口也可以通过增减挂钩指标交易在襄城区范围调剂解决，但尹集乡3.9万人的人口缺口如何填补——即人从哪里来在规划里却怎么也找不到。

3. 所有的规划都通过压缩房地产用地空间来平衡整个建设用地成本投入

为保证城镇化过程中的工商业用地和公共设施用地的资金亏欠来源，湖北省在试点中，大都通过压缩房地产用地空间，以高地价和高房价来平衡整个规划的建设用地成本投入。因为增减挂钩调剂给城镇的土地主要用于三块：公益用地、工业用地和房地产开发，公益用地方式为划拨，无法收取出让金，工业用地因考虑长期发展和税收收入，收取的出让金很低，因此出让金主要来自房地产开发。而为保证房地产开发能产生较多的出让金，湖北省规定开发区生产和基础设施用地比例不低于70%，即只有不到30%的土地用于房地产开发，本意是提高土地出让金，但羊毛出在羊身上，开发商必然会将出让金转嫁到房价上，最终由购房者承担。这一是导致城镇商品房价格上涨和住房的公共空间狭窄；二是压缩了农民住房的空间和生产生活的方便性，大大影响了城乡居民生活的质量和舒适性。

4. 部分村镇规划不符合现行土地利用规划

在规划制定中，一些村镇规划未能与土地规划实现有效对接，导致村镇规划建设不符合现行土地利用规划。如武汉市发现武湖街还建区和建新区位于限制建设区，五里界街童周岭村还建区涉及占用基本农田，部分示范乡镇调整基本农田面积较大，部分乡镇还有跨乡镇调整的现象，影响了规划的实施。

（二）政策问题

1. 政策认识上的问题

湖北省的增减挂钩试点工作是由各地国土部门全程参与实施的。在试点初期，很多人甚至很多政府部门都认为，增减挂钩单纯是国土部门的一项业务和工作，没有认识到试点是一项促进城乡统筹发展，以工哺农，破解土地供需困局的有益探索，因此，在实施过程中，有的项目区基本上都是国土部门在孤军奋战，地方政府在协调各部门协同参与、共同推进方面力度不够。随着增减挂钩试点逐步推开以后，各地已经认识到，增减挂钩的实施不仅可以有效解决建设用地指标和耕地占补平衡问题，还可以免缴新增建设用地有偿使用费和耕地开垦费，积极性大增，但当在21个示范乡镇实施全域增减挂钩时，不少乡镇还在琢磨着怎么向上多要增减挂钩指标，完全没有意识到全域增减挂钩是用规划管地而不是用增减挂钩指标管地，只要示范乡镇范围内的耕地占补实现了平衡且符合规划，所谓全域增减挂钩是没有指标限制的。

2. 政策落实上的问题

增减挂钩新开发用地在有收益之前需要大量的前期资金进行拆旧复垦，一些经济欠发达的示范镇资金匮乏、缺少启动资金，财政压力较大，导致政策落实情况不够理想。

3. 周转指标的使用问题

全省所有增减挂钩周转指标只能在县域范围内使用，跨县域交易有严格限制。

(三) 拆迁问题

1. 部分示范乡镇实施增减挂钩拆迁成本高

一些经济较为发达的乡镇人口众多稠密，房屋建筑质量较好，密度较大，拆迁成本高。如黄梅县小池镇经估算宅基地拆迁的平均成本在26万—35万元。汉川市沉湖镇目前人均宅基地面积为130—150平方米，户均约1亩地，住房97.3%为两层以上砖混结构，2.7%为平房，其中30%的住房是近3年修建的，成本超过50万元/户。尤其是近些年来，随着农民收入的增加，农村住房修建得越来越好，实施增减挂钩试点拆迁与建设的成本非常高，拆迁难度较大。

2. 拆迁博弈成本高

在拆迁补偿利益刺激下，一方是规划区内的村民往往会"种房保地""种房谋利"，与政府和开发商展开利益博弈；另一方则是地方政府开展确权登记，实行一组一册、一户一表、一栋一图，甚至对每户进行现场拍照，为所有房屋办理了一张"身份证"，以制止村民乱搭乱建和各种抢种行为。但即使如此,在确权过程中发生的各种抢种加盖房屋以求更多补偿的行为始终难以制止,制止成本也很高,这造成了不小的资源浪费。

(四) 土地整治问题

1. 各路资金条块管理,聚集效应有待提高

近年来,各级财政对乡镇投入逐年增加,对乡镇的投入涉及增减挂钩、土地整治、财政投入、发改项目、农业部门和水利部门等多个部门或项目资金,但各部门或项目资金都是针对特定的项目和用途,资金实行条块管理,这种"撒胡椒面"式的资金投入的效果并不明显,资金的整合力度不够,难度大。

2. 部分土地整治工程质量不达标

土地整治中"种田的不整地、整地的不种田"现象普遍,一些项目工程质量不理想。如有的乡镇对耕地占补,只注重数量平衡,忽视质量平衡,出现了"占优补劣"现象,这与增减挂钩政策要求"耕地面积不减少,质量不降低"相矛盾,有的地块达不到质量要求,甚至无法耕种;有的新建机站配套设施不到位,不能正常运转,无法抽水;有的工程施工管理不到位,工程质量难以保证。

二 湖北省城乡建设用地增减挂钩试点之所得

从城乡建设用地增减挂钩试点要求"建新区面积必须≤拆旧区面积-还建区面积"的公式和对增减挂钩政策设计本质及周转指标性质的认识,可以很清晰地观察和理解到为什么在全国和湖北省各地实际操作中的增减挂钩政策会有这么多的得和失。

(一) 为地方发展经济提供了建新区的用地空间

城乡建设用地增减挂钩周转指标不受国家指令性年度用地计划指标的限制,只要各地有拆旧的潜力,且又能够获得周转指标,就可以突破年度计划指标的限制,额外获得城镇建设用地。

(二) 有利于实现就地转移农民、就地工业化和就地城镇化

增减挂钩并不是简单地把农村的建设用地整理到现有城镇中去,它实际上也是促进现有具有发展潜力和发展较好的小城镇不断成长和壮大的主要手段,是为广大农村地区诞生和成长起来的小城小镇就地实现工业化和城镇化提供发展空间的操作平台,加速了农民向中心城镇、集镇

集中,加快了城镇化的进程与速度。

(三) 化解了单纯征地模式下保耕地红线的巨大压力

增减挂钩将整理出的农村建设用地调剂给城镇的前提是必须有等量的农村建设用地要复垦为耕地,周转指标只是先期借给城镇使用,到期以大于周转指标面积的复垦耕地来归还,保证了耕地面积总量不会减少,且在拆旧区的农村耕地面积是增加的。

(四) 推进了资源在城乡间的双向流动

增减挂钩改变了单纯征地制度下只从农村抽取资源而很少向农村注入资源的做法,通过城乡建设用地增减挂钩统筹了城乡土地、资金、人员的双向流动。通过复垦中的土地整治,组建农民合作社和引入工商资本,促进了耕地集约经营和农业现代化的发展。

(五) 促进了社会主义新农村建设

挂钩政策实施后,推动了农民集中居住,农民居住环境、农村公共基础设施得到了明显改善。"五通"(通水、通电、通路、通有线电视、通网络)、"五化"(道路硬化、路灯亮化、社区绿化、环境美化、污水垃圾无害化)逐步在试点地区得到实现。

(六) 为统筹城乡提供了重要的工作平台和抓手

增减挂钩通过将农村建设用地指标调剂给城镇使用,引入了城镇和社会资金进入农村和农业,实现了以城带乡、以工促农,为统筹城乡提供了重要的工作平台和抓手。

(七) 农民比单纯征地模式有了更大的自主权和更多的保障

增减挂钩与征地模式相比,少了更多的强制性,多了对农民意愿的尊重,虽也有强拆和被动上楼,但毕竟农民有了较多的回旋余地,特别是还建区仍然是处在规划区外的拆旧区,农民的回旋余地就更大。

三 湖北省城乡建设用地增减挂钩试点之所失

(一) 扩大了征地范围

原因是用于周转的建设用地指标,不管是自用还是用于转让,都是要落地的,只要落地是在城镇建设用地范围内的,就必须办理征收手续,虽然周转指标不是征地指标,但由于落地时需要办理集体土地征收为国有土地的手续,意味着周转指标越多,办理征收手续的土地就越多。周转指标在实际操作中事实上变成了征地指标。这与党的十七届三中全会和十八大缩小征地范围的精神不符。而且《土地管理法》只是规定城市市区的土地归国家所有，且建设用地必须使用国有土地，这导致增减挂钩越多，城市市区以外的国有土地就会越多。

（二）增加了小城镇形成空城的风险

本来在大中城市试点更有利于城乡统筹，但由于大中城市收取的土地出让金和新增建设用地有偿使用费的收取标准更高，导致地方各级政府在配置年度新增建设用地指标和增减挂钩指标时，出于土地财政的考虑，更愿意将年度指标放在市一级，如市级政府占大头，安排80%；县级政府占小头，安排20%，而增减挂钩指标由于不能收取新增建设用地有偿使用费，市级政府只给自己安排20%，80%安排给县级政府，更有甚者，有些市干脆就不再向县一级下拨用地年度计划指标，倒逼基层政府开展增减挂钩试点。因此，地方政府更愿意将试点放在小城镇，而不愿放在大中城市，开展试点的小城镇如果没有好的吸引人气的规划，难免最终会沦为新的空城或鬼城。

（三）重拿地、轻使用；重城镇建设、轻农村建设

由于城乡建设用地增减挂钩项目区中拆旧地块与建新地块的区别，本身就标明了乡村与城镇的区别，因此，部分地区在试点中只关心如何增加城镇建设用地，拿回的建设用地却粗放使用，对如何优化城镇和农村用地布局和结构、保证耕地数量和质量、保护农民权益并不十分关心，导致部分地区更重城镇建设，而轻农村建设。

（四）试点在部分地区演化为城镇到乡村多拿地和侵害农民权益的工具

增减挂钩项目区是整体审批的，因此，在整体拆迁方式下，在资金运作上无论是地方政府还是企业主导，都想压缩还建区面积，以增加建新区面积。这种做法，对地方政府和企业而言，相当于增加了征地指标和建设用地面积，可以获得更多的土地增值收益。但对农民而言，则可能是被动上高楼，带来生产、生活的诸多不便。

（五）加大了地方政府的支出压力和融资风险

单纯征地制度下，政府只需对失地农民进行补偿和安置，但政府主导的增减挂钩还须对调剂出建设用地的农村、农民支付拆旧、土地整理、新农村建设等费用，政府不得不以征收的土地进行抵押融资，以求资金

平衡。对经济相对发达的地方而言,增减挂钩资金平衡的能力相对较强,政府的支出压力和融资风险相对较小。但对那些经济相对落后的地方而言,由于对建设用地指标的需求不强,如果政府投入的资金最终难以平衡,就可能对地方政府财政形成压力,加大地方政府的债务风险。即使是在经济发达地方,如果国家整体宏观经济放缓或下滑,地方政府的财政压力和以地融资的风险就会急剧上升。

(六) 加大了市民的住房支出压力

前文已述,增减挂钩增加的城镇建设用地,主要用于公益用地、工业用地和房地产开发。但由于公益用地和工业用地是零地价甚至是负地价,地方政府在供地时是亏本的。如湖北省十堰市、宜都市低丘缓坡地的综合开发工业用地的平均成本为20万元/亩、13万元/亩,政府实际供给企业用地的均价为10万元/亩、8万元/亩,每亩亏空的当然只能从房地产开发用地上来弥补。而为保证房地产用地一定能拍出较高的价格,政府就一定会减少房地产用地的数量和控制房地产用地的节奏,以使房地产用地的地价收入能弥补公益用地和工业用地的亏空。而开发商为了保证自己的利益,势必会将房子越建越高,越建越密,并将高地价转嫁到房价上,从而加大了市民的住房支出压力。

(七) 耕地占补平衡忽视了耕地质量的平衡

实际工作中,有些乡镇只注重耕地数量平衡,出现了对耕地的"占优补劣"。即城镇建设用地占用的是肥力较高的优质耕地,但在农村整理复垦出来的却是肥力较差的劣质耕地,补充的耕地在面积上虽然实现了"占一补一",但质量却大打折扣,违背了增减挂钩政策"耕地面积不减少,质量不降低"的要求。

(八) 增减挂钩指标不得跨县使用限制了城市反哺农村的力度

理论上讲,城乡建设用地增减挂钩如果挂的是大城市,产生的土地出让金就会越多,反哺给农村的力度就会越大。实际操作中,很多乡镇都表示愿意将节余的建设用地指标跨区提供给大城市使用,得到的回报将远大于现在湖北省规定的每亩不低于10万元的标准。

第五节 完善湖北省城乡建设用地增减挂钩试点的建议

一 对湖北省城乡建设用地增减挂钩试点存在问题的建议

（一）严格试点

坚决防止增减挂钩试点成为变相的、扩大征收农村集体土地的征地工具，严禁侵害农民利益，在试点中完善和拓展增减挂钩工作，将增减挂钩变成既是保红线、保发展的工具，又是促进土地节约集约利用和农业现代化的工具。

（二）改革规划的编制和修订体制

湖北省目前的规划都是由政府自上而下组织编制、颁布和修订的。规划经常在实施后发现与当地实际不符需要修改，规划的科学性、权威性、严谨性、约束性不够。我们建议：一是规划的编制应实施听证制度，充分听取当地民众的意见，不会在当地长期生活的上级领导和"空降兵"领导的意见只能仅作参考。二是改变软约束的规划体制，将各级规划上升为法律或地方法规，由人大批准颁布，政府只有实施规划的义务，没有修改规划的权利。三是做好各类规划之间的衔接工作，做到土地利用规划、城镇规划、经济社会发展规划等规划"多规合一"，相互衔接、高度一致。

（三）用足增减挂钩政策

一是只要继续坚持积极稳妥操作，不强征强拆、不违背农民意愿，就可以向国家争取更多挂钩指标。二是只要挂钩项目区不跨乡镇，即自用指标用于就地城镇化，节余指标就可以在县域范围内使用，主要调剂给县城使用。三是将增减挂钩指标主要放在县一级、年度计划指标主要放在市一级的做法对调，更有利于推进增减挂钩试点工作，因为增减挂钩的实际支出成本要比使用年度计划指标的实际支出成本要大，更多指标放在市一级更有利于城乡统筹，建议应学习成都的经验，将更多的土地财政还钱于民。四是应积极向国家申请争取同意武汉城市圈按照"先行先试"原则在城市圈范围内跨县使用，即节余指标用于异地城镇化或用于大中城市。目的是：就地城镇化是以小城小镇统筹城乡发展，异地城镇化则是以特大城市或大中城带动小城小镇发展，同时缓解小城小镇财政支出压力。

（四）改革现行的建设用地指标管理模式

向国土资源部或中央建议，中央只需要对新增建设用地总量进行控制，省以下实行以规划管地，同时严格法治，真正解决保发展与保耕地的矛盾。我国现在实行的自上而下用年度计划分配建设用地指标的做法，还是高度统一的计划经济的做法，以这样的方式来管理土地，无法真正反映全国各地真实的土地供求关系和供求结构，存在指标下达效率低下、地区不平衡、实施成本高、违规违法严重等弊端，不符合市场对土地资源配置起决定性作用的改革方向，必须从根本上改变。

（五）加强资金整合力度

按照"统筹规划、项目集中、渠道不变、用途不变、资金整合、各计其功、形成合力"的原则，建立资金整合使用平台，对中央、省级财政下拨的农业综合开发、农村一事一议、农田水利、中低产田改造、高产示范、农村公路、土地整治、农业产业化、农民合作经济组织、农村沼气、林业专项、村庄改造、危房改造、学前教育、农家书屋、农村电商、医疗卫生、环境整治等项目资金打捆使用，"各炒一盘菜，共办一桌席"，提高资金使用效率。

二 对在征地框架下完善城乡建设用地增减挂钩试点的建议

（一）探索对建新区的土地只转不征

2014年12月31日，中共中央办公厅、国务院办公厅印发《关于农村土地征收、集体经营性建设用地入市、宅基地制度改革试点工作的意见》，决定在全国包括湖北省宜城市在内的33个县（市）行政区域进行试点，试点内容之一，就是暂停《土地管理法》第43条第1款、第63条以及《城市房地产管理法》第9条关于建设用地必须依法申请使用国有土地、农民集体土地使用权不得出让等规定，将其调整为"在符合规划、用途管制和依法取得的前提下，允许存量农村集体经营性建设用地使用权出让、租赁、入股，实行与国有建设用地使用权同等入市、同权同价"。既然《土地管理法》第43条使用建设用地必须使用国有土地的规定被暂停，而增减挂钩周转指标本来就不是征地指标，则《土地管理法》第45条征收农用地必须同时办理农用地转用和征地手续的规定自然就不能适用于增减挂钩。因此，湖北省完全可以在宜城市开展农村土地征收、集体经营性建设用地入市、宅基地制度改革试点的同时，开展对增减挂钩建新区土地的"只转不征"试点，并在条件成熟时推向全省。

（二）引入土地发展权的另一条通道

就是将征地框架下的"征一留十"的做法变为征多少留多少的办法，道理如同农民的承包地，所有权归农村集体，承包权长期归农户，即将承包地上的做法迁延到增减挂钩中，建新区使用的土地虽然要办征地手续变性国有土地，但国家仅只拥有名义上的所有权，而地处建新区的农村集体则拥有类似于承包权的终极使用权。增减挂钩则由用地方向拆旧区的农村集体购买周转指标，落地时向建新区的农村集体缴纳土地出让金。国家在此过程中仍可收取现有的土地税收，但不应收取与土地交易相关的各种费用。这种做法的好处，就是可以与未来同地权框架下开展的增减挂钩工作直接衔接。

（三）鼓励农民集体经济组织按规划自主探索就地城镇化

在土地发展权制度尚未引入之前，我国在开展增减挂钩试点中，应更多地鼓励农民集体经济组织按规划自主探索就地城镇化的道路。从湖北省的调研来看，湖北省农民工流动的一般意愿是流向大中城市和县城，而不是乡镇。因此增减挂钩的建新区应更多地放在大中城市和县城，对经济发展程度较高的乡镇也可适度开展，但不宜大面积推开。在此前提下，我们完全可以在现行的由政府或企业主导的城镇化模式之外，鼓励农民集体经济组织在坚持规划"大稳定、小调整"的原则下，分片、分社区自主探索就地城镇化，借鉴北京郑各庄村和湖北省襄阳市檀溪村经验，利用集体土地自主组织和参与工业化城市化进程。由于他们要生产、生活其中，他们会更关心当地产业、环境的发展和变化，只要政府引导得当，农民群众一定会在此过程中展现出惊人的智慧和能量，改变当前规划的使用者缺位的种种出错现象，并增强规划的适应性。具体做法是鼓励农村集体经济组织按规划要求自行开展增减挂钩和土地整治，这既可以减轻湖北省各级地方政府的巨大资金压力，又可以为今后国家征地制度改革后提前探索出一条集体土地可以用于城镇建设的新路。

（四）探索改革市县政府不再作为直接征地和经营土地的主体

一是改革市县政府直接作为征地主体进行征地的问题。现行的土地财政本质上是寅吃卯粮，政府用土地向金融机构抵押融资，负债经营土地，并用土地的未来收益逐步偿还。随着征地成本不断上升，城镇化成本也不断上升，政府土地出让金的净收益呈下降态势，有的市县一届政府的负债下届和下几届政府都不一定能偿还，这种局面如果不能得到根本扭转，出现类似欧美那样的债务金融危机也不是不可能的。因此，湖北省也可以学习其他发达国家的做法，征地方要征地，必须经地方人大授权或政府授权获得征地令，才能去与供地方谈判，政府只作为中立的第三方，不直接参与征地，土地城镇化过程中所需的建设资金由征地方和供地方协商自己解决，此时，政府的财政压力将大大减小，政府的土地管理执法将更为透明和公正。

二是将国土部门的土地管理职能和经营职能分离。对现有的国有土地的运作，完全可以把经营土地职能从市县土地管理部门分离出去，建立类似于国资委那样的机构，如国有土地资产管理委员会负责管理国有土地，同时成立国有土地公司来经营城市国有土地，盘活现有国有土地存量，提高现有存量国有土地潜力和利用效率。此时的国土部门则专注于土地管理，严格实施土地利用规划，加强土地用途管制。

三　对在同地同权框架下完善城乡建设用地增减挂钩试点的建议

赋予农村集体完全的土地发展权，改变我国目前的工业化和城镇化全部都是在现行征地制度下由政府或企业主导的城镇化，尝试在实现了同地同权下由农民主导、农民自己可以保护自己土地的城镇化和农民自愿选择的城镇化。此时，利用土地发展权制度对城乡进行统筹的具体做法可以变为：农村的发展仍然可以通过增减挂钩为工业化和城镇化发展提供建设用地指标，这些指标的价格既可以是协商价，也可以是市场拍卖价；指标落地处的土地不需要经过征收环节，而由落地处的农民集体拍卖给用地的工商企业；地方政府则在三方间的土地交易中作为中立的第三方公正执法，并收取与交易或土地管理制度要求的相关税收。这种做法与现行增减挂钩做法的相同之处在于，农村的土地整治资金和城镇落地处的开发资金还是由落地的工商企业提供；不同之处则在于，资金不再是由地方政府或工商企业运作,而是由指标提供处和指标落地处的农民集体掌握,两地的农民集体推动着当地的城镇化和对远郊农村的城乡统筹。赋予农村集体完全的土地发展权并不意味着地方政府土地财政的崩塌,地方政府依然可以收取现行的各种土地税收,并对土地交易各方的土地增值部分收取增值税乃至财产税,它改变的只是土地财政从现在的卖地财政转为向土地收税的财政,只要设计得好,现有的地方财政并不会受到影响。

  客观地讲,城乡建设用地增减挂钩作为一种"保耕地、保发展"的政策工具,无论从初衷还是从实施结果看,都是有效的。虽然增减挂钩还存在不少问题,社会上对增减挂钩也有各种各样的说法甚至尖锐批评,但对比单纯的征地制度广受诟病而言,增减挂钩政策是在不改变现行法律制度条件下,在现行征地制度框架内的重大创新,它赋予了刚性征地制度较大的弹性,改变了刚性征地制度下农村、农民只能受损或受损严重的状况,既是经济学意义上的帕累托改进,也是征地制度的巨大进步。但这种城乡统筹和城镇化进程仍然是在现行的征地制度框架内由政府主导的,我国应该允许在试点中探索出另一条城乡统筹的道路,即完全没有征地的、完全实现土地由市场进行流转的、由农民主导的城镇化和城乡统筹的道路。

第九章

对修改《土地管理法》及农村土地制度改革的建议

2014年12月31日，中共中央办公厅、国务院办公厅印发《关于农村土地征收、集体经营性建设用地入市、宅基地制度改革试点工作的意见》；2015年2月，全国人大常委会通过了《关于授权国务院在北京市大兴区等33个县（市、区）行政区域暂时调整实施有关法律规定的决定》，在试点地区暂停《土地管理法》5个条款（第43条第1款，第44条第3款、第4款，第47条第1—4款、第6款，第62条第4款，第63条）、《城市房地产管理法》1个条款（第9条）。国土资源部高度重视，稳步有序推进《土地管理法》修改工作，并于2017年5月23日公开就《土地管理法（修正案）》（征求意见稿）向社会征求意见。笔者及时向国土资源部提交了反馈意见，现将当时所提建议作为本书的结束语。

第一节 对《土地管理法（修正案）》（征求意见稿）相关条款的修改建议

按国土资源部的表述，本次《土地管理法》修改的基本思路是："将落实党中央、国务院确定的农村土地征收、集体经营性建设用地入市和宅基地制度改革作为修法的重点，同时配套修改与三项改革相关的内容，并将十多年来土地管理改革实践中的成熟做法适当吸收上升到法律中。"修改的主要内容包括四个方面："（一）完善土地征收制度：按照缩小征地范围、规范征地程序、完善被征地农民合理、规范、多元保障机制的改革方向，一是明确界定土地征收的公共利益；二是进一步规范征地程序；三是完善对被征地农民合理、规范、多元的保障机制。(二) 建立农村集体经营性建设用地入市制度：建立城乡统一的建设用地市场，在符合规划和用途管制前提下，允许农村集体经营性建设用地出让、租赁、入股，实行与国有土地同等入市、同价同权。(三) 改革完善农村宅基地制度：一是明确在城市规划区内、人均土地少、无法实现一户一宅的，县级人民政府应当采取措施，保障农村居民实现户有所居的权利；二是改革宅基地审批制度，将宅基地审批权限下放到县、乡，切实保障农民依法取得宅基地的合法权益；三是探索宅基地自愿有偿退出机制，鼓励进城居住的农村村民依法自愿有偿转让宅基地使用权，实现宅基地的财产权；四是完善宅基地违法法律责任。(四) 完善与农村土地制度改革相配套的重点制度：一是完善耕地保护制度；二是完善土地用途管制制度；三是完善建设用地审批制度；四是建立国家土地督察制度；五是做好与不动产统一登记制度的衔接。"《土地管理法（修正案）》（征求意见稿）（以下简称征求意见稿）修正案征求意见稿对现行法中的36个条文作了修正，修正后仍为8章86条。针对该征求意见稿，笔者对其中的四条提出了修改意见。

一 征求意见稿第十项

内容："将第三十四条修改为：国家实行永久基本农田保护制度。下列耕地应当根据土地利用总体规划划为永久基本农田，严格管理，实行特殊保护：（一）经国务院有关主管部门或者县级以上地方人民政府批准确定的粮、棉、油、糖等重要农产品生产基地内的耕地；（二）有良好的水利与水土保持设施的耕地，正在实施改造计划以及可以改造的中、低产田；（三）蔬菜生产基地；（四）农业科研、教学试验田；（五）国务院规定应当划为永久基本农田的其他耕地。'各省、自治区、直辖市划定的永久基本农田应当占本行政区域内耕地的百分之八十以上。'永久基本农田划定以乡（镇）为单位进行，由县级人民政府土地行政主管部门会同同级农业行政主管部门组织实施。永久基本农田应当落实到地块，设立保护标志，并由乡（镇）人民政府将其位置、范围向社会公告。"

现行《土地管理法》第34条内容："国家实行基本农田保护制度。

下列耕地应当根据土地利用总体规划划入基本农田保护区，严格管理：（一）经国务院有关主管部门或者县级以上地方人民政府批准确定的粮、棉、油生产基地内的耕地；（二）有良好的水利与水土保持设施的耕地，正在实施改造计划以及可以改造的中、低产田；（三）蔬菜生产基地；（四）农业科研、教学试验田；（五）国务院规定应当划入基本农田保护区的其他耕地。各省、自治区、直辖市划定的基本农田应当占本行政区域内耕地的百分之八十以上。基本农田保护区以乡（镇）为单位进行划区定界，由县级人民政府土地行政主管部门会同同级农业行政主管部门组织实施。"

建议：删除"实行特殊保护"，恢复现行《土地管理法》第34条对耕地没有"实行特殊保护"的表述。

理由：（1）耕地包括国有耕地和农民集体耕地，国家对国有耕地实行特殊保护无可厚非，但对属于农民集体的耕地强制实行特殊保护，实际上是特殊征收，是对农民耕地的特殊限制。如果不经农民集体同意，非要强制实行特殊保护，那就应该实行特殊补偿，增加特殊补偿条款。（2）《土地管理法》第4条第2款已有这句话，无须重复，根据理由（1），第4条第2款这句话也应删除。

二　征求意见稿第十四项

内容："增加一条，作为第四十四条：为了保障国家安全、促进国民经济和社会发展等公共利益的需要，有下列情形之一，确需征收农民集体所有土地的，可以依法实施征收：（一）国防和外交的需要；（二）由政府组织实施的能源、交通、水利等基础设施建设的需要；（三）由政府组织实施的科技、教育、文化、卫生、体育、环境和资源保护、防灾减灾、文物保护、社会福利、市政公用等公共事业的需要；（四）由政府组织实施的保障性安居工程、搬迁安置工程建设的需要；（五）在土地利用总体规划确定的城市建设用地范围内，由政府为实施城市规划而进行开发建设的需要；（六）法律、行政法规规定的其他公共利益的需要"。

建议：删除"（五）在土地利用总体规划确定的城市建设用地范围内，由政府为实施城市规划而进行开发建设的需要。"

理由：（1）该款实际上是将工商业开发列为公共利益，不妥。土地利用总体规划确定的工商业开发完全可以由开发者与农民集体谈判解决，没有必要由政府实施强制征收。（2）由政府征收，实际上是仍然将政府放在与民争地、与民争利的位置上，有失政府的中立性和公信力。

三　征求意见稿第十八项

内容："增加一条，作为第四十八条：省、自治区、直辖市应当制订并公布区片综合地价，确定征收农用地的土地补偿费和安置补助费标准。区片综合地价应当考虑土地资源条件、土地产值、区位、供求关系，以及经济社会发展水平等因素综合评估确定，并根据社会、经济发展水平，适时调整区片综合地价标准。征收农用地以外的其他土地的补偿标准由省、自治区、直辖市规定。被征收土地上的附着物和青苗的补偿标准，由省、自治区、直辖市规定。国务院根据社会、经济发展水平，在特殊情况下，可以提高征收土地的补偿费和安置补助费的标准。"

建议：删除"征收农用地以外的其他土地的补偿标准由省、自治区、直辖市规定。被征收土地上的附着物和青苗的补偿标准，由省、自治区、直辖市规定。国务院根据社会、经济发展水平，在特殊情况下，可以提高征收土地的补偿费和安置补助费的标准"。增加"被征收土地的土地补偿费和安置补助费参考综合地价标准，由征地各方协商解决。被征收土地上的附着物和青苗的补偿标准，由征地各方协商解决。协商不成的，不得强征，但可通过司法途径解决"。

理由：（1）将补偿标准交由征地方单方面确定，有失公允，被征地方既无处说理，又无法获得司法救济；（2）政府不能既当裁判员，又当运动员。应该隔离政府的公共管理职能与政府作为土地所有者的职能，保持政府在土地管理职能上的中立性。

四　征求意见稿第二十八项

内容："增加一条，作为第六十七条：县级以上地方人民政府应当严格建设项目用地标准，控制建设用地规模和开发强度，开展节约集约用地调查评价和监测监管等措施，促进土地节约集约利用"。

建议：改为"县级以上地方人民政府应当严格公益建设项目用地标准，控制公益建设用地规模和开发强度，开展节约集约用地调查评价和监测监管等措施,促进土地节约集约利用。"

理由:(1)公益用地标准应该控制。(2)工商业开发不应征地。(3)工商业企业开发自己的或是与合作伙伴开发原有用地或置换的土地,只要符合规划,经批准,完全应该自主开发,政府不应该用土地来干预工商业企业的投资规模和产能,工商业企业的投资规模和产能应该由市场调控。

第二节 《土地管理法(修正案)》(征求意见稿)尚未消除的内在矛盾和尚未解决的重大问题

《土地管理法(修正案)》(征求意见稿)是在现行《宪法》城市土地归国家所有的框架下修订的,这导致《土地管理法》的内在矛盾并未消除,《土地管理法》需要解决的重大问题仍然存在。

一 征求意见稿尚未消除的内在矛盾

(一)同地不同权的矛盾没有消除

理由:(1)第二十五项"国家建立城乡统一的建设用地市场",但由于《土地管理法》规定,城市市区土地归国家所有,那么集体建设用地就不能在城市市区,而只能在市区以外,这又怎么可能建立起统一的建设用地市场呢?(2)市区必然会随经济发展不断扩大,市区扩大到哪里,哪里的土地在法律上就成为国有土地,市区以内的集体建设用地要通过什么方式变成国有?协商?征收?征购?还是征用?国有土地与集体土地同地同权又如何实现呢?

(二)变"一个约束"为"两个约束"的矛盾没有消除

理由:(1)从征求意见稿看,主要是约束用地方将农用地转为非农用地的"一个约束"(目前是硬约束),没有体现出如何约束地方政府多占地的另一个约束机制设计(目前是软约束)。(2)由于是软约束,征求意见稿难以抑制各地政府"县改市"和不断修改土地利用总体规划的冲动。(3)硬约束与软约束不是平等的约束,而法律面前应该平等对待。从机制设计上,应变"一个约束"为"两个约束"。既约束用地方的行为，更应约束地方政府的行为。

（三）将国家、中央政府、地方政府混为一谈的矛盾没有消除

理由：（1）在我国，虽然国务院代表国家行使国有土地的所有权，中央政府、各省市县（区）政府机关使用的国有土地的所有权也是由国务院代表行使的。但实际上，中央政府所在地是北京市的国有地盘，省级政府所在地是该省省会城市的地盘，这两级政府实际上是没有自己的地盘的，也没有地可供划拨和征用，除非是将政府机关所在地作为可划拨地。（2）所有征地，征的都不是中央政府和省级政府地盘的地，征的全部都是市县（区）政府地盘的地。（3）所有征地，究竟是国家行为、省级政府行为、还是市县政府行为，必须分清。分清征地行为，是为了确定征地主体和主体责任，而不能像现在的征求意见稿在很多地方的表述中，将各级政府混为一谈，仅用政府一词替代，指代不清。（4）主体责任不清的最大坏处，就是只要某一层级的政府出了问题，各级政府都要背黑锅，扩大和激化了民与官的对立面。（5）现实中的征地全部发生在市县（区）一级，既有市县（区）一级政府的问题，也会有中央、省级政府的问题；既有市县（区）政府为上级政府背黑锅，更有市县（区）政府假借上级政府出的问题。

二　征求意见稿尚未解决的重大问题

（一）城市土地归国家所有问题

城市土地归国家所有是现行《宪法》在1982年规定的，从而成为现行《土地管理法》制定的根本依据，不仅为把现有的城中村和城郊村土地变为国有提供了法律武器，也为农地在城市化进程中不断被国有化提供了依据。按道理，城市土地归国家所有的《宪法》规定，虽然确立了城市土地的所有者是国家，但同时也表明，城市以外的土地，除法律规定属于国家的，其余的则归农民集体所有。只要土地双方的主体地位是对等的，而农民集体又不愿意以低廉的补偿价放弃自己的土地所有权，那么，城市化进程中的城市，要么不能扩张，要么只能与农民集体谈判，租用农民集体土地的使用权进行建设，并向农民集体缴纳租金。因此，城市土地归国家所有的规定引发的城市政府与农民集体之间的利益博弈，尚需要政策来平衡。

（二）因公共利益征地问题

从 1954 年第一部《宪法》到现行《宪法》都有因公共利益可以征地的规定，但这一规定却与现行《宪法》第 12 条规定公共财产神圣不可侵犯的条款相悖。既然公共财产神圣不可侵犯，集体土地也是公共财产，也应该神圣不可侵犯。只要农民集体不答应，地方政府是无论如何也不能动用国家强制力，将在城市化进程中的原本属于农民集体的土地国有化的。即使认为城市扩张用地是公共利益之需也无济于事，否则，就不叫神圣不可侵犯。更何况农民集体利益也是公共利益，保护耕地以保证粮食安全是全中国人民的公共利益，我们不能以此公共利益来侵犯彼公共利益，更不能以所谓绝大多数人的公共利益来侵犯少数人（农民集体）的公共利益，那是民主的暴政。我国社会主义民主法制的理念应该是，只要是公共利益，无论大小，都同样神圣不可侵犯。因公共利益可以征地与《宪法》法条之间的冲突迫切需要合理的解释和回答。

（三）土地征购问题

1954 年、1975 年和 1978 年《宪法》都有征购、征用或收归国有的规定，1982 年《宪法》改为征用，2004 年《宪法》将征用改为征收或征用并给予补偿。征购表明，直到 1978 年，我国《宪法》对农民集体土地的所有权一直都是予以尊重和保护的，征地双方在经济利益上是平等的。征购二字被剔除则反映了国家在征地时不用再按收购价进行支付了，征地双方在经济利益上是不平等的，被征集体土地的地位下降了，不再具有与国有土地同等的权利。也正因为不是用征购价而是用征收补偿价，才使得我国土地市场城乡不统一，出现了买卖的价格双轨制。因此，要贯彻此次修法"坚持以人民为中心的发展思想，切实保护群众土地权益"的基本原则，是否可考虑在《土地管理法》中恢复征购的提法。

（四）农村宅基地抵押问题

按照国土资源部此次修法的说明，对农村宅基地的改革，应当按照党的十八届三中全会提出的"保障农户宅基地用益物权，改革农村宅基地制度，选择若干试点，慎重稳妥推进农民住房财产权抵押、担保、转让，探索农民增加财产性收入渠道"的要求进行，但通读整个征求意见稿，也没有看到农村宅基地可以抵押、担保的规定。

（五）计划管理色彩浓重问题

征求意见稿继续沿用了现行《土地管理法》对土地实施严格计划管理的特色，土地利用必须符合用途管制，必须符合规划，必须取得土地利用年度计划指标。即使符合用途管制和规划，没有土地计划指标，也是不行的。而土地利用计划指标由国家高度垄断，具体来说，就是由国土资源部严格掌控，层层审批下达，市场在土地资源配置上起决定性作用的表述，征求意见稿中难觅其踪。

第三节　农村土地制度改革的方向与建议

一　农村土地制度改革的方向：同地同权

（一）集体土地与国有土地完全对等

我国《宪法》第12条明确规定："社会主义的公共财产神圣不可侵犯。国家保护社会主义的公共财产。禁止任何组织或者个人用任何手段侵占或破坏国家的或集体的财产。"从《宪法》层面上讲，农村集体土地作为社会主义的公共财产，同样神圣不可侵犯。集体土地与国有土地的法律地位是完全对等的。因此，农村土地制度改革的方向，应按同地同权对集体土地进行对等保护。它要求我们要按照集体土地同样神圣不可侵犯的思路，全面修改《土地管理法》，并将对等保护、同样神圣不可侵犯，落实到对《土地管理法》具体条文的修改上。

（二）政府在土地管理上应保持中立[①]

现行的土地管理制度赋予政府部门对土地进行严格管理的职权是对的。但问题是政府对土地进行管理时没有保持立场的中立化，而是运用公权力与民争利。其主要原因是我国的土地管理体制。从体制上看，我国政府既是城市国有土地的所有者，又是履行社会经济公共职能的管理者。作为土地所有者，政府有自身的利益，它不可能中立；作为社会经济公共职能的管理者，政府不能有自身的私利，必须保持立场的中立。而我国政府作为国有土地所有者的职能与作为公共管理者的职能是不分

[①] 参考引用高洁《基于农民权益保护的集体土地流转研究》，博士学位论文，中国地质大学（北京），2012年，第101—102页。

开的,既当裁判员,又当运动员。具体表现在,一是作为社会宏观经济调控的裁判员,我国政府与发达国家的政府相比,不仅运用财政政策、货币政策对经济进行宏观调控,而且从 2004 年起又将土地管理部门作为参与宏观调控的特殊部门,将土地闸门(又称之为地根)作为宏观调控的特殊手段。二是作为国有土地的所有者和土地市场的供给者,政府又是运动员,拥有土地财政收入最大化的强烈动机。如此一来,政府作为土地所有者的职能与政府的公共管理职能混在一起,一方面既担当着宏观调控的裁判角色,另一方面又成为经济体中拥有特定土地利益的博弈者,从而造成集体土地的所有者不可能与国有土地的所有者获得平等的主体地位,土地交易的公平性难以保证,也不可能得到保证。由此,政府在土地市场上与民争利极大地影响了我国政府的公信力。

因此,土地管理制度改革的方向应是政府只能当裁判员,不能当运动员。即要将政府作为土地所有者的职能和政府的公共管理职能分开,政府作为土地所有者的职能绝对不能渗进公共管理职能之中。只有这样,政府才有可能保持中立。决不能像现在这样利用公权力低价征地高价卖地,甚至将此称之为运用土地闸门进行宏观调控。设计我国的土地流转制度体系必须从政府立场中立原则出发。也只有确保政府立场的中立性,集体土地才有可能与国有土地同地同权,平等保护农民集体土地权益才有前提条件和可能。

(三) 各级政府不得以国家权力强制征收集体土地

既然农村集体土地作为社会主义公共财产神圣不可侵犯,《宪法》禁止任何组织或者个人用任何手段侵占或破坏集体财产,那么,只要农民集体不同意,任何组织哪怕是国家自身也不能以公共利益或假借公共利益之名来征收集体土地,否则就不叫神圣不可侵犯。即使国家以所谓公共利益进行征收,这种区域性的公共利益也大不过保障全国人民粮食安全这一全局性的公共利益。

既然政府连以公共利益为由都不能征收农民集体土地,那么,政府就丧失了强制征收农民集体土地的任何理由。但由于保障公共利益是政府的职责而不是农民集体的职责,农民集体没有义务因政府要履行公共职责而做出特别牺牲。因此,如果国家确因公共利益需要必须使用农民集体土地,可有两种途径:一是政府可与农民集体平等谈判,以征用、租用的方式公正取得集体土地使用权，而不得通过国家权力强制征收取得集体土地所有权。当然，如果农民集体认为在获得公正补偿后同意征购，国家还是可以得到集体土地所有权的。但只要农民集体不同意，即使有公正补偿，政府也不得征收、征购、征用、租用集体土地。二是政府可以用国有土地换取农民集体的集体土地，只要交易自愿平等，没有强制，政府愿意怎么换都可以。

如果各级政府不能强制征收集体土地，而农民集体在城市化进程中又愿意将自己的土地提供给城市使用，那么，农民集体就完全可以像现在的城市政府一样，按照市场价格将土地的使用权拍卖给需要用地的单位。此时，城市就不能征收而只能租用农民集体土地，农民集体则可以长期拥有土地所有权。如此一来，城市在使用农民集体土地时就必须按市场出让价来支付使用成本。由此，如果在《土地管理法》中进行这样的修正，至少存在如下三个方面的改善：其一，如果最终土地使用者是城市的政府部门，若是集体土地的租金太高，城市政府就会考虑放弃租用集体土地，这将有利于政府约束城市土地规模的大幅度扩张、滥建城市广场、大兴土地储备或征而不用等行为，从而达到保护耕地的目的。其二，倘若最终土地使用者为工商业企业，那么企业现在从农民手中租借土地与过去从政府手中租借土地，所要付出的用地成本可能不会有很大差别，并不会对企业租地的决策带来大的影响。但此时政府成了与双方没有直接利益关联的第三方，完全可以保持中立的态度，严格按土地用途和土地利用规划、年度计划对土地市场进行管理，既可以收取土地交易的相关税费，又可以减少甚至杜绝现在政府在征地和卖地两个环节中的严重腐败现象，有利于构建公正、廉洁的服务型政府。其三，无论是政府公共用地还是工商业用地，只要使用的农民集体土地年限到期后，要么交还土地使用权，要么必须重新支付使用费用，从而从源头上杜绝了地方政府在买卖土地上的差价。①

（四）国家应修宪允许集体土地在城市市区存在

我国《宪法》第10条规定："城市的土地属于国家所有。农村和城

---

① 高洁：《基于农民权益保护的集体土地流转研究》，博士学位论文，中国地质大学（北京），2012年，第103页。

市郊区的土地,除由法律规定属于国家所有的以外,属于集体所有。"《土地管理法》第8条规定:"城市市区的土地属于国家所有。"完全排除了城市化动态进程中的原农民集体享有市区土地的权利。这给城市化进程中的县市政府将农民集体土地征收为国有土地提供了合法的依据,有悖于《宪法》第12条"社会主义的公共财产神圣不可侵犯"的精神实质。而如果将现行《宪法》第10条修订为农民集体也可以享有市区土地所有权的话,即取消城市土地属于国家所有的规定,《土地管理法》第8条中城市市区的土地属于国家所有的条款就没有《宪法》依据,城市政府再将农民集体土地国有化就会违宪,农民集体土地将重新回到1982年《宪法》以前的状况,即可在城市中与国有土地并存。这样一来,现有的农村在将来变为城中村或市区后,就不用像现在这样必须变性为国有土地了。一是不需要经过国家征收环节,农民集体再也不用受现行征地制度下价格双轨制的侵害;二是城市土地的供给主体将由现在的国家一家垄断变为国家和农民集体两家,农民集体也可以享有土地增值的收益;三是城市中有可能会出现田园风光,即此时的农民集体依照相关法律和产业政策既可将土地转为非农用地,也可将土地继续保留为农用地,从而有可能改变现有城市的整体布局和景观。其实,在国外,早就有了将城市溶解于广大农田中的想法和实践,英国在1979年就有20多个社区引入了城市农田,法国在建设新城时引入农业景观,把农田作为绿地引入城内及城市周围,使城区的绿地、水面达到40%,并用农田作为城市与城市之间的隔离带,他们称之为"建设没有郊区的新城"。农田渗入城市,城市溶解于广大的农用地中,反映了人们对自然的回归,反映了城乡一体化的战略,有助于创造一个清洁高效的城市,从而实现城乡的协调与和谐发展。①

二 农村土地制度改革的建议:引入土地发展权

(一)所有土地利用都必须在符合规划和用途管制的情况下才能同地同权

虽然农民集体土地可以与国有土地在城市中并存,但对国有土地和

---

① 高洁:《基于农民权益保护的集体土地流转研究》,博士学位论文,中国地质大学(北京),2012年,第103页。

集体土地的使用都必须遵守城乡建设规划、土地利用规划和土地用途管制。在符合规划和用途管制的情况下，集体土地与国有土地同地同权，同等入市，形成城乡统一的土地市场。

城乡土地市场放开后，工商业者无论是使用国有建设用地还是集体建设用地仍然需要支付土地出让金。使用国有土地，土地出让金交给国家，使用集体土地，土地出让金交给农民集体。即仍然只能租用土地的使用权，土地的所有权永久归国家和农民集体。由于国家在集体土地入市上不再与农民争利，国家不再垄断土地一级市场，国家完全可以在维护土地市场交易秩序和土地严格管理上居于中立地位，只收取土地交易中的土地增值税及相关税费。政府土地管理部门则按规划和用途管制严格执法。

（二）政府不得利用规划损害集体土地权益

为确保政府在土地公共管理职能上的中立地位，防止地方政府借国家之名在制定、调整规划和用途管制上偏向国有土地，所有地区的土地利用规划都应由地方政府和农民集体认可的中立的第三方机构做出，并由人大通过为地方法律，严格执行，防止地方政府利用规划制定或调整使国有土地获得暴利，集体土地遭受暴损。

（三）建立农村集体土地产权流转交易市场

建立农村集体土地产权流转交易市场，目的是维护集体土地产权流转交易秩序，保证集体土地产权流转交易公开、公正、规范运行。

既然城乡土地市场是统一的，那么，无论是处于城市规划区内的还是规划区外的农村集体土地，只要符合规划和用途管制，既可以用于农业，也可以用于工业、商业和房地产开发等，并向所有社会资本开放。集体农地的使用权或承包权、经营权可以以转包、互换、入股、租赁、转让等方式在不同的经营主体之间流转；集体经营性建设用地可以采取出让、出租、入股等方式自由流转；集体保障性建设用地（宅基地）归农村集体所有，享有与国有商品房用地同样的权利和法律地位，宅基房则完全商品化，既可以抵押、担保，也可以转让、出租、买卖。

（四）对因用途管制被划定为农用地的农地设置农地发展权（开发权）

设置农地发展权主要是弥补因用途管制所造成的农地机会成本损失。如果农用地转为非农用地没有损害公共安全、公共福利、社会安宁和秩序，不违背社会道德，那么国家长期要求农用地处在低收益的不合理的用途上，实际上是对农用地所有者获取正当收入的限制或者说是对农用地所有者实际收入的剥夺，如同政府征收，按理必须补偿。因为，国家无权强迫农民永远务农、世代为农、世代受穷，并长期剥夺农民获取更高收入正当致富的权利。因此，从长期看，土地的用途管制政策要想较好地执行下去，要么是政府对发展受限的土地耕种者进行补贴，要么是政府允许开展农地发展权交易，通过市场的方式解决发展受限的农地耕种者的机会成本损失问题。

（五）明确集体土地发展权的归属

集体土地发展权既可归国家，也可归集体。但只要设立集体土地发展权，无论是归国家还是归农民集体，都比不设置要好。如果土地发展权归国家，则政府要以某一时点为界限，向农民集体支付一定的补偿金额后，统一征收集体土地的发展权，集体土地的用途以该时点为限，被固定下来，以后的发展权收益归国家。但土地的所有权仍归农民集体，农民拥有可以按照原有的土地用途继续使用土地的权利，而不会像土地所有权被政府征收，出现大量失地农民成为"三无农民"的现象。如果土地发展权归集体，国家还是可以征购农民的农地发展权，但征购的目的是保障全民粮食安全和确保农地的用途不被改变，并不是参与土地发展权市场交易以谋取利益，国家不得经营土地发展权。①

（六）建立农地发展权流转制度

国家不得经营土地发展权，但要建立土地发展权流转制度。如果土地发展权归国家，则任何土地所有人或土地权利人想要变更土地用途，必须先获得规划申请许可，并缴纳相应的费用后，才能获得土地发展权，以后再要变更，还必须缴费以获得许可。此时的流转是国家的城乡规划意志和土地用途管制意志的体现，其特点是土地发展权从国家流向土地所有者或开发商。如果土地发展权归农民集体，一是国家可以通过土地发展权征购来体现国家城乡规划和土地用途管制意图，只是土地发展权的流转是从土地所有者那里转向了国家；二是国家受征购资金成本限制，

---

① 高洁、廖长林：《英、美、法土地发展权制度对我国土地管理制度改革的启示》，《经济社会体制比较》2011年第4期。

允许土地发展权通过市场转让，即受限制开发区（发展权转让区）将其不能自行开发的土地面积或法律规定的超额建筑面积，通过发展权流转市场，出售给可开发地区（发展权接受区）愿意开发或愿意建设，但又没有开发权的土地所有人，可开发区的用地规模和强度将主要由发展权的市场价格或用地成本来调节和限制。①

（七）积极探索集体土地公有制的有效实现形式

通过确权明确农民集体和农民个人的土地产权：承包地产权确权给农民个人，集体建设用地和未利用地确权给农民集体后再股份化给农民集体和农民个人。土地确权后，土地产权的流转可由农民个人和农民集体自主、自愿选择是否入市交易。改制后的农村集体经济组织则按现代企业法人治理结构进行重构，使其成为自主经营、自负盈亏的市场主体。

---

① 高洁、廖长林：《英、美、法土地发展权制度对我国土地管理制度改革的启示》，《经济社会体制比较》2011年第4期。

参考文献

蔡昉、王德文、都阳：《中国农村改革与变迁——30年历程和经验分析》，格致出版社、上海人民出版社2008年版。

蔡继明、邝梅：《论中国土地制度改革——中国土地制度改革国际研讨会论文集》，中国财政经济出版社2009年版。

法律出版社法规中心：《2017中华人民共和国土地法律法规全书》，法律出版社2017年版。

付宏：《湖北新农村发展研究报告》（2015），湖北人民出版社2016年版。

甘藏春：《社会转型与中国土地管理制度改革》，中国发展出版社2014年版。

高洁：《湖北新农村发展研究报告》（2016），湖北人民出版社2017年版。

高洁：《基于农民权益保护的集体土地征收与流转研究》，湖北人民出版社2013年版。

高延利、李宪文：《中国土地政策研究报告》（2016），社会科学文献出版社2015年版。

高延利、李宪文：《中国土地政策研究报告》（2017），社会科学文献出版社2016年版。

廖长林：《湖北新农村发展研究报告》（2013），湖北人民出版社2014年版。

廖长林：《湖北新农村发展研究报告》（2014），湖北人民出版社2015年版。

廖洪乐：《中国农村土地制度六十年——回顾与展望》，中国财政经济出版社2008年版。

刘守英：《直面中国土地问题》，中国发展出版社2014年版。

沈开举：《中国土地制度改革研究》，法律出版社 2014 年版。

盛洪、沈开举：《土地制度研究》，知识产权出版社 2012 年版。

唐健等：《新型城镇化战略下农村土地政策改革试验》，中国社会科学出版社 2014 年版。

吴次芳、靳相木：《中国土地制度改革三十年》，科学出版社 2009 年版。

杨孔平：《土地"三权分置"与农村"二次飞跃"》，中国农业出版社 2017 年版。

原玉廷、张改枝：《新中国土地制度建设 60 年回顾与思考》，中国财政经济出版社 2010 年版。

张红宇：《中国农村的土地制度变迁》，中国农业出版社 2002 年版。

郑凌志：《中国土地政策蓝皮书》（2012），中国社会科学出版社 2012 年版。

郑凌志：《中国土地政策蓝皮书》（2013），中国社会科学出版社 2013 年版。

郑凌志：《中国土地政策蓝皮书》（2014），中国社会科学出版社 2014 年版。

周其仁：《城乡中国》，中信出版社 2013 年版。

曹泮天：《论宅基地使用权流转的理论基础》，《法学杂志》2012 年第 6 期。

柴涛修等：《新中国征地制度变迁评述与展望》，《中国土地科学》2008 年第 2 期。

陈莹、谭术魁：《征地补偿的分配模式与困境摆脱：武汉例证》，《改革》2010 年第 1 期。

陈莹等：《武汉市征地过程中的土地增值测算》，《中国土地科学》2009 年第 12 期。

党国英：《以市场化为目标改造农村社会经济制度》，《中国农村观察》2002 年第 4 期。

高洁、廖长林：《英、美、法土地发展权制度对我国土地管理制度改革的启示》，《经济社会体制比较》2011 年第 4 期。

顾龙友：《对农村宅基地制度改革试点实践的思考（上）——基于 5 县（市、区）的调查》，《中国土地》2017 年第 12 期。

郭立瑞、赵丹：《实现我国农村宅基地使用权流转的制度创新》，《农业经济》2013年第5期。

韩康、肖钢：《积极探索建立有中国特色的农村宅基地市场——启动农村宅基地市场化改革研究》，《理论前沿》2008年第13期。

侯微：《中国农地制度市场化改革的历史演进（1978—2009）》，《乡镇经济》2009年第10期。

胡亦琴：《论农地交易制度的市场化改革》，《财经论丛》2003年第6期。

李海新：《湖北农村土地承包经营权流转的实践与思考》，《湖北社会科学》2013年第1期。

李文谦、董祚继：《质疑限制农村宅基地流转的正当性——兼论宅基地流转试验的初步构想》，《中国土地科学》2009年第3期。

李永安：《当前农地制度下的困局与农地市场化流转机制改革》，《浙江农业学报》2013年第6期。

廖长林、高洁：《残缺的农民集体土地产权与征地制度改革》，《管理世界》2008年第7期。

廖长林、高洁：《城中村、城郊村、园中村集体土地产权制度创新研究》，《江汉论坛》2009年第12期。

廖洪乐：《我国农村土地集体所有制的稳定与完善》，《管理世界》2007年第11期。

刘灿、黄城：《新型农村土地股份合作社的形成及治理机制》，《四川师范大学学报》（社会科学版）2017年第2期。

刘丽珍：《农村土地股份合作社：发展模式、运行特征与风险防控》，《重庆科技学院学报》（社会科学版）2017年第4期。

刘梅、张忠华：《推进农村金融创新，破解农业融资难题》，《中国农民合作社》2017年第3期。

刘明明：《论土地发展权的理论基础》，《理论导刊》2008年第6期。

梅建明：《湖北省乡镇企业1978—2002年发展概况、问题及对策》，《武汉科技大学学报》2003年第12期。

梅学书、高洁、赵清强等：《实施"三乡工程"的黄陂探索》，《政策》2017年第12期。

牛震：《五年跃变——看湖北省襄阳市檀溪村如何盘活集体资产》，《农村工作通讯》2012 年第 6 期。

欧阳安蛟、蔡锋铭、陈立定：《农村宅基地退出机制建立探讨》，《中国土地科学》2009 年第 10 期。

钱忠好、牟燕：《中国农地非农化市场化改革为何举步维艰——基于地方政府土地财政依赖视角的分析》，《农业技术经济》2017 年第 1 期。

钱忠好、牟燕：《中国土地市场化改革：制度变迁及其特征分析》，《农业经济问题》2013 年第 5 期。

秦尊文、汤鹏飞：《武汉城市圈集体土地征用补偿方式创新研究——以黄金山"两型"社会先行区为例》，《当代经济》2011 年第 13 期。

申建平：《宅基地使用权流转的路径》，《学术交流》2011 年第 5 期。

孙中华、罗汉亚、赵鲲：《关于江苏省农村土地股份合作社发展情况的调研报告》，《农业经济问题》2010 年第 8 期。

唐健：《征地制度改革的回顾与思考》，《中国土地科学》2011 年第 11 期。

唐健：《征地制度改革的历程回顾和路线设计》，《国土资源导刊》2012 年第 8 期。

田淼：《农村产权股份化：土地股份合作社建构的理论与现实思考》，《农村经济》2017 年第 7 期。

王邦武：《农房与宅基地使用权流转和抵押的调查与思考——以宜城为例》，《武汉金融》2017 年第 7 期。

王晓霞、蒋一军：《中国农村集体建设用地使用权流转政策的梳理与展望》，《中国土地科学》2009 年第 4 期。

吴秋菊：《论宅基地使用权流转的隐形市场——基于江汉平原 X 村和 X 集的比较分析》，《华中农业大学学报》（社会科学版）2013 年第 3 期。

徐济益、黄涛珍、徐桂林：《农地征收补偿方式的递度演进与推进路径》，《经济体制改革》2014 年第 4 期。

严金海：《农村宅基地整理中土地利益冲突与产权制度创新研究》，《农业经济问题》2011 年第 7 期。

杨成林、李越：《市场化改革与农地流转——一个批判性考察》，《改革与战略》2016 年第 11 期。

杨孔平、陈樱：《推动农村"第二次飞跃"——湖北农村税费改革十周年回眸》,《农村经营管理》2013年第3期。

杨小凯:《中国改革面临的深层问题——关于土地制度改革》,《战略与管理》2002年第5期。

杨晓、谭和平:《宅基地使用权流转制约性因素探析》,《改革与战略》2008年第10期。

叶红玲:《征地制度改革冲击波——从七城市试点看"缩小征地范围"的改革前景》,《中国土地》2014年第4期。

张国华:《论宅基地使用权流转问题及其成因》,《法治研究》2013年第8期。

张夏力、王岩:《江苏省农村土地股份合作社的发展实践及推进路径》,《江苏农业科学》2016年第4期。

张元庆:《中国城镇化与征地困局——基于农地产权视角的思考》,《西北农林科技大学学报》(社会科学版)2014年第4期。

章波、唐健、黄贤金等:《经济发达地区农村宅基地流转问题研究——以北京市郊区为例》,《中国土地科学》2006年第1期。

周年兴、俞孔坚:《农田与城市的自然融合》,《中国园林》2003年第3期。

周其仁:《农地产权与征地制度——中国城市化面临的重大选择》,《经济学(季刊)》2004年第1期。

周顺民:《浅谈湖北省乡镇企业的现状及其发展》,《湖北财经学院学报》1984年第6期。

诸培新、曲福田、孙卫东:《农村宅基地使用权流转的公平与效率分析》,《中国土地科学》2009年第5期。

陈锡文:《准确把握农村土地制度改革的方向》,《人民日报》2008年11月4日。

周天勇:《十问中国土地体制》,《中国经济时报》2007年10月12日。

段保才:《中国集体土地流转市场化研究》,博士学位论文,中国农业大学,2005年。

高洁:《基于农民权益保护的集体土地流转研究》,博士学位论文,中国地质大学(北京),2012年。

郭玲霞:《农地城市流转对失地农户福利影响及征地补偿研究——以武汉

城市圈为实证》，博士学位论文，华中农业大学，2012年。
苏海涛：《湖北失地农民社会保障问题研究》，博士学位论文，武汉大学，2013年。
魏凤娟：《湖北省土地承载力空间分异及土地开发空间优化研究》，硕士学位论文，中国地质大学，2015年。
张则行：《市场驱动型政策创新与农地使用产权改革——以鲁南X镇为例》，硕士学位论文，华中科技大学，2016年。
邹清平：《征地法律问题研究》，博士学位论文，武汉大学，2007年。湖北省农业厅办公室：《农村土地承包经营权确权登记颁证试点工作方案》，2013年7月8日。
湖北省人民代表大会常务委员：《湖北省农村土地承包经营条例》，第十一届人民代表大会常务委员会第三十一次会议通过，2012年7月27日。
湖北省人民政府办公厅：《关于切实加强农村土地承包经营流转管理和服务工作的通知》，鄂政办函〔2009〕51号，2009年6月18日。
湖北省委办公厅、省政府办公厅：《关于做好农村土地承包经营权流转管理工作的通知》，鄂办文〔2007〕8号，2007年2月5日。

后　　记

　　本书受湖北省社会科学基金一般项目（后期资助项目）（2018027）资助，由湖北经济学院新农村发展研究院和湖北省人民政府核心智库——湖北土地制度与政策研究中心的相关研究人员共同完成。本书的出版既是对纪念我国改革开放40周年的献礼，也是对湖北省人民政府核心智库——湖北土地制度与政策研究中心成立3周年的献礼。全书由高洁教授拟定研究大纲并组织撰写和统稿，各章分工为：高洁教授撰写第一章、第六章、第八章、第九章；熊桉教授撰写第二章；叶洪涛副教授撰写第三章；张全红教授撰写第四章；赵清强博士撰写第五章；李霜博士撰写第七章，各章文责自负。由于我国农村土地问题极其复杂、敏感，课题研究的时空跨度大、任务紧，加上我们的研究能力、水平、视角有限，本书肯定存在诸多问题和缺点，恳请各位读者批评指正。

　　本书在写作过程中，得到了湖北省社会科学院王金华女士的无私帮助，本书的责任编辑赵丽和责任校对郝阳洋为本书的出版付出了大量的精力和汗水，他们的认真敬业和严格编校令本书避免了诸多错误。在此一并致以诚挚的谢意。

高洁
2018年9月